KB087234

# 대사극장
## — 한국영화를 만든 위대한 대사들

전시

대사극장 — 한국영화를 만든 위대한 대사들
2024.1.16 – 5.18
한국영화박물관

주최
한국영상자료원

기획
김광철
양민영
정민화

참여 작가
박세영
박철희
양으뜸
이동언

대사 DB 개발 및 디자인
신나리

대사 DB 에디팅
박아녜스
허남웅
금동현

협업
최고야
프론트도어
SAA

그래픽 디자인
불도저

공간 디자인
가가구죽

도록

대사극장 — 한국영화를 만든 위대한 대사들

초판 2024년 2월 15일

기획
프로파간다

컨트리뷰터
박아녜스
허남웅
금동현

사진
임효진

북디자인
불도저

이 책은 한국영상자료원 부설
한국영화박물관이 주최한 전시
'대사극장'(2024.1.16 – 5.18)의 연계
출판물입니다.

프로파간다
전북 군산시 구영4길 16-2(영화동)
전화 02 333 8459
팩스 02 333 8460
www.graphicmag.co.kr

ISBN 978-89-98143-84-8

Dialogue Cinema — Great Dialogues
from Korean Movies

February 2024

Concept & Planning
propaganda

Contributing Editors
Park Agnes
Huh Namwoong
Geum Donghyeon

Photography
Lim Hyojin

Book Design
BULLDOZER

This Book is published on the
occasion of the exhibition *Dialogue
Cinema — Great Dialogues from
Korean Movies* presented by Korean
Film Archive from January 16 to
May 18, 2024.

propaganda
16-2 Guyeong 4-gil, Gunsan-si,
Jeollabuk-do, South Korea
T. +82 2 333 8469
F. +82 2 333 8460
www.graphicmag.kr

ISBN 978-89-98143-84-8

propaganda

# 대사극장
## DIALOGUE CINEMA

## 한국영화를 만든 위대한 대사들

## GREAT DIALOGUES FROM KOREAN MOVIES

Korean Film Archive
한국영상자료원

propaganda

# 차례

프롤로그

# 한국영화 대사 100

한국영화 대사 100

**일러두기**

이하 '한국영화 대사 100'(7-139P)은 2023년 6월 발간된 한국영상자료원 기관지
⟨아카이브 프리즘⟩ 12호의 주요 내용을 재수록한 것이다.

# 대사, 시대와 인간을 드러내는 지도

영화 소비의 갈래로 대사의 의미가 제고되는 것을 넘어 영화 표현의 도전과 혁신의 수단으로
대사의 중요성이 강조되고 있다.

〈헤어질 결심〉(2022)의 초반부 심문 장면, 등산 사고로 추정되는
사내 기도수(유승목)의 추락사를 수사하는 형사 해준(박해일)에게
범인으로 의심을 사고 있는 기도수의 부인 서래(탕웨이)가
철학자 공자의 말을 읊조린다. 서래는 중국어로 한 자신의 말을
스마트폰 자동 번역으로 해준에게 들려주는데 그 내용은 이렇다.
"공자님 말씀에 지혜로운 자는 물을 좋아하고 인자한 자는 산을
좋아한다고 했습니다. 난 인자한 사람이 아닙니다. 난 바다가
좋아요." 현실 세계와 달리 영화에서 두 사람이 대화를 나누는
장면은 의미 없는 만남이 될 수 없으며 극적 긴장감이 존재해야
한다. 이런 장면들을 볼 때 우리는 스토리의 방향을 바꿀 수
있는 중요한 무언가가 드러날 것을 기대한다. 서래의 이 대사는
현기증이 이는 산에서 시작하여 매서운 파도가 몰아치는 바다에서
끝이 나는 〈헤어질 결심〉의 서사 경로를 요약한다. 자신의 자리가
바다(바닷가 모래 웅덩이에서 종결되는 삶)라는 것을 본능적으로
알고 있는 서래의 대사는 내면 깊숙이 바다를 동경하지만 산을
올라야 하는 해준(서래와 용의자 대 수사관으로 만나야 하는
운명)의 아이덴티티와 뚜렷하게 대비된다.

### 너의 말들을 간직하고 싶어

위험한 게임을 하고 있다는 것을 알면서도 서로에게 끌리는 인물들
간의 긴장감 넘치는 관계를 그린 〈헤어질 결심〉에서 서래는 삶의
불안정한 기슭에서 무너지고 있는 해일과 같고, 해준은 산봉우리
모양의 바위들이 있는 바닷가를 미친 사람처럼 헤맨다.
〈헤어질 결심〉의 서래처럼, 박찬욱의 영화 속 인물들은 항상
양식화된 대사를 말한다. 박찬욱의 각본은 가장 거칠고 투박한
캐릭터마저도 말을 낭비하지 않음으로써 대사의 밀도를
창조해낸다. 박찬욱은 정확한 감정 효과를 내기 위해, 그리고
작품의 큰 구조에 맞도록 대사의 톤과 질감을 조정할 줄 안다. 그의
영화에서 대사는 하나하나 특별한 기능으로 설계되어 있다.
모국어 화자의 직관에 기대어 보았을 때 박찬욱의 대사는
정확하고 표현력이 뛰어나지만 부자연스럽게 들리는 부분이
있다. 일급 시나리오 작가 정서경과 협력한 영화의 대사는 이
작가의 시청각 스타일과 마찬가지로 사실적인 말투와 거리가
멀다. 구어체보다 문어체에 가깝다는 의미다. "나는요, 완전히
붕괴됐어요"의 예를 보듯, 사실적인 의미와 전달의 기능보다
그 표현적인 특성을 극대화한 이런 활용법은 한국어를 사용하는
팬들이 그의 영화에 매료되는 큰 이유 중 하나다. 박찬욱 스타일의
한 축을 담당하고 있는 대사의 매력은 〈헤어질 결심〉의 N차 관람
신드롬의 일익을 담당하면서 인상적인 대사들을 유행시켰다.

각본집이 발간되어 베스트셀러 1위에 올랐으며 영화 관련
서적으로는 이례적으로 서점 종사자들이 뽑은 2022년의 '올해의
책'에 선정되기도 했다.
각본집 발간 열풍의 시초도 박찬욱의 영화였다. 2016년『아가씨
각본』이 발간 즉시 증쇄를 거듭하며 큰 인기를 끌어 같은 해
『박쥐 각본』,『친절한 금자씨 각본』,『싸이보그지만 괜찮아 각본』이
동시 출간됐고, 그 흐름이『헤어질 결심 각본』으로 이어졌다.
아카데미 시상식을 석권한 봉준호 감독의『기생충 각본집』도
큰 호응을 얻었다. 각본에 대한 관심은 팬덤 문화, 소유 문화,
전시(展示) 문화의 한 갈래로 이해할 수 있는데 스크린 위에 비추는
허상의 이미지를 물건의 형태로 소유하고, 전시하려는 욕망의
발로이기 때문이다. 소품, 도구, 의상을 초월하여 영화의 '말'이
곱씹어 기억하고 보존할 만한 유산이 되어가고 있는 셈이다.

### 영화적인 대사는 무엇인가?

대사는 시간과 공간에 대한 정보를 제공하고, 대사를 암송하는
배우(캐릭터)의 음성을 통해 작중 인물의 성격을 형성한다.
단어 선택, 어휘, 문법을 통해 작중 인물의 배경, 과거, 내면을
이해함으로써 인물 행동의 모든 측면을 더 잘 알 수 있게 한다.
훌륭한 작가는 대사가 스토리를 전개하는 것 이상의 역할을 할
수 있도록 하며 관객의 감정적인 반응을 촉발할 수 있다는 것을
잘 알고 있다. 이때 대사는 의사소통을 넘어 관객의 뇌리에 보다
생생한 이미지를 만들어 새로운 방식으로 스토리를 경험할 수 있게
해준다.
영화의 감상과 분석이라는 측면에서 대사는 특정한 극적,
주제적 의도를 파악하는 단서가 된다. '말'의 형식을 띠고 있지만
박찬욱의 영화에서처럼 고도의 시각화 과정을 거쳐 '이미지'에
필적하는 시각적 인상을 형성하는 경우도 있다. 문학적, 미학적
가치 면에서 논쟁이 있을 수 있지만 대사는 상황과 모티프, 심지어
주제를 압축할 수 있으며 관객은 복잡한 의미화 과정을 건너뛰어
한 줄의 대사로 영화를 이해할 수 있다. 대사의 가장 심오한 기능은
내포된 의미를 초월하며 그것이 말해지는 모양, 뉘앙스, 이미지와의
상호 작용에 의해 더 크고 깊은 맥락을 형성할 수 있다는 것이다.
관객은 배우의 목소리, 단어의 사용, 행동 방식에 노출되면서
캐릭터와 상호 작용하기 때문에 그들의 어조, 음색, 리듬, 질감의
특성을 무의식적으로 감지한다. 대사의 이 무의식적인 영역이
'영화적인 대사'란 무엇인가를 결정한다. 대사를 초점으로 하여
영화를 감상, 분석, 조명하는 것의 의미도 여기에 있다.

"공자님 말씀에 지혜로운 자는 물을 좋아하고 인자한 자는 산을 좋아한다고 했습니다. 난 인자한 사람이 아닙니다. 난 바다가 좋아요."
서래의 이 대사는 산에서 시작하여 바다에서 끝이 나는 〈헤어질 결심〉의 서사 경로를 요약한다.

"아들아, 너는 다 계획이 있구나." 계획(시나리오)의 실행과 성공, 실패를 궤도로 삼아 전개되는 〈기생충〉의 서사를 관통하는 대사.

한국영화의 전통하에서 대사는 시대와 인간을 드러내는
압축적인 지도의 역할을 해왔다. 내러티브 영화의 일반적인 대사
기능을 수행하면서 시대의 조건과 영화의 역학을 드러낸다. 해방
이후 국가영화의 형성 초기에 해당하는 1950년대 한국영화에
등장하는 대사들은 당대의 언어 습관과 말의 관용적인 용례, 문화,
풍조를 담고 있었다. 이 시기의 대사는 음식이나 물건을 주문하고,
신문을 사고, 일상에 대해 주고받는 감정을 표현하기 위해, 즉
사실적인 기능을 위해 사용되는 경우가 대부분이었다. 1960년대로
접어들어 김기영 같은 작가의 등장은 대사가 내러티브 영화의 모든
측면에 얼마나 큰 기여를 할 수 있는지를 증명하는 계기가 되었다.
김기영의 문어체 대사는 한국어의 규범적인 규칙(어순이나 문법)을
경시하면서 가상의 장소와 극적 상황, 인물의 식별. 내러티브와
주제를 강화하는 대사의 기능을 인식하게 했다. 1970년대 이후
한국사회가 정치적 암흑기를 통과하면서 이 시기 영화 대사는
직설적으로 말하는 것보다 암시적이고 함축적인 문맥을 전달하기
위해 애쓴 흔적들을 보였다. 1990년대 이후 산업화 드라이브 속에서
일상적 생활사의 묘미를 전달하는 대사, 사회 정치적 함의를 새긴
대사, 장르와 스타일의 지배를 받는 양식화된 대사 등 다양한 유형이
공존하는 시대가 된다.

각본집 『아가씨 각본』. 영화의 '말'은 곱씹어
기억하고 보존할만한 유산이 되어간다.

## 감각을 열어주는 대사들

지금 영화 대사에 다시 주목하는 이유는 글로벌 환경하에서
한국영화의 지위 상승과 더불어 말의 위상도 높아졌기 때문이다.
영화 소비의 갈래로 대사의 의미가 제고되는 것을 넘어 영화 표현의
도전과 혁신의 수단으로 대사의 중요성이 강조되는 시점이다.
"1인치 자막의 장벽을 뛰어넘으라"고 말한 바 있는 봉준호는
〈기생충〉에서 기택(송강호)이 상류층 가정의 영어 교사가 된 아들
기우(최우식)에게 하는 "아들아, 너는 다 계획이 있구나"라는
대사를 국민 유행어로 만들었다. 송강호의 독특한 딕션과 언어를
다루는 능력을 활용한 이 효율적인 대사는 '계획(시나리오)'의 실행과
성공, 참담한 실패'를 궤도로 삼아 전개되는 〈기생충〉의 서사를
관통한다. 이 장면은 일상적 어조와 표현적 스타일을 결합한 대사가,
즉 언어적 진술과 발화 행위 자체가 플롯의 주요 전환점이 될 수
있다는 것을 알려준다.
　언어적 배경 화면으로 대사는 존재하되 존재하지 않는 것을
미덕으로 하지만 우리의 정신을 지배하는 대사는 고도의 문학성으로
관객을 안내한다. 물론 대사의 연출자들은 다양하다. 최대한
부드럽고 자연스럽게 들리는 대사를 선호하는 연출자가 있는 반면
독창적인 표현과 어조, 스타일을 추구하는 연출자가 있다. 아무려나
유능한 감독은 등장인물의 입에 주제나 교훈적인 메시지를 욱여넣지
않고 말의 속도나 분위기, 텍스처를 제어함으로써 이를 달성한다.
대사는 글로 표현될 수 없는 감각을 열어준다. 말장난, 농담, 오해,
재치, 은유, 저주, 울음, 속삭임, 비명, 노래, 시, 스토리텔링 등 언어가
추가되면서 한국영화는 표현의 가능성을 넓히고 있다. 영화 대사에
분명히 초점을 맞춰 영화를 거듭 감상하고, 그것이 서사에 어떻게
침투해 카타르시스를 제공하는지 분석해볼 필요성은 충분하다. 어떤
대사라도 당연히 여길 만한 것은 아니다.

1. 여기 수록된 100개의 대사는 외부 필자 8인(김도훈, 김형석, 듀나, 손희정, 송경원, 심혜경, 정지혜, 허남웅)이
각각 제출한 중요한 대사들 목록과 객원 편집위원단이 별도로 작성한 목록을 종합 검토해 편집부가 최종 목록화한 것이다.
1950년 이후 영화를 대상으로 했다.

2. 대사마다 해설을 작성했다. 특정 필자가 어떤 대사의 해설을 썼는지는 권말에 필자 약력과 함께 정리했다.
여기 없는 대사의 해설은 편집부가 쓴 것이다.

# 1  운명의 손(1954)

## "선생님은 제 마술에 걸린 거예요."

마가렛(윤인자)

바걸(bar girl)이자 북한이 보낸 스파이인 마가렛(윤인자)의 집으로 신분을 위장한 방첩 장교 영철(이향)이 부상을 당한 채 들이닥친다. 호감을 느끼지만 가까워질 수 없는 영철을 두 번째 만나는 날 마가렛은 노동일을 하여 꼬질꼬질한 그를 데려다 양복과 구두를 맞춰준다. 말쑥한 차림의 신사가 된 영철이 마가렛에게 "아니, 이렇게 폐를 끼쳐서 어떻게 합니까?"라고 하자 마가렛은 질문에 대한 답으로 적합하지 않은 대사를 말한다. "선생님은 제 마술에 걸린 거예요."

노골적인 유혹의 언사인 이 대사는 처음 보는 남성에게 끌려 방에 들이는 것도 모자라 자신의 본분을 져버리고 적극적으로 구애를 펼치는 여성의 이미지를 구현하는 데 일조한다. 장면 안에서 희생자-팜 파탈의

복합적 이미지로 강력한 존재감을 보여주는 마가렛은 자신의 말을 듣고 외아해하는 영철의 팔짱을 끼고 활기차게 걷는다. 이 도발적 대사는 위스키 잔을 나누며 두 사람의 관계가 진전되는 마가렛의 집에서 반복되는 대사 "선생님은 오늘은 완전히 제 포로예요"와 호응을 이룬다. '마술에 걸린 것 같은 로맨스'를 강조함으로써 이념의 벽을 초월한 멜로드라마라는 영화의 주요 아이디어를 제공하는 핵심 대사다. (감독: 한형모 / 각본: 김성민 / 출연: 윤인자, 이향)

# "뭐든지 최고급품으로 적당히 주십시오… 최고급품입니까?"

백광진(주선태)

〈자유부인〉은 한국전쟁 직후 전통과 현대의 충돌이 빚어지는 사회 분위기와 모더니티에 대한 맹목적인 동경, 모럴의 혼란상을 그린 논쟁적인 영화였다. 근대와 전근대의 물질, 세태, 가치가 충돌하는 혼란상을 묘사한 이 영화에서 대학교수(박암)의 정숙한 아내로 살았던 중년 여인 선영(김정림)은 주부의 삶으로부터 해방되어 일하는 여성이 된다.

주선태가 연기하는 백광진은 한껏 부풀어 오른 선영의 마음을 홀리기 위해 애를 쓴다. 순진한 상대에게 재력을 과장한 허풍으로 마음을 얻고자 하는 이 인물의 됨됨이는 "뭐든지 최고급품으로 적당히 주십시오… 최고급품입니까?"라는 대사에 상징적으로 녹아 있다. 한편으로 이 대사는 급격하게 밀려오는 서구화의 물결 속에서 서양의 문물을 무분별하게 추종하려는 허세, 배금주의의 풍조를 드러낸다. 살집이 통통하게 오른 중년의 백광진은 느물거리는 미소를 머금고 수입 양품점 점원 일을 시작한 선영에게 선물용 물건을 사면서 '최고급'을 연신 강조한다.

대다수 인물들이 제동 장치를 상실한 채 쾌락을 좇는 틈새에서 백광진은 빈손으로 일확천금을 노리는 캐릭터다. 선영과 타락한 친구 윤주(노경희)를 나락으로 안내하는 백광진은 영향력 있는 사업가를 가장했지만 실질은 유부녀들을 등쳐 먹는 모사꾼이다. 작품 전체를 관통하는 '최고급'은 실속 없이 바람 든 세태를 드러내는 유행어가 되었을 정도로 한국사회에 깊은 인상을 남겼다. (감독: 한형모 / 원작: 정비석 / 각색: 김성민 / 각색·윤색: 이청기 / 출연: 김정림, 노경희, 주선태)

# "동식 씨, 저 같은 것도 시골 가서 살 수 있을까요."

주리(강선희)

기지촌 양공주 주리(강선희)는 '저 같은 것'이나 '저희 같은 양갈보 따위'로 스스로를 비하하면서, 이 '지옥'에서 벗어나 안전한 노스탤지어의 공간인 '시골'로 갈 수 있을지를, 동식(조해원)에게 묻는다. 〈지옥화〉는 영식(김학)과 동식(조해원) 형제 사이에서 자신의 성과 욕망을 전면화하면서 결국 죽음에 이르는 팜 파탈 쏘냐(최은희)의 양가적인 매력을 스크린에 장식한다. 주리 역시 이 지옥에 동거하는 군상 중 하나일 뿐이지만, 그녀는 기지촌의 성 경제, 암시장과 범죄를 응시하는 관찰자이자 아노미 상태에 있는 이들의 존재, 윤리 그리고 이후를 고민하는 유일한 철학자다. 하지만 스스로 구원하는 일은 요원하다. "동식 씨, 저 같은 것도 시골 가서 살 수 있을까요?"는 구원을 청하는 주리의 고해성사다. 어떤

일인지 지옥은 빠져나갈 수 없는 구렁텅이고, 천국으로 들어가기 위해서는 길을 인도하는 안내자가 필요하다. 주리에게 동식은 '이런 곳에 계실 분이 아닌 분'이므로, 때 묻지 않은 이상향 '시골'로 인도해줄, 구원을 허락하고 행할 수 있는 유일한 인물이 된다. 동식과 쏘냐가 죽음을 맞아 파국의 절정이 지나고 나면, 주리의 간절한 소망은 마침내 결실을 맺는다. 시골로 떠나려는 동식은 "주리, 나하고 시골 안 갈래?"라며 손을 내밀고, 둘은 지옥을 뒤로하고, 유토피아로 향하는 버스에 나란히 앉는다.
(감독: 신상옥 / 각본: 이정선 / 출연: 최은희, 김학, 조해원, 강선희)

# "이 집 남자는 애를 배게 하고, 이 집 여자는 애를 떼게 하고, 내 몸은 장난감처럼 뭘 해도 좋아요?"

하녀(이은심)

〈하녀〉의 클라이맥스 신에 등장하는 하녀(이은심)의 말은 영화의 주제를 요약하는 탁월한 대사란 무엇인가에 대한 영감을 준다. 동식 부부에게 막 생긴 갓난아기의 침대맡에서 하녀는 계단으로 추락하여 유산된 자신의 아이를 생각하면서 슬픔에 복받쳐 이 대사를 던진다.

캐릭터 간의 갈등을 설명하기 위해 훌륭하게 설계된 이 대사 안에는 가족의 죽음이라는 모티프가 깃들어 있다. 계급의 위계와 중산층의 허위의식 위에 또아리를 튼 부조리를 일갈하면서 하녀가 울부짖을 때 그를 연기하는 이은심의 표정에는 분노와 자책, 복수심이 뚜렷이 표출된다. "이 집 남자는 애를 배게 하고, 이 집 여자는 애를 떼게 하고"는 가부장제의 부조리를 암축적인 리듬감의 대사로 드러내고 "내 몸은 장난감처럼 뭘

해도 좋아요?"는 뱃속의 아이를 빌미로 하여 인간으로서 존엄을 쟁취할 것으로 생각했던 하녀의 절망을 전달한다.

서사적인 문맥에서 그것은 이후 사악하고 폭력적으로 변해가는 하녀의 캐릭터에 정당성을 부여하면서 상하-기생 관계에 대한 허무주의적이고 암울한 전망을 웅변한다. 한 지붕 아래서 주인의 아이와 하녀의 아이를 대비하면서, 암울한 경계에 놓인 계급 전쟁과 가족의 해체를 형상화한 명대사다. (감독: 김기영 / 각본: 김기영 / 출연: 김진규, 주증녀, 이은심)

# "자식, 세도 좋다. 짖어라 임마! 너도 명문의 자식이냐?"

박 서방(김승호)

연탄 아궁이 수리를 하며 가족을 건사해온 박 서방(김승호)은 작은 딸 명숙(엄앵란)의 혼사를 저울질하기 위해 명숙의 애인 주식(방수일)의 고모(유계선)를 만난다. 사나운 불독이 짖어대는 신식 양옥집에 들어선 박 서방에게 하와이에서 왔다는 고모는 티백 홍차 먹는 법을 훈계하거나 '이조 말엽 대감까지 지낸 할아버지'로 대표되는 세도(勢道)를 들먹이며 박 서방에게 수모를 안긴다. "명문의 집안은 명문의 집안끼리, 노동자는 노동자끼리"를 주장하는 하와이 고모는 절대로 명순을 주식과 결혼시킬 수 없다고 못을 박는다.

감당할 수 없는 모욕감에 휩싸여 현관문을 나서는 박 서방을 향해 다시 불독이 짖어댄다. 여기서 울분과 설움에 복받친 박 서방의 대사가 등장한다. "자식, 세도 좋다 임마. 짖어라! 너도 명문의 자식이냐?" 박 서방의 이 대사는 까마득한 조상의 권세를 운운하는 하와이 고모의 전근대적 발상을 한탄하며 '명문가라면 그들이 기르는 개도 명문인가'를 질문하고 있다. 여기서 불독은 박 서방의 유일한 화풀이 대상이면서 그와 비슷한 처지의 존재이기도 하다. 근대와 전근대의 충돌과 화해를 주제로 하는 〈박서방〉에서 근대적 삶의 양식 안에 내재한 전근대의 잔재를 극적으로 묘사한 대사라고 할 수 있다. (감독: 강대진 / 원작: 김영수 / 각색: 조남사 / 출연: 김승호, 김진규, 엄앵란)

# "가자… 가자!"

어머니(노재신)

이 대사는 전쟁 통에 정신을 놓아버리고 자리보전을 하고 있는
철호(김진규)의 어머니(노재신)가 영화가 진행되는 내내 내뱉고, 외치고,
읊조리고, 삼키는, 반복적이고도 유일한 대사다. "가자… 가자!"는 북에
두고 온 고향을 그리워하는 말이기도 하고, 괴로운 이승을 어서 마무리하고
싶다는 의미이기도 하고, 또 실성한 인물의 상태를 재현하는 무의미
그 자체를 뜻하기도 한다. 말이 담고 있는 의도가 어찌됐든 "가자!"는
영화 전체의 분위기를 만들어주는 공간감, '룸 톤'(room tone)이 된다.
지친 철호가 퇴근 후 귀가해 딸과 다정한 대화를 할 때도, 명숙(서애자)이
어머니 곁에 함께 누워 잠을 청할 때도, 무언가 잘못되어 보이는
아내(문정숙)가 진통으로 뒹구는 괴로운 아침에도, 일확천금의 꿈을 꾸며
살아갈 방도를 찾아 헤매는 영호(최무룡)가 술을 먹고 들어와 형과 말다툼을
할 때도, 가출해 신문을 파는 막내 민호가 잠시 집에 들러 밥을 먹으려
할 때도 가족들(과 관객들)은 어떤 식으로든 화면을 잠식하는 어머니의
목소리 "가자, 가…"를 들어야만 한다. 어머니는 전쟁 직후 아슬아슬하게
정신을 다 잡고 목숨만 부지하고 있는 가족 구성원 모두를 대신해 미쳐버린
것만 같다. 영화 말미에 결국 해방촌의 허름한 판잣집에서만 들을 수 있었던
어머니의 "가자!"는 마치 바이러스처럼, 집 밖으로 나온 철호에게 감염된다.
다른 문제는 해결하지도 해결할 수도 없는 '오발탄' 철호는 간신히 썩은 이만
뽑아내고, 미친 어머니처럼 "가자"를 외친다. (감독: 유현목 / 원작: 이범선
/ 각색: 이종기, 이이령 / 출연: 김진규, 노재신)

# "이 세상에 말없이 남을 도와주는 사람도 있네? 오 잘 왔다. 어, 용아! 내 이제, 너를 놓치지 않아."

하춘삼(김승호)

영화 〈마부〉의 후반부, 가혹한 시대를 버텨온 주인공 하춘삼(김승호)은 감격에 젖는다. 빚을 대신하여 빼앗긴 말 용이가 "아무에게도 알리지 말고 말을 부리라"는 누군가의 호의에 의해 마법처럼 집으로 되돌아왔기 때문이다. 슬픔에 잠겨 거나하게 취했던 춘삼은 생사고락을 함께 하면서 진심으로 소통한 용이의 얼굴에 자신의 볼을 부비며 이야기한다. "아니 세상에 말없이 남을 도와주는 사람이 있나? 오 잘 왔다. 어, 용아! 내 이제 너를 놓치지 않아."

춘삼은 냄새 나는 무지랭이이자 구시대의 유물품으로 무시당하는데, 이 장면에서 그의 대사는 춘삼과 용이의 위상을 평행하게 엮는다. 춘삼과 용이 모두 쓰임을 다한 존재로 자동차라는 새로운 운송 수단이 보급된 세상에서 사라져야만 하는 잔재이기 때문이다. 소외된 존재들의 결속을 역설하는 이 대사는 유명한 영화의 결말과 이어진다. 세 번이나 고등 고시에 낙방한 장남 수업(신영균)이 마침내 시험에 합격한 날, 눈이 오는 길바닥에 주저앉은 춘삼은 대업과 볼을 부비며 동일한 장면을 연출한다. 투박하지만 건강한 육체의 따스함이 맞닿는 순간을 묘사한 인상적인 대사다. (감독: 강대진 / 각본: 임희재 / 출연: 김승호, 황정순, 신영균)

# "선생님, 메마른 나무에 불을 지르지 마세요. 걷잡을 수 없이 타는 날에는 어떻게 되겠어요. 생각만 해도 무서워요. 제겐 다만 옥희가 있을 뿐입니다."

어머니(최은희)

사랑방에 세 들어 사는 한 선생(김진규)으로부터 서신 사랑 고백을 들은 정숙(최은희)이 딸 옥희(전영선) 편으로 보낸 답장으로 들려준 말이다. "선생님, 메마른 나무에 불을 지르지 마세요. 걷잡을 수 없이 타는 날에는 어떻게 되겠어요. 생각만 해도 무서워요. 제겐 다만 옥희가 있을 뿐입니다." 이른 나이에 상부(喪夫)하고 과부가 된 정숙의 이 말은 모순적이다. 욕망을 제어하고 살아가는 '메마른 나무'로 자신을 표현하고 있으니 말이다.

영화에서 정숙은 조그마한 불이라도 붙는 날에는 걷잡을 수 없이 타오르게 되는 마른 나무라는 것을 인정하지만 상대방에게 불을 지르지 말라고 애원하면서 전근대적 억압하에서 통제당하는 여성성의 초상을 보여준다.

연정을 은폐하고 제대로 말 한마디 주고받지 않다가 필설(편지)을 통해서나 진심을 이야기하는 정숙과 한 선생의 관계는 '메마른 나무'와 '불'이라는 단어로 요약된다. 상대를 욕망하는 진심을 숨기면서도 완전히 억누를 수 없는, 격정과 억압의 충돌이 상징적으로 드러나는 대목이다. 정숙은 욕망의 발동이 두렵지만 한편으로 그것을 원한다. 옥희를 돌봐야 하는 모성의 억압과 그 자신의 잠재된 욕망 사이의 모순과 균열을 묘파한 대사다. (감독: 신상옥 / 원작: 주요섭 / 각색: 임희재 / 출연: 최은희, 전영선, 김진규)

# "여성으로로서 사회 활동을 할 경우, 잘못하면 소홀하기 쉬운 가정생활 같은 것도 중요하게 다루어져야 할 것도 알고 있습니다."

**허진숙(문정숙)**

허진숙(문정숙)에게 절로 들어가 공부하기를 권하는 아버지(김동원)를 향해 어머니(황정순)는 "다 큰 계집애를 혼자 절로 보내시면 어쩌허실라 그러시는 거예요?"라며 딸의 안전을 걱정한다. 진숙은 "시험에 패스될 때까지는 전 여자가 아니에요. 죽어도 합격해야지 돼요"라며, 진로와 목표 앞에 전통적인 '여성'의 역할이나 한계는 없다는 점을 분명히 한다. 하지만 '시험에 패스될 때'까지 만이다. 법관보다는 주부가 되는 일이 여성의 행복일 것이라고 설득하는 옛 남자친구 동훈(박암)에게 진숙은 이렇게 말한다. "여성이 직업을 가졌다고 해서 가정 파괴의 위험성이 백 퍼센트 부수된다고는 할 수 없잖아요. 주부의 노력 여하에 달렸다고 생각해요." 사법 고등고시를 '패스'하는 것은 어려움도 아니었다. 오히려 진숙에게는

선례 없던 여성 판사가 되고 결혼 생활에서 일과 가정을 어떻게 양립할 것인가가 더 큰 과제였던 것.

진숙은 "무엇보담도 우리나라 여성들은 지위 향상을 위한 자체적인 노력을 아끼지 말아야 할 줄 압니다"라는 성평등한 사고를 공공연하게 언급하면서도 자신의 딜레마를 내비친다. 전문직 여성과 주부 정체성 간의 갈등, 가족 내 여성 사이의 적대 구도, 부부 간 불화는 아이러니하게도 (판사직을 그만두고 변호사가 된) 진숙이 시모 살인 용의 사건을 승소하게 되면서 모두 해결된다. 여성의 사회 활동과 가정생활의 불/균형에 관한 이 대사는 오늘의 한국에서도 여전히 되새기고 논할 만하다. (감독: 홍은원 / 각본: 추식 / 출연: 문정숙, 김석훈, 유계선)

# "봅세, 우리 둘이 협력해서 새나라 차를 사보지 아니하겠소?"

또순이(도금봉)

운수회사를 운영하는 아버지(최남현)의 둘째 딸 또순이(도금봉)는 일자리를 찾아다니던 재구(이대엽)를 도와준 일로 오해를 사게 되어, 아버지의 그늘을 벗어나 '독립'을 선언하고 '가출'한다. 무한 긍정으로 그 어떤 일이든 해내는 억척 또순이는 이제 막 근대화를 시작하는 초기 박정희 정권이 필요로 한 여성상의 구현이기도 하다. 어머니는 "계집애라는 것은 출가 전에 이렇게 나와 있는 게 아니"라며 가출을 만류하지만 또순이는 "내 맘대로 아니 되고, 남을 의지하게 되어, 내가 가져야 할 독립심이 없어지고 말 것"이라는 이유로 굳은 의지를 굽히지 않는다. 어리숙한 재구와 엮이며 수완 좋게 돈을 모으던 또순이는 어느 날 "재구 씨는 희망이 뭐요?"라 묻는다. 재구는 "난 새나라 차를 사가지고 내 차로 부려보고 싶은데"라고 답한다. 또순이 "봅세,

우리 둘이 협력해서 새나라 차를 사보지 아니하겠소?"라고 제안하며, 이는 두 사람의 공동 목표가 된다.

여기서 질문, 그토록 독립적이고 강인한 또순이는 왜 새나라 차를 혼자 사려 하지 않았을까? 이 영화는 남성의 희망을 돕는 적극적인 여성의 협력을 강조한다. 조국 근대화의 단위는 협력을 통해 공동 목표 달성을 위해 내달리는 '가족'이라는 경제 공동체여야만 했던 것. 그러므로 영화가 말하는 조국 근대화의 희망, 행복의 시작점은 또순이의 '가출'(여성의 독립)이 아니라 새나라 차를 사서 허락받은 또순이와 재구의 '출가'(남녀의 결혼)인 셈이다. (감독: 박상호 / 원작: 김희창 / 각본: 유일수 / 출연: 도금봉, 이대엽)

# "내가 없으면 누가 웃겨주니? 내가 웃으면… 이렇게 말이야."

조장(구봉서)

분대장(장동휘)이 이끄는 해병 부대 분대원들은 인해전술을 펼치며 밀려오는 중공군과 최후의 전투를 치르다 사선을 달리고 있는 죠장 봉구(구봉서)를 둘러싸고 있다. 구봉서가 연기하는 봉구는 폭력과 죽음, 공포가 만연한 전장에서 웃음 제조기 역할을 하는 인물이다. 영화의 클라이맥스 초입에 해당하는 이 장면에서, 숨이 끊어지기 직전의 그는 평소 타고난 재담으로 분대원들을 웃기곤 했던 시간을 추억한다. "난 이대로 죽는 거요? 너희들은 날 살릴 수 없니? 내가 재밌게 말하면 너희들은 웃었지? 슬플 때도 말이야. 내가 죽으면 너희들은 슬프지. 내가 없으면 누가 웃겨주니? 내가 웃으면… 이렇게 말이야." 이 대사는 봉구가 전사하기 전 남긴 최후 진술에 해당하는데, 그마저 개그로 유도하는 그의 기질을

엿볼 수 있다.

이만희 영화이 명대사로 일찌갑치 회자된 이 대사는 2분 절도 이어진 롱테이크의 일부고, 전체 대사에서는 구일병 캐릭터와 조응해 비애감이 더욱 강조된다. "우리 집은 쇠푼이나 있는 집안이거든… 나는 장남이고 말이야. 그래서… 그래서 요리조리 피해 후방 근무만 하다가 총질이 하고 싶어서 지원해서 전선에 나왔지. 내가 몇 놈이나 죽었을까. 아마 내가 쏜 총엔 한 놈도 안 죽었을거야. 총질이 서투르니까 말이야…" 전장에 뛰어든 인간의 개인사를 통해 전쟁의 비극과 전우애 속에 피어난 휴머니즘을 최고의 언어 감각으로 승화시킨 명장면이다. (감독: 이만희 / 각본: 장국진 / 각색·윤색: 유한철 / 각색: 한우정 / 출연: 장동휘, 최무룡, 구봉서)

# "악은 내가 선택한 것이 아니야. 내게 주어진 거야."

동일(장동휘)

'검은 머리'라는 별칭이 붙은 갱 조직의 보스 동일(장동휘)은 강간을 당했다는 이유로 자신의 부하들로부터 얼굴을 훼손당하고 거리의 여자로 전락한 아내 연실(문정숙)과 그들이 처음 만난 산장에 든다. 동일은 제어될 수 없는 악의 순환으로 수난을 당하는 연실에게 순정을 고백한다. 사랑을 느끼면서도 비애감을 감출 수 없는 연실이 "악의 길을 택한 당신을 저주해요"라고 말하자 깊은 성찰을 담은 동일의 나직한 대사가 나온다. "악은 내가 선택한 것이 아냐. 내게 주어진 거야."

악행의 메커니즘을 관통하는 이 대사는 범죄 공동체의 계율로부터 자유로울 수 없는 갱스터의 숙명을 암시한다. 장르의 윤리와 관련하여 '선택'이 아닌 '소여'(所與)로서 악의 속성은 할리우드 갱스터 장르의 도덕적 기반을 이룬다. 부패와 음모, 배신, 비관주의를 모티프로 하는 이 장르는 범죄의 빌미와 그 후유증을 서사화하는 특성을 가지고 있다. 갱스터의 관습과 필름 누아르의 스타일을 이상적으로 조합한 〈검은 머리〉에서 장동휘의 이 대사는 욕망과 죄악의 완력에 저항할 수 없는 직업 범죄자의 운명을 주장하면서 인간 본성에 대해 냉소적이고 절망적인 태도를 취했던 이만희 특유의 세계관을 웅변한다. (감독: 이만희 / 각본: 추남, 한경현 / 출연: 문정숙, 장동휘)

# "여기서 살래예, 성님들과 같이 여기서 살랍니더."

해순(고은아)

〈갯마을〉에는 바다를 '서방' 삼아 자신의 노동으로 살아가며, '과부'라는 특수한 가부장적 상황을 우애와 연대로 전유하는 일군의 여성들이 등장한다. 영화 말미에 해순(고은아)은 갯마을로 돌아와 너무나도 밝고 환한 얼굴로 "성님예" 하며 바닷일을 나서려는 이 과부 형님들을 부른다. 첫 남편(성구)을 바다에서 잃고, 야반도주한 두 번째 남편 상수(신영균)를 객지에서 홀로 장례까지 치른 해순은 왜 이 갯마을로 돌아와 그렇게도 반갑게 형님들을 불렀던 걸까. 영화의 서사는 해순이 자신의 의지와 상관없이 지속적으로 남성의 성적 욕망의 대상으로 교환(성구와 상수, 그리고 산골의 사냥꾼)되면서 진행된다. 해순은 갯마을로 돌아온 이 마지막 장면에 이르러서야, 과부 '성님'의 품에 파고들면서 자기 욕망의

주체로서의 모습을 드러내는 것이다. 해순은 갯마을을 자신의 삶의 터전으로, 그 바닷가에서 만나 자신의 역사와 상황을 편견 없이 그대로 안아주는 아낙들(시어머니까지 포함해서)을 삶의 동반자로 선택한 것이다. 지금부터는 내가 원하는 이곳 갯마을에서 원하는 사람들과, 지긋지긋한 남성 욕망의 대상이 되는 고리를 끊고, 동성애적 연대로서 나의 주체적 욕망을 드러내면서 살겠다는 것. 한 번도 자신의 욕망을 드러내지 못했던 해순의 변화한 모습은 바로 "성님들과 같이 여기서 살랍니더"라는 대사에 오롯이 담겨 있다. (감독: 김수용 / 원작: 오영수 / 각본: 신봉승 / 출연: 신영균, 고은아, 이민자, 황정순, 전계현)

# "우리들은 가능하다면 솔선해서 딸을 낳았으면 하는데요."

이 사감(황정순)

'말띠 여성은 드세다'는 사회적 편견을 다루는 이 영화에서 3명의 말띠 신부는 60년 만에 돌아오는 백말띠 해에 딸을 낳지 않기 위해 갖가지 노력을 한다. 말띠신부 1호 이 사감(황정순)은 적극적으로 남편에게 잠자리를 요구하고, 2호 미혜(엄앵란)는 임신했다고 거짓말을 해 남편(신성일)과의 잠자리를 피하며, 3호 수인(남미리) 역시 임신을 핑계로 남편(윤일봉)에게 가사 노동을 전담시킨다. 또 이 말띠 신부들은 '모든 여성에게 피해가 없도록' 미혼의 친구를 성희롱하는 변사장(허장강)을 응징하기도 한다.

영화는 전반적으로 근대 핵가족에서 여성의 성욕과 가사 분담, 임신과 육아에 대한 적극적인 논의를 촉구하고 있다. 결말에 이르면 "말띠들이 백말띠를 겁내서야 되겠습니까"라며 스스로 사주 속설을 부정하는 변화를 보여주면서, 출산을 위해 산부인과를 찾는다. "요즘은 백말띠 딸을 낳게 되면 큰일이라고, 낙태 수술을 하러 오는 분들이 하도 많아서"라며 오해하는 의사를 향해 이 사감은 "우리들은 가능하다면 솔선해서 딸을 낳았으면 하는데요"라며 남아선호와 사주에 대한 맹신, 강한 여성에 대한 편견에 정면으로 맞선다. 성폭력과 여성 연대, 저출산과 재/생산권, 여성의 노동과 일·가정 양립의 문제까지 성평등 이슈를 폭넓게 다루는 흥미로운 영화다. (감독: 김기덕 / 각본: 이형표, 곽일로, 서윤성 / 출연: 신성일, 엄앵란, 황정순, 박암, 남미리, 윤일봉)

# "내가 대밭에 가는 날은 점례 니는 집에 있거라, 이?"

사월(도금봉)

전쟁(장면) 없는 전쟁영화 〈산불〉은 전쟁의 거대한 소용돌이의 맨 끄트머리에서도 그 파도를 온몸으로 맞을 수밖에 없는 여성들의 이야기를 담고 있다. 노인과 갓난쟁이를 제외하고는 사내라곤 구경할 수 없는 전라도 첩첩 산골, 대부분 과부가 된 아낙들은 생계의 중심인 대밭을 일구며 서로를 의지해 목숨을 부지한다. 홀로 시할아버지와 시어머니를 모시고 있는 점례(주증녀)는 대밭에 숨어든 빨치산 규복(신영균)과 첫눈에 정을 통한다.

사내 옷 냄새만 맡아도 생기가 도는 (산에서 남편을 잃은) 옆집 사월의 눈치가 점례의 변화를 놓칠 리 없다. 사월은 "걱정 말어. 네게 소중한 남자는 내겐 소중하지 않다냐?"며 점례를 설득하고, "내가 대밭에 가는 날은 점례 니는 집에 있거라, 이?"라며 순번을 정한다. 욕망의 공간이 된 대밭에서 규복의 의사와는 상관없이, 규복을 공유하는 것이다. 전쟁이라는 예외 상태에서 젠더의 위계가 전복되고, 도덕적 해이가 발생해 욕망에 지극히 충실해진 두 아낙에게 규복은 "돼지처럼 기르는 한이 있더래도 그냥은 보낼 수 없"는 존재다. 결국 국군의 포위망이 좁혀오면서 '서방 없이 살아온 계집들의 행패'는 경제적 기반이자 욕망의 공간인 대밭에 국군이 산불을 놓으면서 끝이 난다. 규복의 아이를 임신해 곤란해진 사월이 자결한 사이, 규복은 연기에 질식해 목숨을 잃는다. 점례는 그저, 규복을 안고 흐느낀다. (감독: 김수용 / 원작: 차범석 / 각본: 신봉승 / 출연: 신영균, 주증녀, 도금봉, 한은진)

# "나는 범인을 보았다. 그는 수갑을 채울 수도 없고 법정의 피고석에 앉힐 수도 없다. 고독이라는 놈. 그 놈은 갑자기 흉기를 들고 사람을 찌른다."

박 형사(김승호)

〈장군의 수염〉은 한국전쟁 직후 좌절당한 꿈들이 인간이 감당하기에 얼마나 벅찬 것이었는지를 증명하는 영화다. 사진기자 김철훈(신성일)이 의문의 죽음을 당하는 사건을 수사하던 형사(김승호)는 안갯 속을 걷는 것 같은 탐문의 종점에서 넋두리처럼 이 대사를 뇌까린다. "왜 나는 이렇게 자신을 잃고 있을까? 민완 형사, 도깨비 잡는 형사, 사람들은 날 그렇게 불렀다. 그런데 갑자기 뛰어든 이 하찮은 사건이 나를 무너뜨리고 있다. 나는 범인을 보았다…" 대배우 김승호의 천부적인 감각이 빛나는 이 대사는 인간 실존에 대한 영화의 테마를 요약한다.

　　주변인들의 기억으로 구성된 철훈의 모자이크는 질감이 두꺼워지고 마침내 초점이 맞춰지지만 그것은 언제나 철훈의 이미지일 뿐 철훈 그 자체는 아니다. 어둡고 슬픈 영화 〈장군의 수염〉은 고독에는 답이 없다는 것, 타인을 온전히 알 수 없다는 것, 그리고 아무도 자신의 진짜 모습을 보고 싶어 하지 않는다고 말한다. 범죄 누아르 장르에서 영감을 얻은 이성구 감독의 이 모더니즘 걸작은 우리가 진정 타인을 알 수 있는지, 아니면 자신과 타인이 수집한 외적 관찰을 바탕으로 우리가 아는 모든 사람의 이미지를 떠올리는 것은 아닌지를 질문한다. 철훈은 죽었지만, 누가 그를 죽였는지, 왜 말 한마디 없이 그가 죽었는지 우리는 이해할 수 있을까? (감독: 이성구 / 원작: 이어령 / 각색: 김승옥 / 출연: 신성일, 윤정희, 김승호)

# "··· 이제 곧 날이 밝겠지, 새벽이 오겠지, 거리로 나갈까? 사람들을 만날까? 커피를 마실까? 아니 이발관을 가야지, 머리부터 깎아야지, 머리부터 깎아야지."

**허욱(신성일)**

이만희의 〈만추〉(1966)와 〈휴일〉은 오랫동안 전설이었다. 분명히 존재한 영화들이지만 존재하지 않았다. 영화사 창고에서 썩어가던 〈휴일〉의 필름이 2005년 발굴되어 영상자료원을 통해 공개된 건 일종의 기적이라고 할 수 있을 것이다. 〈휴일〉은 21세기 한국영화의 관점으로도 놀랍도록 모던한 영화다.

일요일 아침에 시작한 영화는 가난한 청년이 친구에게 훔친 돈으로 애인을 병원으로 데려가 낙태수술을 시키는 일요일 밤에 끝난다. 당대의 스타 신성일이 연기한 주인공은 관객이 도저히 사랑할 수 없는 남자다. 아무것도 할 의지가 없다. 책임감도 없다. 이만희는 (아이러니하게도, 아마도 검열을 피하기 위해) 인물이 처한 정치적, 경제적, 사회적 배경을 전혀 묘사하지 않는다. 그런데도 〈휴일〉은 당대의 시스템 속에 제대로 진입하지 못한 채 무기력한 삶을 거우 버티는 천층의 수렁을 놀랍도록 차갑게 그려낸다.

마지막 장면에서 주인공은 애인의 죽음에도 아무런 감정을 내비치지 않은 채 중얼거린다. "서울, 남산, 전차, 술집 주인 아저씨, 하숙집 아줌마, 일요일. 내가 사랑하지 않는 건 아무것도 없어. 이제 곧 날이 밝겠지, 새벽이 오겠지, 거리로 나갈까? 사람들을 만날까? 커피를 마실까? 아니 이발관을 가야지, 머리부터 깎아야지, 머리부터 깎아야지." 이 아름답게 무기력한 대사는 1968년과 2023년을 어떠한 위화감도 없이 이어 붙인다. 지금 한국영화에서 그대로 도용해서 써도 여전히 현재적일 것이다. 모던할 것이다. (감독: 이만희 / 각본: 백결 / 출연: 신성일, 전지연, 김순철)

# "31층? 떨어져 죽기 편리하겠다."

오명자(윤여정)

식모가 있었다. 1970년대 아파트에는 식모라는 존재들이 있었다. 대개 시골에서 올라온 젊은 여성들이었다. 아파트 가장 작은 방에 살며 밥을 하고 애를 봤다. 공순이들이 있었다. 1970년대 마산에는 수출자유지역이 있었다. 퇴근 시간이면 엄청나게 많은 숫자의 젊은 여성들이 공장 문을 나섰다. 장관이었다. 사람들은 시골에서 돈 벌러 온 그들을 공순이라고 불렀다. 공순이라는 말이 정치적으로 올바르지 않다고 누군가가 지적하던 시대는 아니었다. 김기영의 〈화녀〉는 식모, 공순이로 불리던 당대 여성들에게 바치는 일종의 진혼곡이다. 호러라는 장르를 뒤집어쓴 이 영화에서 윤여정이 연기하는 '명자'는 분명한 빌런이다. 그가 빌런이 되는 이유는 간단하다. 고도성장기에 접어들기 직전, 한국 도시는 시골에서

올라온 그녀들을 집어삼켜 갈아 마시며 성장했다.

　도심에 갓 들어서던 고층 빌딩이 쑥쑥 자라기 위한 거름은 식모와 공순이들이었다. 시골에서 올라온 명자는 고층 빌딩에 감탄하는 친구에게 웃으며 말한다. "떨어져 죽기 편리하겠다." 살기 위해 도시로 간 그들에게 도시는 무덤이었다. 빌딩은 묘비였다. 어쩌면 이 대사는 식모와 공순이의 시대가 끝난 지금의 서울에도 더 없이 어울릴 것이다. 지금도 도시의 삶에서 도태되고 밀려난 존재들은 매일 떨어지고 있다. 화녀들은 어디에나 있다. (감독: 김기영 / 각본: 김기영 / 출연: 윤여정, 전계현, 남궁원)

# "오랜만에 같이 누워보는군."

문호(신성일)

〈별들의 고향〉의 주인공 경아(안인숙)의 역정 어린 삶 안에서 화가 문호(신성일)는 그녀가 거쳐 가는 남자 중 하나다. 한 번의 강제 이별을 경험한 뒤 재회한 두 사람은 새해로 넘어가는 12월 31일 밤을 함께 지샌다. 눈이 내리는 창밖에서 경아의 방안으로 진입한 카메라가 벽과 거울을 타고 내려오는 동안 문오는 한국영화사에 길이 남을 대사를 시전한다. "오랜만에 같이 누워 보는군." 50년이 지난 지금까지 무수히 회자되었던 문호의 이 대사는 이어지는 경아의 말을 더함으로써 완성된다. "행복해요. 더 꼭 껴안아 주세요."

남자의 능청과 여자의 호응이 장단을 맞추는 장면처럼 보이지만 그 맥락은 서글프다. 세파에 찌든 경아의 삶은 난폭한 남자들, 온정과 사랑을 가장한 착취, 배신, 알코올 중독으로 피폐해졌고 문호는 그런 경아의 구원자가 되지 못한다. 불행하기 짝이 없는 그녀의 인생 유전에서 문호와의 마지막 밤은 행복을 느끼는 최후의 시간이다. 오프닝과 엔딩이 수미쌍관으로 연결되는 이 영화에서 문호가 경아의 유골함을 들고 한강에 유해를 뿌리는 인물이기 때문에 '함께 눕는다'는 대사의 의미는 더욱 확장된다. 성우들의 후시 녹음이 안 맞는 옷을 입은 것처럼 이질적으로 다가오는 이 대사는 국민적 개그 소재로 수십 년 동안 입에 오르내리면서 하나의 영화 대사가 원래의 문맥에서 벗어나 대중문화 안에서 어떻게 자가발전하며 증식·소비되는지 보여준 사례로도 유명하다. (감독: 이장호 / 원작: 최인호 / 각색: 이희우 / 출연: 안인숙, 신성일, 윤일봉)

# "지금부터 교내 방송을 시작하겠습니다. 하나 둘 셋 넷, 들립니까? 들립니까? 들립니까! 들립니까!"

병태(윤문섭)

〈바보들의 행진〉은 절규하는 목소리의 영화다. 영화 결말부에 등장하는 "들립니까?"를 반복하는 병태(윤문섭)의 보이스오버는 절박한 구조 요청처럼 들린다. 교내 방송으로 설정된 이 보이스오버의 배경에는 무기한 휴강을 고지하는 벽보, 고래를 찾아 떠난 친구 영철(하재영), 캠퍼스를 배회하는 병태의 모습이 몽타주된다. 사막처럼 황량한 교정을 떠도는 병태는 교문 앞에서 구역질하는 듯하고, 그의 뒤에는 '지금 내가 할 일은?'이라는 상징적인 문구의 학생회 명의의 대자보가 붙어 있다. 영철의 자전거는 자동차들이 달리는 중앙 차선 위를 지그재그로 위태롭게 오간다.

　가수 송창식의 영화 주제곡 「날이 갈수록」의 노랫말 "꽃잎이 떨어지니 젊음도 곧 가겠지… 머물 수 없는 시절, 시절, 시절들"이 배경으로 깔리는 가운데 들리는, 질문이라기보다 악다구니에 가까운 "들립니까?"의 반복은 방황하는 청춘 영철의 죽음을 예고하면서 어디엔가 우리가 들어야만 할 진실이 있다는 것을 암시한다. 싱그러운 청춘의 비망록처럼 시작한 하길종 감독의 이 대표작은 군사 정권의 철권 통치가 기승을 부리던 1970년대의 억압적인 분위기를 배음으로 깔고 이 잊을 수 없는 대사를 앞세워 더 이상 갈 곳이 없는 절벽까지 인물들을 몰아붙이면서 점진적으로 어두워가는 시대상을 제시한다. (감독: 하길종 / 원작·각본: 최인호 / 출연: 윤문섭, 하재영, 이영옥)

# "우린 혁명을 일으키기 위해서 로보트를 개발하는 게 아니야!"

김박사

〈로보트 태권 V〉는 한국 장편 애니메이션의 시대를 본격적으로 열어줬혔다. 물론 이 역사적인 장편 애니메이션에는 많은 흑역사가 존재한다. 당대 일본 로봇 애니메이션의 디자인을 차용했다는 사실을 이제는 딱히 누구도 부정하지 않는다. 지나치게 저렴한 방식으로 사람들을 갈아 넣어 만드는 극장용 장편 애니메이션의 시대를 열었던 것도 사실이다. 그 때문에 1980년대 중반까지 지속적으로 만들어지던 한국 애니메이션의 중흥기는 금세 막을 내렸다. 하지만 어떤 극장용 한국 애니메이션도 〈로보트 태권 V〉에 필적하는 성공을 거두지 못했다. 이 애니메이션이 당대 한국 어린이 관객들의 집단적인 기억을 지배하고 있는, 정말이지 몇 안 되는 문화적 유산이라는 건 결코 부인할 수 없을 것이다.

외모 콤플렉스로 지구를 정복하려는 악당 카프 박사는 "이 로봇만 완성되면 세계는 내가 지배하게 될 것"이라고 말한다. 그러자 태권 V의 설계자 김 박사는 외친다. "우린 혁명을 일으키기 위해 로봇을 개발하는 것이 아니야!" 1976년은 쿠데타를 혁명이라고 부르던 시절이었다. 김청기 감독은 '혁명'이라는 단어를 어린이용 애니메이션 각본에 집어넣으면서 어떤 생각을 했을까. 당대의 검열관들이 그 단어를 허락한 까닭은 무엇이었을까. 혹시 그것은 아이들을 데리고 극장에 간 어른들을 위한 대사는 아니었을까. 아이러니를 읽는 건 후대를 살아가는 우리들의 몫이다. (감독: 김청기 / 각본: 지상학 / 출연: 김영옥)

# "아기다리 고기다리 던데이트!"

나두수(이승현)

'알미운 개구쟁이'의 줄임말인 얄개는 1970년대 한국영화의 가장 명랑한 캐릭터였다. 엄혹한 유신 시대에 그들이 엄격한 교칙과 획일적인 헤어 스타일과 무채색의 교복을 견딜 수 있었던 건 웃음이 있었기 때문이다. 그리고 풋풋한 로맨스는 입시의 압박감을 잠시나마 잊을 수 있는 해방구였다. 그런 의미에서, 언어 유희와 데이트에 대한 설레는 마음이 결합된 이 대사는 가장 얄개적인 한 줄일지도 모른다. 방과 후 여학생과 만날 준비를 하며, 집에서 아버지 몰래 가져온 전기면도기로 얼굴을 깨끗이 다듬던 두수(이승현). 학교 벤치에 늘어지듯 앉아 그는 허공을 향해 외친다. "아기다리 고기다리 던데이트!" 이 소리에 어디선가 선생님이 나타나서, 뭐라고 소리 지른 거냐고 추궁한다. 이때 전형적인 뿔테 안경 우등생

캐릭터 호철(김정훈)이 옆에서 일러바친다. "아 기다리고 기다리던 데이트, 라는 뜻입니다."

이 영화의 흥행 이후 1980년대까지도 이 대사는 젊은이들 사이에서 유행어가 되었고, 최근까지도 트로트 노래 제목('아기다리 고기다리')으로 사용될 정도로 한 세대를 넘어선 생명력을 보여주고 있다. 띄어쓰기가 조금 자유분방하긴 하지만, 이쯤 되면 국립국어원에서도 관심 가질 법한 표현이 아닐까 싶다. (감독: 석래명 / 원작: 조흔파 / 각색: 윤삼육 / 출연: 이승현, 김정훈, 강주희)

# "안 죽는다, 난 안 죽어. 의지다. 의지다! 의지야!"

**책장수(여포)**

김기영 영화 속 대사들이 동시대 다른 영화 속 대사보다 덜 낡은 것처럼 보이는 가장 큰 이유는 관객들이 포기해버렸기 때문이다. 김기영의 어느 영화를 보더라도 오직 김기영 같은 사람만 거리낌 없이 썼을 법한 기괴한 문장들과 마주치게 되는데, 별다른 퇴고 없이 마구 써 갈겼을 것 같은 이 문어체 대사들은 처음부터 자연스러움과는 담을 쌓아서 사람들이 옛날 한국영화 대사를 평가할 때 쓰는 기준이 계속 고장난다. 그냥 그런 말들을 쓰는 사람들이 모여 사는 평행우주의 이야기라고 받아들일 수밖에.

    위에 인용한 대사는 사실 길게 이어지는 대화의 일부이고, 김기영 대사의 황당함을 즐기려면 전체 시퀀스를 다 봐야 한다. 자살을 시도하는 남자 대학생 앞에 『의지의 승리』라는 책을 팔려는 늙은 남자가 나타나고,

귀찮게 달라붙는 그 남자를 대학생이 살해하는데, 죽은 뒤에 백골이 된 노인이 계속 저 따위 대사를 읊으면서 대학생을 귀찮게 군다는 설정이다.

    당연히 처음부터 끝까지 말이 되는 부분이 하나도 없다. 하지만 김기영이 창조한 두 캐릭터는 진지하기 짝이 없다. 이들은 폭포수처럼 쏟아지는 어처구니 없는 철학적 대사들을 상대에게 수류탄처럼 집어 던진다. 그 전쟁과 같은 격렬함은 진짜다. 이런 대사들은 절대로 잊히지 않는다. (감독: 김기영 / 각본: 이문웅 / 출연: 김정철, 남궁원, 김자옥, 김만)

# "이혼해주세요."

애마(안소영)

한국 에로영화의 시조처럼 여겨지지만, 정인엽 감독의 〈애마부인〉이 신드롬을 일으킨 건 단지 애마(안소영)의 관능적인 육체 때문만은 아니었다. 예전까지 한국영화 속 여성 캐릭터들이 몇 겹의 속박에 갇혀 있었다면, 애마는 그 모든 것으로부터 자유롭다. 우발적 범죄를 저지른 남편 현우(임동진)는 교도소에서 복역 중이며, 딸은 시댁에 있다. 애마는 아내와 엄마의 역할에서 벗어난 여성이고, 아파트에 홀로 살며 자가용을 소유했다. "애마야, 제발 그런 봉건적 사상 좀 버려"라고 충고하는 친구 에리카(김애경)와 함께 나이트클럽을 드나들기도 하고, 답답할 땐 말을 타고 자연을 달린다. 우연히 만난 젊은 남자 동엽(하재영)이나 옛 애인 문오(하명중)와 관계를 맺기도 한다. 그럼에도 남편에 대한 순정은 버리지 않아 매주 면회를 가던 그녀였지만 어느 날 결국 말한다. "이혼해주세요."

한국영화 여성 캐릭터들은 이 대사에 도달하기까지 얼마나 긴 세월을 기다렸던가. 1960년대 신파 멜로와 1970년대 호스티스 영화를 거쳐 한국영화는, 술기운에 진심을 털어놓듯, 에로티시즘의 힘을 빌어서야 감히 '이혼'을 거론할 수 있게 되었다. 드디어 이혼한 애마(오수비)는 〈애마부인 2〉(1983)에서 선언한다. "이제 난 누구와도 사랑할 수 있어요." (감독: 정인엽 / 각본: 이문웅 / 출연: 안소영, 임동진, 하명중, 하재영)

# "모두들 스포츠에만 관심이 많았습니다. 영화감독은 혼자서 죽어버렸습니다."

내레이션

흰색 양말, 찢어진 러닝셔츠를 걸친 한 남자(이장호)가 건물 꼭대기에서 아래를 내려다본다. 아득해지는 의식에 눈을 질끈 감은 사내는 "레디 고!"를 외치며 투신한다. 마침 그곳을 지나던 청년 동칠(김명곤)은 바닥에 쓰러진 남자의 시계를 풀어 자신의 손목에 채운다. 의식을 잃어가던 남자가 동칠의 귀에 대고 무슨 말을 하려는 순간, 또박또박 한 글자씩 무감하게 읽는 소년의 내레이션이 시작된다. "어느 날 동칠이는 옥상에서 뛰어내린 영화감독을 만났습니다. 그 당시에는 사람들은 영화에 관심이 없었습니다. 모두들 스포츠에만 관심이 많았습니다. 영화감독은 혼자서 죽어버렸습니다."

영화 프롤로그에 등장하는 이 보이스오버 내레이션은 '영화의 죽음'과 '바보로의 환생'을 서술하는 의미심장한 장면이다. 연출자 이장호 자신이 연기한 영화감독이 투신자살한 뒤 바보 청년 동칠이 그의 옷과 신발, 시계를 차고 세상을 떠도는 스토리를 설정하기 때문이다. 아울러 영화감독이 추락하는 순간 경기장 함성이 오버랩되는 식의 시청각적 진술과 이 내레이션을 통해 프로 스포츠의 출범과 저질화되어 가는 한국영화계의 암울한 현실을 대비하면서 1980년대 초 한국사회의 문화 지형에 대한 개요를 제공한다. 영화의 죽음이 반사회적 에너지로 전환하는 기이한 순간이다. (감독: 이장호 / 원작: 이동철 / 각본: 윤시몬 / 출연: 이보희, 김명곤, 이희성)

# "고래는 내 마음속에 있었어요."

병태(김수철)

〈고래사냥〉만큼 오랫동안 사랑받아온 1980년대 한국영화는 드물 것이다. 하지만 당대의 놀라운 흥행 성적에도 불구하고 〈고래사냥〉은 오랫동안 이상할 정도로 잊힌 영화였다. 1987년에 비디오가 출시되긴 했지만 복잡하게 얽힌 판권 문제로 DVD가 출시되지 않은 탓이다. 2018년에야 한국영상자료원에서 유튜브로 VOD를 공개한 덕에 〈고래사냥〉은 21세기의 젊은 관객들에게 다시 발견될 기회를 얻었다.

대학생 병태(김수철)와 기묘한 남자 민우(안성기)가 사창가에 납치된 춘자(이미숙)를 고향에 데려다준다는 이야기는 딱히 새로울 건 없다. 많은 부분에서 〈고래사냥〉은 황석영의 단편을 토대로 한 이만희의 〈삼포 가는 길〉(1975)을 연상시키는 데가 있다. 〈삼포 가는 길〉이 그랬듯이

〈고래사냥〉의 진정한 아름다움은 주인공들의 여정을 담아내는 카메라에서 나온다. 그들이 춘자를 찾아 나선 불량배 무리에게 쫓기는 동안, 카메라는 고도성장기에 들어선 서울과, 성장의 그림자에 머무르던 지방의 풍경을 고스란히 담아낸다. 배창호는 1980년대의 한국을 하나의 캐릭터처럼 주인공들의 마음에 투영시킨다. 모든 모험을 끝낸 병태는 말한다. "고래는 내 마음속에 있었어요." 가파르게 성장하던, 그러나 여전히 군사 독재의 그림자에 사로잡혀 있던 서울에서 존재의 무게를 홀로 짊어지고 살던 청년은 더는 도망가지 않기로 결심한다. 2021년 재개봉 시 이 대사는 포스터의 카피로도 쓰였다. 병태의 말은 현재진행형이다. (감독: 배창호 / 원작·각본: 최인호 / 출연: 김수철, 이미숙, 안성기)

# "당신은 내 마지막 남편이 될 거예요."

제인(장미희)

1980년대 한국 상업영화는 배창호의 것이었다. 그는 '방화'라는 다소 모멸적인 이름으로 불리던 당대 한국영화를 세련된 무언가로 보이게 만드는 재주가 있었다. 그리고 그 정점은 분명 장미희와 안성기를 주연으로 만든 〈깊고 푸른 밤〉일 것이다. 겉보기에 이 영화는 일종의 치정극이다. 미국에서 새로운 삶의 기회를 노리던 호빈(안성기)은 영주권을 획득하기 위해 제인(장미희)과 계약 결혼을 한다. 호빈에게 제인은 도구다. 그는 어떻게든 영주권을 얻은 뒤 한국에 있는 부인과 아이들을 데리고 올 생각뿐이다. 제인에게 호빈은 갑자기 찾아온 사랑이다.

여기까지 읽고 나면 당신은 분명 나쁜 놈에게 몸도 주고 마음도 주고 버려지는 여자들로 가득했던 1980년대 방화들의 서사를 떠올리게 될 것이다. 〈깊고 푸른 밤〉이 거기서 압도적으로 더 나아갔다는 이야기를 할 수는 없다. 다만 배창호의 이 치정극은 '아메리칸 드림'이라는 것이 존재하던 시절, 어떻게든 미국이라는 기회의 땅에 귀속되고 싶어 하던 당대 한국인들의 허상에 대한 극적인 은유로서 여전히 생생하게 살아 있다. 당대의 여배우 장미희가 "당신은 내 마지막 남편이 될 거예요"라고 말하는 순간, 그것은 지긋지긋한 영주권 브로커의 삶에서 벗어나고 싶은 몸부림인 동시에 어쩔 도리 없이 같은 처지의 한국인에게 느끼는 동질감의 표출이기도 했다. 1980년대 '나성'으로 나아가던 한국인들의 드림은 10년 뒤 LA 폭동으로 막을 내렸다. (감독: 배창호 / 원작: 최인호 / 각본: 최인호 / 출연: 안성기, 장미희)

# "난 니가 기뻐하는 일이라면 무엇이든지 한다."

오혜성(최재성)

영화화 이전, 일세를 풍미한 이현세의 『공포의 외인구단』의 정서를 가로지르며, 주인공 오혜성의 엄지(이보희)를 향한 순애보를 상징하는 키워드였다. 가수 정수라가 부른 영화 주제곡 '난 너에게'의 메인 멜로디를 수놓은 가사이기도 했다. "난 네가 좋아하는 일이라면, 뭐든지 할 수 있어"로 시작하는 이 노래가 영화와 동반 히트하면서 당시 젊은이들 사이에 유행어처럼 퍼진, 80년대를 대표하는 영화 대사 중 하나다.

영화에서도 반복적으로 등장하는데, 극 초반 까치가 엄지와 동탁(맹상훈) 앞에서 엄지가 자신에게 훌륭한 야구선수가 되라고 보낸 편지 꾸러미를 펼쳐 보이며 하는 문어체 대사 "니가 곧 나에겐 신이었고, 그 편지는 성전이었다. 언젠가 말했지만 난 니가 기뻐하는 일이라면

무엇이든지 한다" 같은 것들이다. 클라이맥스에서 동탁의 아내가 된 엄지(이보희)의 간청, 경기에 져달라는 요청에 부응하고자 자신에게 날아오는 공에 맞아 슬로모션으로 쓰러질 때, 오혜성의 단말마적 내레이션으로 이 말이 반복된다.

〈이장호의 외인구단〉의 제목이 상징적으로 말해주듯, 영화는 원작의 인지도와 감독의 유명세를 결합시킨 80년대식 기획물이었다. 어떤 영화는 플롯이나 주제보다 한마디 대사로 기억되는 경우가 있다. 이 영화가 그렇다. 사랑을 위해서라면 목숨까지 바칠 수 있다는 게 낭만으로 비춰지던 시절을 상징하는 대사이기도 하다. (감독: 이장호 / 원작: 이현세 / 각본: 지상학 / 출연: 최재성, 안성기, 이보희, 맹상훈)

# "어디가 그렇게 좋으세요?" "전부 다요."

혜린(황신혜) · 영민(안성기)

1980년대 한국영화를 에로티시즘 일변도로 이야기해선 안 되는 건, 우리에겐 배창호라는 감독이 있기 때문이다. 물론 〈적도의 꽃〉(1983) 같은 '성인용' 영화를 만들긴 했지만, 배창호의 작품을 가로지르는 정서는 순수한 사랑과 휴머니즘과 연민이었다. 그 정점에 〈기쁜 우리 젊은 날〉이 있다. 한 남자가 한 여자에게 바칠 수 있는 사랑의 감정을 영화에서 표현할 때 그 최대치를 탐구하듯, 배창호 감독은 상처 많은 여인 혜린(황신혜)에 대한 영민(안성기)의 무조건적이며 헌신적인 사랑을 담담하게 보여준다. 첫 눈에 반한 후 호기롭게 프러포즈를 했지만 보기 좋게 딱지를 맞았던 영민에게 다시 한번 고백의 기회가 온다. 어느 비 오는 날 밤 둘만 있는 공간, 혜린이 묻는다. "제가 어디가 그렇게 좋으세요?" 영민은 답한다.

"전부 다요."
　이 짧은 문답은 아마도 1980년대를 통틀어 가장 단순하면서도 가슴 울리는 순애보의 문장이 아닐까. 배창호 감독의 미장센과 유영길 촬영감독의 앵글도 이 장면을 영원히 기억하게 만드는 요소다. 영화 속엔 영민이 혜린에 바치는 희곡이 등장하는데 제목이 '나의 사랑 나의 신부'다. 이 영화의 조감독으로 함께 시나리오를 쓴 이명세 감독은 이후 같은 제목의 영화를 만든다. (감독: 배창호 / 각본: 배창호, 이명세 / 출연: 안성기, 황신혜, 최불암)

# "사람은 알고 보면
# 안 돼.
# 보고 알아야지."

만수(안성기)

동두천 출신의 청년 장칠수(박중훈)는 몰인정한 사수 아래서 극장 간판을 그리는 일을 그만두고 도장공 박만수(안성기)의 조수가 되려 한다. 형님뻘인 만수에게 알고 보면 진짜 괜찮은 놈이니 나를 써달라는 칠수의 넉살에 그는 "임마, 사람은 알고 보면 안 돼. 보고 알아야지"라고 핀잔을 준다. 만수의 이 짧은 대사는 그의 인간 됨됨이를 이해하는 열쇠가 된다. 사람의 진의를 알아보지 못하고 누군가를 믿었던 과거의 경험이 안겨줬을 절망이 이와 같은 가시 돋힌 인간관을 형성했음을 짐작할 수 있기 때문이다.

아닌 게 아니라, 비전향 장기수로 삼십 년간 옥살이 중인 아버지를 둔 만수는 연좌제에 걸려 하는 일마다 장벽에 부딪히는 인생을 살아왔다.

이때도 해외 파견 노동자로 돈을 벌겠다는 계획이 신분 조회에 막혀 좌절된 참이었다. 그런 만수에게 세상은 부조리 투성이고 자신의 의지대로 사는 길을 열어주지 않는다. 이런 배경이 만수를 방어적이고 시니컬한 아웃사이더로 만드는 요인이다. 33년 전의 안성기는 캐릭터의 아이덴티티를 함축적인 대사로 능숙하게 표현한다. 여기에는 보는 즉시 그 가치를 알아보지 않으면 살아남을 수 없었던 팍팍한 인생을 살아온 자의 성찰이 담겨 있다. (감독: 박광수 / 원작: 오종우 / 각본: 최인석 / 각색·윤색: 지상학, 이상우 / 출연: 안성기, 박중훈, 배종옥)

# "… 하나밖에 없는 내 동생 옥희를 환락가에 팔아 넘긴 것도 용서할 수 있었다. 그러나, 사나이의 굳은 의리를 배반한 것만큼은 용서할 수 없었다. 상하이 박! 어서 칼을 빼라!"

문도석(배창호)

영화배우를 꿈꾸는 변두리 이발소 이발사 문도석(배창호)이 손님이 없는 이발소 의지에 앉아 대사 연습을 하고 있다. 하와이안 와이셔츠에 짙은 선글라스, 삐딱하게 담배를 물고, 탁자 위로 다리를 꼬아 올린 도석이 암송하는 대사는 1970년대 복수 활극 영화 한 장면의 재연이다. "상하이 박! 지난 20년 동안 차디찬 감방에서 비가 오나 눈이 오나 꽁보리밥을 씹으면서 오직 이 날만이 오길 기다리며 복수의 칼을 갈았다. 내가 사랑하던 정님이를 뺏은 건 용서할 수 있었다. 하나밖에 없는 내 동생 옥희를 환락가에 팔아 넘긴 것도 용서할 수 있었다. 그러나, 사나이의 굳은 의리를 배반한 것만큼은 용서할 수 없었다. 상하이 박! 어서 칼을 빼라!"

'상하이박'은 〈홍콩에서 온 여와 남〉(1970), 〈돌아온 방랑자〉(1970),

〈1대 1〉(1972) 등 배우 박노식이 연기한 일종의 장르 연작 캐릭터다. 영화와 현실을 구분하지 못하는 도석의 이 말은 범죄를 저지르면서도 영화를 찍고 있다고 착각하는 몽상가의 기질을 보여주면서 스토리의 초기 설정에 기여한다. 망상적 인물의 됨됨이를 형상화한 이 대사는 "언제나 여러분의 사랑 속에 쑥쑥 자라나는 귀염둥이, 개그맨 이종셉니다"를 입에 달고 사는 밤무대 개그맨 종세(안성기)에 의해 다시 한번 반복된다. (감독: 이명세 / 각본: 이명세, 배창호 / 출연: 안성기, 황신혜, 배창호)

# "어린이 여러분, 우리 모두 영구를 불러봅시다. 하나 둘 셋, 영구야!"

내레이션

1980년대 한국영화 최고 흥행작은 무엇일까? 통계상으로는 〈고래사냥〉(1984)이나 〈어우동〉(1985)을 꼽겠지만, '체감 흥행'의 영역으로 들어서면 우린 이 영화를 무시할 수 없다. 당대 최고 인기 코미디언 심형래 주연, 속도전의 제왕 남기남 감독의 〈영구와 땡칠이〉다. 1970년대 드라마 캐릭터를 개그 캐릭터로 부활시킨 심형래는 '영구' 캐릭터로 선풍적인 인기를 끌었고, 그 신드롬은 〈영구와 땡칠이〉로 이어졌다. 전국의 문화회관과 시민회관 상영까지 합하면 약 270만 명(비공식 집계)이라는 놀라운 흥행을 거두었는데, 더 놀라운 건 극장 안 풍경이었다.

극장 안을 가득 메운 아이들은 마치 대화하듯 영화를 관람했다. 영화가 시작되면 닫힌 문과 함께 여성의 목소리가 등장한다. "어린이 여러분, 우리 모두 영구를 불러봅시다. 하나 둘 셋, 영구야!" 잠시 침묵이 흐른 후 "소리가 너무 작아요. 다시 한번 힘차게 영구를 불러봅시다. 하나 둘 셋!" 또 다시 침묵이 흐르다가 문이 열리며 영구가 등장한다. "영구 없~다!" 재밌는 건 '침묵' 부분에서 극장 안을 가득 메운 아이들이 "영구야!"라고 외친다는 것. 그리고 영구가 소쩍꿍 춤을 추는 장면에선 모두 자리에서 일어나 그 춤을 따라했으니, 〈록키 호러 픽처 쇼〉를 방불케 하는 컬트적 반응이었다. (감독: 남기남 / 각본: 장덕균 / 출연: 심형래, 김학래, 박승대)

# "행복은 결코 성적순이 아니잖아요?"

이은주(이미연)

1970년대 얄개영화가 명랑만화였다면, 1980년대 초중반의 하이틴영화가 순정만화였다면, 1989년에 나온 강우석 연출의 〈행복은 성적순이 아니잖아요〉는 일간지 사회면이었고 대한민국 입시 지옥을 다룬 첫 영화였다. 은주(이미연)는 반에서 1등을 놓치지 않은 우등생이지만, 부모의 욕심은 한이 없다. 결국 죽음을 선택하는 은주가 세상에 마지막으로 남기는 메시지는, 이 영화의 주제이자 당시 청소년들의 인권 선언이다.

"난 앉아서 공부만 하는 그런 학생은 되기 싫은데. 난 꿈이 따로 있는데. 난 정말 남을 사랑하며 살고 싶은데. … 난 인간인데. 슬픈 것을 보면 울 줄도 알고, 재밌는 얘기를 들으면 웃을 수도 있는 사람인데. 엄마는 언제나 내게 말했어. 그러면 불행해진다고. 하지만 난 로봇도 아니고 인형도 아니고 돌멩이처럼 감정이 없는 물건도 아니다. 공부만 해서 행복한 건 아니잖아. … 성적 때문에 자식이 부모를 미워해야 하고 성적 때문에 친구가 친구를 미워해야 하는데도, 내가 행복해질 수 있다고 생각해? 하나님, 왜 이렇게 무서운 세상을 만드셨나요. 선생님, 왜 우리를 이렇게 무서운 세상에서 살도록 내버려두셨나요. 행복은 결코 성적순이 아니잖아요?" 영화 제목으로도 쓰인 이 대사는 무한경쟁으로 특징 지워지는 대한민국 입시 교육의 비정함을 저격하는 관용구로 여전히 널리 쓰이고 있다. (감독: 강우석 / 각본: 김성홍 / 출연: 이미연, 허석, 최수훈)

# "너의 이러한 행동의 이데올로기는 뭐냐?"

R(문성근)

"아이, 안 하면 안 돼요? 꼭 해야만 돼요?"와 함께 영화를 상징적으로 대표하는 대사로 둘은 대구 관계의 사슬로 배치되었다. 자신의 문학 평론을 베껴 신춘문예에 당선된 J에게 은혜를 갚으라는 식으로 잠자리를 갖자 하고, J는 온갖 변명을 들어 R의 요구를 요리조리 피해간다("안 하면 안 돼요?"). R은 그동안 남자가 생겼다고 묻고, J가 고개를 가로저었더니, 도무지 이해할 수 없다는 표정으로 이 말을 한다. "그럼 왜 이러느냐, 너의 이러한 행동의 이데올로기는 뭐냐?" 인물들이 처한 우스꽝스런 상황에서 '이데올로기'란 단어가 만들어내는 아이러니에 힘입어 큰 화제를 일으켰다.

《경마장 가는 길》은 여관, 다방, 자동차 안 등 폐쇄 공간을 배경으로 R과 J가 벌이는 대사의 영화다. 끊임없이 섹스할 것을 애원하는 R은 그 이유를 들어 "그렇게 해야만 내 무뎌진 감각이 되살아나고 이 어려운 한국에서 소신을 잃지 않고 살아갈 수 있을 것"이라고 강변한다. 이에 대한 J의 태도는 "이런 이데올로기가 뭐냐고요? … 한국에선 조심해야 돼요. 한국이 어떤 나라인지 아세요?"로 요약된다. 90년대 초입, 이데올로기의 종말이 운위되던 시절 한국사회의 정신적 혼돈을 묘사한 영화였다. 영화를 상징하는 말 "너의 이러한 행동의 이데올로기는 뭐냐?"는 지식인의 낭패감과 허위의식을 적나라하게 드러낸 별종 같은 대사로 남았다. 하일지 원작에 기반한 대사이나 소설엔 '행동'이 '태도'로 되어 있다. (감독: 장선우 / 원작: 하일지 / 각색: 하일지 / 출연: 강수연, 문성근, 김보연)

# "자네가 지금까지 살아오면서 하늘을 우러러 한 점의 부끄러움이 없거든 나를 쳐라."

조 형사(안성기)

'웃다 죽어도 좋다!'라는 홍보 카피가 적중했던 강우석 감독의 〈투캅스〉가 주는 쾌감 중 하나는 '말 맛'이다. 비리 경찰 죠 형사(안성기)와 젊은 피 강 형사(박중훈)가 주고받는 핑퐁 같은 대사는 재치 있는 편집과 어우러져 관객으로 하여금 단 한순간도 지루하지 않은 하이텐션 코미디를 경험하게 만든다. "지원 요청 안 합니까?" "나 혼자 해먹기도 바빠." / "적어도 선배님 같은 경찰은 되지 말아야죠." "그건 그래." / "나 교회 집사야 집사!" "집사도 짭짤한 모양이죠?"

주목할 만한 것은 만화 같은 리듬이다. 조 형사는 어떤 회유에도 강직함을 버리지 않는 강 형사의 면전에서 쌔도 검도를 한 후 비장하게 내뱉는다. "자네가 지금까지 살아오면서 하늘을 우러러 한점 부끄러움이 없거든 나를 쳐라." 말이 끝나기 무섭게 강형사는 주먹을 날린 후 "억울하면 삭관 폭핵죄로 고발하십시오"라며 검도장을 떠나자, 조 형사는 혼잣말을 한다. "대통령은 뭐 하시나 저런 자식 청와대로 안 보내고."

억지 웃음을 쥐어짜는 종래 희극영화의 습속을 벗어나 상황의 아이러니가 만들어내는 공감의 웃음을 창조해 장르의 혁신을 가져온 〈투캅스〉의 정수가 담긴 시퀀스다. (감독: 강우석 / 각본: 김성홍 / 출연: 안성기, 박중훈, 지수원)

# "나. 강철보다 단단하고 화산보다 더 뜨거운, 절대로, 절대로 이 땅에 속하지 않은 최후의 추장 같은 나. 진짜 사나이."

사나이(권해효)

1990년대 한국영화의 혁명 중 하나는 '말의 해방'이다. 장르에 갇혀, 영화 속에서나 있을 법한 대사를 영혼 없이 반복하던 캐릭터들은 사라졌다. 대신 '대사 대폭발 시대'가 열렸고 〈진짜 사나이〉처럼 극단적인 연극적 대사를 관객에게 내뱉는 영화도 등장했다. 개봉 당시엔 큰 호응을 얻지 못했으나 이후 컬트로 평가받았던 박헌수 감독의 이 영화는 '말의 잔치'다. 진짜 사나이(권해효)와 아름다운 그녀(서미경)의 일탈과 그들을 뒤쫓는 악당들의 이야기지만, 정작 스토리라인보다 중요한 건 대사들이었다. "인생은 두려움을 이기려는 의지가 아니다. 피하려는 경향이다." "가르침에는 대가가 있다." "중요한 것은 있다는 것과 꿈꾼다는 것이다." "모두가 다 흔해 빠지고 평범하지만, 어느 순간만큼은 특별한 존재가

된다." "인생은 무엇으로 불리기보다는 무엇으로 남는가이다." 〈진짜 사나이〉는 이처럼 인생의 좌우명으로 삼을 만한, 단호하고 울림 있는 말로 점철된 '대사의 영화'다.

영화에서 불굴의 의지로 전진하는 진짜 사나이는 자신을 이렇게 소개한다. "나. 강철보다 단단하고 화산보다 더 뜨거운, 절대로, 절대로 이 땅에 속하지 않은 최후의 추장 같은 나. 진짜 사나이." 그리고 그의 파트너는 "목련보다 희고 샘물보다 더 맑은, 아름다운 그녀. 장차 왕비보다는 여왕이 될 꿈이 있는 그녀"다. 이처럼 낭만적이면서도 활활 타오르며 거침없이 쏟아내는 '말의 액션'을 다시 만날 수 있을까? 쉽지 않을 것이다. (감독: 박헌수 / 각본: 박헌수 / 출연: 권해효, 서미경)

# "니가 앞으로 뭘 하든 하지 마라."

마동팔(최민식)

송능한의 〈넘버 3〉는 1997년작이지만, 20세기 한국영화를 보는 것이 이상한 취향이라고 생각하는 대중에게도 상당히 많은 부분이 기억되는 작품이다. 하지만 이들 중 상당수는 이 영화의 주연 배우가 누구인지 모를 수가 있는데, 이 영화에서 편집본이 가장 많이 돌아다니는 캐릭터는 한석규가 연기하는 주인공 서태주가 아니라, 기껏해야 조연에 불과하고 영화의 본론과도 연결이 잘 안되는 송강호의 캐릭터 조필이기 때문이다. 하긴 송강호의 원맨쇼를 즐기기 위해 굳이 내용 전체를 이해할 필요는 없다.

여기서 인용한 대사는 조필의 것이 아니다. 조직의 넘버 3인 서태주와 자주 얽히는 검사 마동팔의 것이다. 최민식이 연기한 이 깡패 검사도 개봉 당시엔 주인공인 서태주보다 인기가 많았고 지금도 기억되는 대사들을 많이

남겼다. 여기서는 "니가 앞으로 뭘 하든 하지 마라"를 뽑았지만 "죄가 무슨 죄가 있어"도 유명한 대사다. 흔한 말을 뒤집어 듣는 사람을 어리둥절하게 만드는 데 재미를 붙인 사람이다.

"니가 앞으로 뭘 하든 하지 마라"는 몇 년 뒤 잠시 유행했던 허무개그와 여러모로 겹치는 면이 있다. 뭔가 거창한 말을 기대하고 있는데, 정작 이어지는 말은 허무하고 싱겁다. 하지만 인기 있는 밈 상당수가 그렇듯 이 허무해 보이는 문장은 적어도 어떤 부류의 사람들에게는 정확한 충고다. 세상엔 아무것도 하지 않는 게 세상에 그나마 도움이 되는 부류가 진짜로 있고 우린 이를 경험을 통해 확인하는 중이다. (감독: 송능한 / 각본: 송능한 / 출연: 한석규, 이미연, 최민식)

# "나에겐 꿈이 없었다."

민(정우성)

청춘영화의 전설이 된 김성수 감독의 〈비트〉는 민(정우성)의 내레이션을 통해 진행되는 영화다. "나에겐 꿈이 없었다. 열아홉 살이 되었지만 내겐 달리 할 일이 없었다." 영화를 시작하는 이 대사는 IMF 금융 위기를 맞은 남한 사회의 시대정신과 비슷했다. 미래에 대한 두려움과 파탄지경의 현실, 1990년대 말 한국은 진정 꿈을 꾸기 힘든 시공간이었으며, 성인의 문턱에 서 있던 민에게 유일한 소일거리는 친구 태수(유오성)와 함께 동네 싸움질을 벌이는 것이었다.

폭력을 해방구로 삼을 만큼, 지향점을 잃은 무기력한 청춘의 초상. 그것은 양팔을 벌리고 오토바이를 타는 '질주의 이미지'로 형상화되었고, 그 모든 것을 요약하는 한 줄의 대사는 "나에겐 꿈이 없었다"라는 문장이었다. 그렇게 떠돌던 스무 살 청춘은 친구 태수의 죽음 이후, 피 냄새 진동하는 지옥 속으로 돌진한다.

오토바이 장면과 함께 숱하게 인용되고 패러디된 대사, 홍보성 헤드카피 같은 "스무 살, 나에겐 꿈이 없었다"로 알려져 있지만, 실제 영화에 쓰인 대사는 정우성이 담담한 톤으로 고백하듯 말하는 "나에겐 꿈이 없었다"다. (감독: 김성수 / 원작: 허영만, 박하 / 각본: 심산 / 출연: 정우성, 고소영, 유오성, 임창정)

# "큰성 그때 생각나? 그때 생각나?"

막동(한석규)

폭력 조직의 말석으로 들어간, 개뿔도 없는 젊은이가 조직 간 전쟁의 와중에 상대 조직의 리더를 죽인 후, 형과 통화하며 울다가 웃다가 단속적으로 하는 말이다. 1분 30초 가량 원테이크로 이어진 이 공중전화 박스 시퀀스는 막동이로 분한 한석규 희대의 열연이라는 측면에서, 사라진 것들에 대한 상실의 정서, 즉 영화의 정조를 드라마틱하게 함축한 대사라는 측면에서 90년대 한국영화의 명장면이다. "큰성 나야, 막동이. 엄마는? 아이, 엄마 어디 갔어? 어, 나? 잘 있어, 괜찮어. 큰성 전화 끊지 마, 전화 끊지 마… 히히히히 전화 끊지 마. 큰성, 생각 나? 빨간 다리? 빨간 색 철교. 우리 어렸을 때 빨간 다리 밑으로 물고기 잡으러 많이 다녔었잖아. 내가 언젠가 초록색 나는 물고기 잡는다고 그러다가 쓰레빠 잃어버려 가지고

큰성이랑 형들이랑 하루 종일 놀지도 못하고 쓰레빠 찾으러 다녔었잖아. … 큰성 그때 생각 나? 그때 생각나?"

　　여기서 초록 물고기는 시대에 밀려 사라진, 더 이상 회복할 수 없는 대상이다. 그렇기 때문에 더욱 막동이는 "그때 생각 나?"라고 실없이 웃다가 오열하며 재차 묻는다. 논과 밭이 신도시로 개벽하는 시기에 초록 물고기는 상실의 대상이다. 초록 물고기가 사라진 것처럼 막동이도 사라질 것인가, 이런 예감의 전조가 되는 애처롭고, 잔인한 대사다. (감독: 이창동 / 각본: 이창동, 오승욱 / 출연: 한석규, 심혜진, 문성근)

# "아저씨는 왜 나만 보면 웃어요?"

다림(심은하)

(8월의 크리스마스)가 90년대 한국 멜로영화의 정점을 찍은 건 사랑을 운명처럼 그리는 대신 소박하게 물드는 시간으로 동행했기 때문이다. '시간이 얼마 남지 않았는데… 나는 긴 시간이 필요한 사랑을 시작하고 있다'는 당시 홍보 문구처럼 영화는 사랑이 찬찬히 스며드는 시간을 담아낸다. 죽음을 앞둔 30대 남성와 생기발랄한 20대 여성 사이에 흐르는 감정을 그저 '사랑'이라는 단어로 표현하기엔 어딘지 안타깝다. 작은 사진관의 사진사인 정원(한석규)은 자신의 주변을 괜히 얼쩡거리는 주차단속원 다림(심은하)이 싫지 않다. 처음엔 웬 오지랖 넓은 아가씨인가 싶다가 시간이 흐르자 어느새 일상의 일부가 되어버린 두 사람의 기억들. 허진호 감독은 두 사람의 사연을 설명하는 대신 아무것도 아닌 것처럼

보이는 그 멍한 시간들을 사진첩에 정성스레 모아 담는다.

익숙하고 편안해서 자기도 모르게 새어 나오는 정원의 웃음을 보며 다림은 배시시 함께 미소 짓는다. "아저씨. 아저씨는 왜 나만 보면 웃어요?" 사랑과 웃음은 참을 수 없다고 했던가. 이보다 더 분명하고 확실한 고백의 언어는 보석처럼 빛난다. 누군가의 삶에 스며드는 것에는 시간이 필요하고 천천히 스며들수록 그 흔적은 더욱 깊게 파고들어 지워지지 않는다. (8월의 크리스마스)의 이 느린 속도는 한국영화 속에서 좀처럼 발견하기 힘든 시간의 기록이다. (감독: 허진호 / 각본: 오승욱, 신동환, 허진호 / 출연: 한석규, 심은하)

# "아니 도대체 언제부터 형사랑 검사들이 내 아랫도리를 관리해온 거니?"

호정(강수연)

1990년대 한국사회의 성 담론은 음지에서 양지로 올라오고 있었고, 충무로도 시대를 반영하고 있었다. 영화 심의가 위헌 판결을 받은 후엔 점점 표현의 영역이 넓어졌고, 등급 심의의 족쇄가 남아 있긴 했지만 확실히 과거보다 용감하게 '섹스'를 이야기하는 영화들이 등장하고 있었다. 임상수 감독의 〈처녀들의 저녁식사〉가 바로 그런 영화다. 영화의 첫 장면. 세 여자와 한 남자가 자신들의 성 경험을 이야기하며, 절정에 이르는 느낌이 무엇인지 갑론을박한다. 그들 중 가장 적극적인 화자인 호정(강수연)은 관습에 얽매이기 싫은 프리섹스주의자다. 자신의 취향에 충실하게 여러 남자와 관계를 맺는 호정은, 평생 한 남자와 살며 한 종류의 쾌락만을 알며 한 남자만을 의지해야 하는 일부일처제적 사회에 저항한다.

하지만 당시 대한민국은 엄연히 간통죄가 살아 있던 시기였고, 호정은 피소되어 구치소에 간힌다.

그는 출소 파티에서 친구들에게 말한다. "아니 도대체 언제부터 형사랑 검사들이 내 아랫도리를 관리해온 거니? 국가 보안법이라면 몰라, 간통이 뭐야, 간통이!" 이 사건으로 거래처가 모두 끊겨 한국사회에서 살기 힘들어진 호정이 프랑스행을 택하자, 친구 순이(김여진)는 말한다. "이건 망명이야, 망명. 정치적 망명." (감독: 임상수 / 각본: 임상수 / 출연: 강수연, 진희경, 김여진, 조재현)

# "판단은 판사가 하고, 변명은 변호사가 하고, 용서는 목사가 하고, 형사는 무조건 잡는 거야."

우형사(박중훈)

치열한 현장을 기록한 형사 수첩을 화면으로 옮긴 듯한 〈인정사정 볼 것 없다〉는 오로지 범인을 잡겠다는 일념으로 동분서주하는 강력반 형사들의 집념을 다양한 스타일로 보여준다. 특히 우 형사(박중훈)는 오로지 범인을 잡겠다는 일념으로 돌진하는데, 추적 끝에 킬러 장성민(안성기)의 연인 김주연(최지우)의 집을 찾아내고, 우여곡절 끝에 두 사람은 함께 소주잔을 나누는 사이가 된다. 주연이 묻는다. "아저씬 어쩌다 형사가 됐어요?" 가스 배달도 하고 공장도 다니고 술집 웨이터도 했던 젊은 날을 이야기하던 우 형사가 싱겁게도 '아버지의 권유'로 경찰이 됐다고 하자, 주연은 "욕 잘하면 싸움 잘하면" 경찰 하는 거냐고 반문한다. 이때 우 형사는, 래퍼가 라임을 넣어서 랩을 하듯 자신의 직업관을 말한다. "판단은 판사가 하고,

변명은 변호사가 하고, 용서는 목사가 하고, 형사는 무조건 잡는 거야." 강력계 형사 공동체의 비공식 좌우명이라고 할 만한 이 문장만큼, 형사 장르를 명확하게 요약하는 태그라인이 있을까? 어쩌면 이 대사 이후에 등장한 한국 형사영화는 모두 우 형사의 철학을 따르고 있을지도 모르겠다.

(감독: 이명세 / 각본: 이명세 / 출연: 박중훈, 안성기, 장동건, 최지우)

# 영화보다 큰 — 대사로 남은 걸작들

어떤 대사는 한 편의 영화보다 크다. 위대한 대사는 장면을 설명하고 결정짓는 대신 스크린의 막을 뚫고
나와서 영화와 현실을 연결시킨다. 그리하여 사람들의 입에 오르내리는 순간 한 편의 영화를 너머 한 시절,
한 시대의 증거로 거듭나는 것이다. 시대의 행간을 품은 '대사의 영화들'.

글: 송경원(『씨네21』 기자)

어쩌면 영화에서 이미지의 중요성은 과대평가된 부분이 있다.
때때로 한 편의 영화는 한 줄의 대사, 한순간의 뉘앙스로 기억될
수 있다. 그럼에도 영화를 말할 때 대사는 부수적인 것처럼 흘려
잊히는 경우가 적지 않은 건 주어진 정보에서 무엇을 진짜라고
믿을지에 따른 순위가 아닐까 싶다. 화면에서 말과 이미지가
충돌할 때 우리는 대개 이미지를 따라간다. 가령 남자가 여자에게
'사랑한다' 고백할 때 화면에서 이와 상반되는 모습을 보여준다면
우리는 남자의 입보다 행동을 진실로 받아들일 것이다. 이미지와
사운드가 충돌할 땐 대체로 사운드를 따라가는 경향이 있다.
똑같은 행동을 하더라도 무서운 음악이 나오는지, 웃긴 음악이
나오는지에 따라 상황을 받아들이는 정서가 바뀐다.

재밌는 건 여기서부터다. 그렇다면 대사는 그저 말인가 아니면
사운드의 연장인가. 어떤 영화에서 대사는 스토리를 위한 단순한
정보에 그치지 않고 거대한 음향의 일부로 느껴지기도 한다. 꽉
찬 말의 운율은 음악과 다를 바 없고, 오가는 대사의 리듬은
언어라기보다는 차라리 소리라 불러 마땅하다. 찰리 채플린은
"목소리가 영화를 10년 후퇴시킬 것"이라 했지만 유성영화는 결국
말, 대사, 목소리를 이미지와 조화롭게 배치하는 법을 터득했다.
한국영화 중에도 단순히 몇 마디 대사 이상의 '대화'로 기억되는
영화들이 있다. 몇 마디 인상적인 대사로 설명하기 곤란한 영화들,

"맷돌 손잡이 알아요? 맷돌 손잡이를 어이라
그래요. 맷돌에 뭘 갈려고 집어넣고 맷돌을
돌리려고 하는데, 손잡이가 빠졌네?
이런 상황을 어이가 없다고 그래요.
황당하잖아, 아무것도 아닌 손잡이 때문에
해야 될 일을 못 하니까. 지금 내 기분이 그래…
어이가 없네."

베테랑(2015), 조태오(유아인)

"해준 씨 같은 바람직한 남자들은 나랑
결혼해주지 않으니까.
얼굴 보고 한마디라도 하려면 살인 사건 정도는
일어나야 하죠."

헤어질 결심(2022), 송서래(탕웨이)

"어떤 배우를⋯ 가장 편안한 상태에다 놓고⋯
온전히 한번 기록해보고 싶었어요. ⋯
그러니까 모든 게 진짜여야 되는 거죠.
내가 찍고 싶은 게 다큐멘터리는 아니에요.
나는 그냥 이야기가 있는 영화를
만들 거예요."

소설가의 영화(2022), 준희(이혜영)

긴 과정 끝에 한마디 대사로 응축되어 폭발하는 영화들, 영화 세계 바깥으로 튀어나온 '말들'이 생명을 얻어 문화 전반에 영향을 미친 영화들이다.

## 말의 맛, 대사의 품격, 대화의 리듬

대사의 영화로 꼽기 위해선 그저 대사가 멋지거나 오래 기억되는 걸로는 부족하다. 대사를 이루는 말의 맛이 필요하고, 대사의 문학적 표현력이 도드라지며, 주고받는 대사들의 리듬이 살아 있어야 한다. 여기 말의 맛, 대사의 품격, 대화의 리듬에 대해 알려줄 대표적인 영화들을 몇 편 살펴보자. 우선 류승완 감독의 대사는 입에 착 달라붙는 구어체의 말맛으로 한국사회의 부조리를 관통한다. 〈부당거래〉(2010)에서 부패한 검사 주양(류승범)이 "호의가 계속되면은 그게 권리인 줄 알아요"라고 내뱉을 때, 그 뻔뻔함에 혀를 내두르면서도 틀린 말이 아니라고 고개를 끄덕이는 자신의 모습을 발견한다면 당신은 한국사회의 부조리를 싫을 정도로 잘 알고 있는, 한국인이다. 이런 사실적인 디테일을 살리는 건 단지 대사의 내용 때문만은 아니다. "어이가 없네"로 기억되는 〈베테랑〉(2015)과 같은 류승완 감독의 '대사'가 빛을 발하는 건 마치 액션의 합을 맞추듯 주고받는 대사의 호흡 덕분이다. 그 정점으로 기억될 영화는 아마도 2006년작 〈짝패〉인데, 과장되고 빠른 액션과 달리 느긋하게 반 박자 쉬고 들어오는 대사들이 묘한 호흡을 자아낸다. 만약 충청도의 속도를 살린 대사들이 없었다면 그저 그런 장르 액션으로 기억되었을 영화는 류승완의 '말'이 더해져 유일무이한 작품으로 거듭났다.

그에 반해 박찬욱 감독의 대사들은 문어체의 정갈한 맛이 살아 있다. 정서경 작가와 오래 호흡을 맞춰온 박찬욱 감독은 〈친절한 금자씨〉(2005)의 명대사 "너나 잘하세요"처럼 상황과 인물에 어울리지 않을 것 같은 표현을 절묘하게 찾아내서 장면의 마지막 조각을 채운다. 대사와 캐릭터, 상황과 사건이 충돌하면서 빚어내는 기묘한 에너지가 폭발하는 건 결국 마지막 퍼즐 조각인 대사 자체가 지닌 언어의 매력 덕분이다. 이러한 충돌의 미학을 압축적으로 보여준 작품을 꼽자면 최근작 〈헤어질 결심〉(2022)이 있다. 한국어가 서툰 인물 서래(탕웨이)를 주인공으로 내세운 이 영화는 의미는 통하지만 적절하지 않은 자리에 사용된 단어들을 통해 이중적인 의미를 표현한다. 가령 남편의 사망 소식을 듣던 서래가 '마침내'라는 단어를 쓸 때, 처음엔 어울리지 않는 대사라고 느껴지지만 그 낯선 표현들이 실은 진심에 가깝다는 것이 서서히 드러나는 식이다. "내가 그렇게 나쁩니까?" "해준 씨 같은 바람직한 남자들은 나랑 결혼해주지 않으니까. 얼굴 보고 한마디라도 하려면 살인 사건 정도는 일어나야 하죠." 이러한 문어체 대사들은 자신도 알기 힘든 감정의 형태를 더듬어가는 데 너할 나위 없이 효과적이다. 그렇게 박찬욱의 대사는 화가의 붓끝처럼 정확한 색깔로 화면의 미장센 사이사이를 빈틈 하나 없을 정도로 꽉 채워나간다.

구어체의 말맛, 문어체의 정갈한 표현과 함께 '대사의 영화'에서 빼놓을 수 없는 요소는 바로 대화의 리듬이다. 2000년 이후 한국영화에서 '대화'라면 홍상수 감독이 먼저 떠오른다. 홍상수 감독의 영화는 인물들이 산책을 하는 등 별일 없는 시간을 보내며 끊임없이 대화를 나눈다. 때문에 이야기적인 사건이 없다고 오해를 받는 경우도 종종 있지만 그것이야말로 홍상수 감독이 시간을 포착하는 방식이다. 보통 중요하지 않기에 잊어버리곤 하는 시간들을 구태여 화면에 담아 보여주는 것으로 일상의 감각을 되살리는 것이다. 그리고 여기서 여러 인물들의 입을 통해 작가의 내면을 고백하는 식이다. 이런 대화는 근작으로 갈수록 더욱 솔직하고 투명해지고 있는데 베를린영화제 은곰상을 수상한 〈소설가의 영화〉(2022)는 이른바 '홍상수의 창작론'을 집대성하여 설명한다. 소설가 준희(이혜영)가 영화를 만들기로 결심하기까지의 시간을 따라가는 이 영화에서 준희는 끊임없이 자신의 구상에 대해 말한다. "어떤 배우를… 가장 편안한 상태에다 놓고… 온전히 한번 기록해보고 싶었어요. … 그러니까 모든 게 진짜여야 되는 거죠. 내가 찍고 싶은 게 다큐멘터리는 아니에요. 나는 그냥 이야기가 있는 영화를 만들 거예요." 홍상수의 영화를 이보다 정확한 대사로 설명할 수 있을까. 이 한 줄의 대사가 나오기까지 무수한 대화의 리듬이야말로 '일상의 시간'이라 할 만하다.

## 한 편의 영화보다 큰 대사들

때로 어떤 대사들은 한 편의 영화보다 크다. 영화 전체 내용은 기억하지 못해도 영화 속 대사는 마치 별개의 생명을 지닌 것처럼 더욱 왕성하게 존재감을 뿜어내는 경우가 적지 않다. 가령 천만영화가 나오기 전까지 800만 관객을 동원하며 한국영화 최고 흥행작으로 자리매김한 곽경택 감독의 〈친구〉(2001)는 부산 사투리 신드롬을 불러일으켰다. 〈친구〉의 이야기 자체는 그리 특별할 것 없는 한국형 갱스터 느와르지만, 여기에 부산이란 공간적 특색이 더해져 개성 넘치는 영화로 거듭났다. 그 중심에 부산 사투리가 있음은 두말할 것도 없다. 한때 친구였던 준석(유오성)과 동수(장동건)가 라이벌 폭력 조직에 들어가면서 대결 구도가 만들어지는 이 영화는 상황보다 그걸 표현하는 대사들이 더욱 인상적이다. "친구끼리 미안한 거 없다"는 준석의 대사는 촌스럽지만 그래서 더 정감이 간다. "내는 니 시다바리가?"는 동수의 열등감을 적나라하게 드러내고, "아부지 뭐 하시노?"라며 학생들 뺨을 때리는 교사는 그 시절의 부조리를 단번에 표현한다. 심지어 동수의 마지막 대사는 일종의 밈(meme)이 되기도 했다. 조직의 사주를 받은 자에게 칼로 난도질당할 때 동수는 "마이 묵었다 아이가, 고마해라"고 말한다. 당시 칼로 찔렀다는 의미의 '먹었다'는 표현을 제대로 알아듣지 못한 사람이 많았지만, 어쩌면 그래서 멋들어진 허세의 뉘앙스를 제대로 잡아낸 대사가 됐다. 〈친구〉 이후 부산을 중심으로 한 경남 사투리에 대한 친밀도가 매우 높아져 이후 사투리를 쓰는 인물들이 영화와 드라마 등 대중매체의 중심에 자주 등장한 걸 떠올려보면 어쩌면 사투리야말로 이 영화의 또 다른 주인공이라 할 만하다.

대사로 팬들을 열광시킨 영화에 김지운 감독의 〈달콤한 인생〉(2005)을 빼놓을 수 없다. 마찬가지로 갱스터 느와르의 그늘에 있는 이 영화는 조직에 충성했던 2인자가 보스의 신임을 잃고 추락하는 이야기를 다룬다. "스승님, 저것은 나뭇가지가 움직이는 겁니까, 바람이 움직이는 겁니까? 스승은 제자가 가리키는 것은 보지도 않은 채 웃으며 말했다. 무릇 움직이는 것은 나뭇가지도 아니고 바람도 아니며, 네 마음뿐이다"는 선문답 같은 대사로 시작하는 영화는 한 남자의 상승과 몰락을 한바탕 꿈처럼 덧없이 묘사한다. "말해봐요, 저한테 왜 그랬어요"라는 선우(이병헌)의 절박한 질문에 강사장은 "넌 나에게 모욕감을 줬어"라고

## "마이 묵었다 아이가, 고마해라."

친구(2001), 동수(장동건)

## "어느 깊은 가을밤, 잠에서 깨어난 제자가 울고 있었다. 그 모습을 본 스승이 기이하게 여겨 제자에게 물었다. 무서운 꿈을 꾸었느냐? 아닙니다. 슬픈 꿈을 꾸었느냐? 아닙니다. 달콤한 꿈을 꾸었습니다. 그런데 왜 그리 슬피 우느냐? 제자는 흐르는 눈물을 닦아내며 나지막이 말했다. 그 꿈은 이루어질 수 없기 때문입니다."

달콤한 인생(2005), 선우(이병헌)

답한다. 사실 답은 중요치 않다. 얼마나 멋진지, 있어 보이는지, 혹은 뉘앙스를 제대로 전달할 수 있는지가 오래 기억에 남는 대사들의 본질일지도 모르겠다. 〈달콤한 인생〉은 프롤로그에 이어 에필로그의 내레이션을 통해 다시 한번 꿈에 대한 질문을 던진다. "무서운 꿈을 꾸었느냐? 아닙니다. 슬픈 꿈을 꾸었느냐? 아닙니다. 달콤한 꿈을 꾸었습니다. 그런데 왜 그리 슬피 우느냐? 제자는 흐르는 눈물을 닦아내며 나지막이 말했다. 그 꿈은 이루어질 수 없기 때문입니다." 화려한 액션 뒤로 분위기 있는 대사는 영화를 반복해서 보는 팬들에겐 최고의 꿈을 제공하는 셈이다. 게다가 여러 캐릭터들의 맛깔나는 대사가 이런 멋들어짐에 깊이를 더한다. 백사장(황정민)의 "인생은 고통이야, 몰랐어?" 같은 대사는 짧아서 더 여운이 깊다.

### 시대의 행간을 품는 위대한 대사

분명 대사는 영화의, 이야기의 한 부분이다. 하지만 우리는 때때로 전체보다 큰 부분에 매료당한다. 가령 〈살인의 추억〉에서 현규(박해일)의 얼굴을 똑바로 응시하는 박두만(송강호)의 표정은 몇 마디 말로 설명될 수 없다. 대사는 말을 굳히고 의미를 고정시키는 감옥이 아니다. 도리어 영화 바깥, 살아 있는 사람들에게 말을 거는 대화의 시작이다. 〈살인의 추억〉의 저 복잡미묘한 장면에서 박두만의 심경은 회한일까 원망일까 분노일까 박탈감일까. 알 수 없다. 몇 마디 단어로 설명 불가한 그 장면 위에 "밥은 먹고 다니냐"는 다소 엉뚱하고 알 수 없는 대사가 더해졌을 때 그 장면은 비로소 관객의 손에 의해 완성될 준비를 마친다. 우리는 그 한마디 대사에서 각자 읽어내고 싶은 것을 읽어낸다. 그렇게 위대한 대사는 장면을 설명하고 결정짓는 대신 스크린의 막을 뚫고 나와서 영화와 현실을 연결시킨다. 그리하여 사람들의 입에 오르내리는 순간 한 편의 영화를 너머 한 시절, 한 시대의 증거로 거듭나는 것이다. 한 시대를 반영한 대사는 곧 그 시대를 기억할 역사가 될 수 있다. 때문에 중요한 건 대사 그 자체가 아니라 대사의 행간일지도 모르겠다. "우리 헤어지자." "내가 잘할게." "헤어져." "너 나 사랑하니? 어떻게 사랑이 변하니?" 〈봄날은 간다〉에서 이와 같은 상투적인 대사보다 그 사이에 깃든 침묵과 공백의 시간이 중요한 것처럼. 명대사로 기억되는 '대사의 영화'들은 한결같이 대사보다 큰, 시대의 행간을 품고 있다.

"우리 헤어지자."
"내가 잘할게."
"헤어져."
"너 나 사랑하니? 어떻게 사랑이 변하니?"

봄날은 간다(2001), 은수(이영애)·상우(유지태)

# 욕설의 미학 — 주의! 부적절한 표현 있음

한국영화 '욕설의 미학'의 진수는 그 저항성과 전복성에 있다. 〈공공의 적〉(2002)에서 엄 반장(강신일)이
검사와 통화하면서 욕을 내지르는 장면이 통쾌한 건, '욕'을 매개로 벌어진 정당한 하극상 때문이다.

글: 김형석(영화평론가)

"이런, 젠장." "제기랄." "에이, 쌍." "네, 이놈!" "아니, 이 녀석이!"
"이 새끼가 감히!" "네 년의 죄는 네가 알렸다!" 1980년대까지
한국영화에 사용된 욕설은 이 정도 수준이었다. 원인은 심의와
검열이었다. 영화가 제작되기 전에 이미 시나리오 사전 심의가
있었고, 완성된 후에는 검열을 받아야 했다. 정치적인 이유만은
아니었다. 정권은 '미풍양속'을 지키기 위해 '고운 말'과 '바른 말'을
장려했다. 그 시절 당국에 의해 수정된 영화 대본을 한 번이라도 본
사람은 알 수 있을 것이다. 고쳐지지 않고 만들어진 영화는 거의
없었고, 그 결과 우리 영화의 욕설은 매우 제한되었다. '새끼'까지는
몰라도 '개새끼'는 엄두 내기 쉽지 않았던 시절이다.

1990년대가 되면서 상황이 바뀐다. 한국영화는 언어 해방을
맞이했고 욕설이 난무하기 시작했다. 이유는 여러 가지다. 군 출신

대통령이 물러가고 문민정부 시대가 시작되면서 권위주의가
청산되고 표현의 자유가 확장되었다. 〈투캅스〉(1993)는 시대가
바뀌었음을 보여준 대표적인 영화였는데, 영화에 삽입된 신신애의
노래 제목 '세상은 요지경'처럼 부조리한 한국사회를 신랄한
언어로 풍자했다. 기획영화의 등장도 변화의 요인이었다. 리서치를
바탕으로 만들어지는 기획영화엔 생생한 현실의 언어가 담겼다.
장르적 원인도 있었다. 1990년대 초 로맨틱 코미디가 트렌드였다면,
1990년대 중반부터 액션 느와르의 세계가 펼쳐졌고, 이른바
'남자영화'로 불리던 〈게임의 법칙〉(1994), 〈테러리스트〉(1995) 등이
보여준 거친 화법은 한국영화의 대사를 훨씬 더 '쎄게' 만들었다.
여기에 1980년대 말부터 진행된 코리안 뉴웨이브의 리얼리즘
스타일도 가세했다.

"계속 반말이세요, 이 씨발놈아.
'수사반장' 75회 봤어?
살인자 비호하다가 쇠고랑 찰 수 있어, 알아?
너 이제 좆 됐어, 이 좆만 한 새끼야.
알아들어 이 개자식아!"

공공의 적(2002), 엄 반장(강신일)

"너거들 대갈빡에 깃발을 확 꼽아버려
그러면 시뻘건 선지하고 새하얀 골수들이
워매 좋은 거 하며 팍팍 튀어불 것이여,
이 씨벌넘들아."

황산벌(2003), 백제 병사(김탄현)

"좆이나 까 잡숴."

짝패(2006), 장필호(이범수)

## 1990년대, 대사의 해방

훈계조의 감상적인 문어체 대사에서, 현실적이며 감각적인 구어체 대사로! 1990년대 한국영화 대사는 톤앤매너가 급변했고 이 시기 상징적인 작품이 바로 〈세상 밖으로〉(1994)다. 조금 과장하면 이 영화는 충무로의 언어 관습을 해체시켰다. 양마동(문성근)의 거의 모든 대사엔 욕이 포함되어 있고, 여기에 문성근의 장기인 신경질적 톤이 결합되어 이 영화의 트레이드마크 같은 "좆만아!"가 만들어졌다. 여기에 지찬식(이경영)과 여혜영(심혜진)도 자유분방하게 욕설을 내뱉는데, 사회적으로 소외된 그들이 마치 배설하듯 내지르는 욕지거리는 관객들에게 묘한 쾌감을 줬다. 대한민국 사회에서 탈출구 없이 갇혀버린 그들은 세상에 저항하는 방법으로 욕설을 택한 셈이었다. 〈세상 밖으로〉는 영화 자체의 신선도도 있었지만 거친 대사가 화제가 된 첫 사례였으며, 그런 면에서 이 영화는 욕설을 일종의 콘텐츠로 내세운 최초의 한국영화로 볼 수 있을 것이다.

충무로 영화 대사의 해방을 가져온 또 한 편의 영화는 〈넘버 3〉(1997)일 것이다. 이 영화엔 다양한 톤의 욕들이 공존하는데, 마동팔 역을 맡은 최민식이 연극적 발성의 정석을 보여주며 정확한 딕션으로 "좆같네" 같은 대사를 맛깔나게 전달한다면, 조필(이 이름은 '좆삐리'에서 온 듯 보인다) 역의 송강호는 사투리를 토대로 진성과 가성을 오가며 자신만의 독특한 욕설 대사 톤을 보여준다. 이 외에도 한석규, 안석환, 박상면, 박광정, 방은희 등이 각자 나름의 스타일로 뱉어내는 언사들은 '욕설의 수사학'이라는 표현이 가능할 정도로 한국영화 욕 표현의 스펙트럼을 넓혔다. 〈세상 밖으로〉나 〈넘버 3〉외에 1990년대 후반부 한국영화들은 단지 욕설의 차원을 넘어, 그 언어적 표현 양식에서 다양한 실험을 해나갔다. 시종일관 과장되며 선언적인 연극 톤 대사로 일관했던 〈진짜 사나이〉(1996)나 다큐 스타일로 여성들의 이야기를 담아낸 〈처녀들의 저녁식사〉(1998) 등의 영화들도 우리 영화의 어휘력을 한껏 확장시켰다.

이 시기 액션영화도 언급해야 할 것이다. 〈게임의 법칙〉의 용대(박중훈)는 이 장르에서 전형적으로 발견되는 욕설 캐릭터인데, '씨발'과 '새끼'를 쉼 없이 추임새로 사용하는 그의 말투는 타인을 꺾고 성공하려는 인간의 욕망을 표현한다. 이후 한국 액션영화에 등장하는 남성 캐릭터의 거친 어법 속엔 이러한 강박적 심리가 공통적으로 들어 있다.

## 2000년대, 욕설 대사의 전성기

한국 욕설영화의 전성기라면 2000년대라고 할 수 있을 것이다. 여기엔 〈조폭 마누라〉(2001), 〈가문의 영광〉(2002)으로 촉발된 이른바 '조폭 코미디'의 영향이 절대적이겠지만, 〈친구〉(2001)의 대사 퍼포먼스도 중요한 요인이었다. 양적으로 많은 욕설을 담기보다, 〈친구〉는 그 수위에서 어떤 금기를 넘어섰다(특히 생식기 관련 대사들이 그렇다). 일반적인 조폭 코미디에서 욕설이 분위기를 띄우려는 추임새나 그들의 직업적 캐릭터를 드러내는 기호였다면, 〈친구〉의 욕설과 '쎈' 대사들은 영화의 정서 그 자체였다.

2000년대의 가장 큰 특징은 욕설의 지역성이었다.

〈황산벌〉(2003)은 그런 면에서 전라남도 벌교 지역에 대한 비하라는 항의를 받기도 한 작품이지만, 백제와 신라의 대결 구도를 중심으로 걸진 사투리 욕설 공방을 전면에 내세운 영화였다. 특히 백제군이 신라군을 순전히 '말빨'로 죽이는 장면은, 상대방의 귀에 피가 나게 할 수 있을 것만 같은 '욕의 향연'이었다. 거시기(이문식)를 포함해 벌교 출신 병사들이 퍼붓는 '욕 공격'에서 "똥물에 튀겨 죽일" 정도는 순화된 표현이다. "눈깔을 뽑아버려 디글디글 갈아 먹을 씨벌넘들아!" "너거들 대갈빡에 깃발을 확 꽂아버려 그러면 시뻘건 선지하고 새하얀 골수들이 위메 좋은 거 하며 팍팍 튀어불 것이여, 이 씨벌넘들아." 신라군에 의하면 "어무이 뱃속에서 나올 때도 으미 씨~불~ 그카고 나온다카는 놈들"인 그들의 욕 파상 공세는 상대방의 전의를 상실케 하는 위력을 지녔다. 조폭 코미디의 욕설에서 경상도 방언의 지분이 컸다면, 〈황산벌〉은 호남 지역의 '살벌한' 욕 기운을 보여준 셈이다. 여기서 충청도도 빠질 수 없는데 〈짝패〉(2006)에서 장필호(이범수)는 "좆이나 까잡쉬"라는 명대사를 남겼다. 〈피끓는 청춘〉(2014)에서 영숙 역을 맡은 박보영도 나름 리얼한 욕 연기를 선보인다.

## 욕설 신드롬, 욕쟁이 캐릭터의 계보

결국 모든 건 김수미로 수렴된다. 욕쟁이 캐릭터의 시작이자 '욕설 신드롬'의 중심이었던 김수미는 남녀 배우를 통틀어 이 분야의 지존이다. 김수미의 등장을 통해 '욕설영화'라는 장르 아닌 장르가 등장하게 되었고, 급기야 그는 〈헬머니〉(2015)라는 '욕설의, 욕설을 위한, 욕설에 의한' 영화의 주인공이 됐다. 그 시작은 〈오! 해피데이〉(2003)였는데 잠깐의 출연이었지만 '욕 임팩트'는 대단했고, 이후 〈마파도〉(2005)와 〈가문의 위기-가문의 영광2〉(2005)로 그의 욕쟁이 캐릭터는 만개했다.

김수미식 욕 연기에서 가장 크게 평가할 부분은 완급 조절이다. 그는 자극적인 단어나 표현을 쓰지 않더라도, 돌변하며 욕을 퍼붓는 연기를 통해 대중에게 쾌감을 준다. 〈위험한 상견례〉(2011)가 좋은 예인데, 고운 말 쓰는 교양 넘치는 중년 여성에서 속사포로 쏘아붙이는 욕설 래퍼를 자유롭게 오간다. 시장에서 부딪힌 남자가 "어데 보고 다닙니까, 할매"라고 말하자 "뭐 할매? 이 시키가? 야 이 새끼야 니 눈깔론 내가 할매로 보여? 죽을라고 환장했어 이 개놈 새끼. 너 벌교 같으면 뼈도 못 추렸어 이 시키야. 안경까지 낀 놈이 니가 피해야지 이 새끼야"라고 쏘아 붙이지만, 사위 될 현준(송새벽)이 달려오자 급격히 교양 모드로 바뀌며 부딪힌 남자에게 "다친 데 없어요? 나하고 쾅 부딪혔잖아. 나는 괜찮아요. 가세요. 미안합니다"라고 말한다. 임창정의 엄마로 특별 출연한 〈사랑이 무서워〉(2011)에서 "어우 이 새끼 아무튼 입만 벌리면 그짓말이 자동으로 나와"라는 명대사를 낳은 이른바 '개밥 쉰내' 신은 영화보다 더 유명해졌다.

김수미 이후 찰지게 욕설과 비속어와 거친 입담을 쏟아내는 욕쟁이들이 계보를 이루며 등장했는데, 〈색즉시공〉(2002)의 신이는 신진 욕쟁이 세력의 선두였고, CF에선 김수미와 김슬기의 신구 대결이 펼쳐지기도 했으며, 〈범죄와의 전쟁〉(2012)의 김혜은은 "얼라 보지에 붙은 밥알 떼묵는 소리하고 처자빠졌네 이 개새끼가"라는 대사 한마디로 이 분야의 실력자로 등장했다. 드라마 쪽에서 계보는 이어졌는데 「응답하라 1994」(2013)의

"이 씨발 그만혀!
뭐, 작부집 딸이 자랑이여? 이딴 학교
관두면 될 거 아니여."

피끓는 청춘(2014), 영숙(박보영)

"대한민국 학교 좆까라 그래!"

말죽거리 잔혹사(2004), 현수(권상우)

## "그… 쌍년이 나야?"

건축학개론(2011), 서연(한가인)

## "뭐 할매? 이 시키가? 야 이 새끼야
니 눈깔론 내가 할매로 보여?
죽을라고 환장했어 이 개놈 새끼.
너 벌교 같으면 뼈도 못 추렸어 이 시키야
안경까지 낀 놈이 니가 피해야지 이 새끼야."

위험한 상견례(2011), 춘자(김수미)

민도희나 「술꾼도시여자들」(2021, 2022)의 정은지 등이
그 주인공이다. 남자 배우 쪽도 맛깔난 욕쟁이들이 있었다.
"아침에는 책들 보고 교양을 먹어야지 이 씹새끼들이
도시락이나 까 처먹고 앉아 있고"라며 카리스마 있게 등교하는
〈품행제로〉(2002)의 류승범은 욕뿐만 아니라 모든 대사를
자신만의 거침없는 톤으로 소화했다. 〈건축학개론〉(2011)의
조정석도 자신만의 '욕 톤'을 확실하게 지닌 배우였고
황정민, 박성웅, 김희원, 성동일 등도 그에 못지않았다.
〈롤러코스터〉(2013)에서 한류 스타 마준규(정경호)가 꼬마의
귀에 대고 팬 서비스 차원으로 욕설을 퍼붓는 대목은 이 분야의
명장면이다.

### 저항성과 전복성, '욕설의 미학'의 진수

장르와 캐릭터에서만 욕설이 한국영화의 중심부로 들어온
건 아니었다. 서사 분야에서의 변화도 있었으며, 영화
클라이맥스에서 욕설을 통해 감정을 터트리는 시나리오 작법이
등장했다. 〈말죽거리 잔혹사〉(2004)가 대표적이다. 옥상 혈투를
마친 현수(권상우)가 교실 복도로 내려오자, 선생들이 달려온다.
이때 그의 사자후 "대한민국 학교 좇까라 그래!"는 영화
주제를 관통하며 관객에게 엄청난 카타르시스를 줬다. "나다,
이 씹새끼야"로 시작하는 〈해바라기〉(2006)의 클라이맥스는

"꼭 그렇게 다 가져가야만 속이 후련했냐! 씨발새끼들아"로
끝맺는다. 특정 욕 단어로 영화에 포인트를 주는 방식도 있었는데
〈건축학개론〉의 "쌍년"이 바로 그런 케이스다. 〈써니〉(2011)는
욕 배틀을 전면에 내세우기도 했다.

다양한 사례가 있지만, '욕설의 미학'의 진수는 아무래도
그 저항성과 전복성에 있을 거다. 〈공공의 적〉(2002)에서
엄 반장(강신일)이 검사와 통화하면서 욕을 내지르는 장면이
통쾌한 건, '욕'을 매개로 벌어진 정당한 하극상 때문이다. 그것은
종종 물리적 폭력과 결합되기도 하는데, 〈이웃사람〉(2012)에서
연쇄살인마(김성균)를 조폭(마동석)이 "개새끼 아가리 뺨따구를
확 찢어불라"나 "눈깔 착하게 뜨고 다녀 확 죽여버리기 전에
씨발놈아" 같은 멘트와 힘으로 응징하는 대목에 관객은 쾌감을
느낀다. 최근 〈브로커〉(2022)에서 소영(이지은)이 자신의 아이를
놓고 흥정하는 부부에게 쏟아내는 걸쭉한 욕설들도 이런 관점에서
볼 수 있는데, 휴머니티에 입각한 응징의 멘트라고 할 수 있을
것이다. 〈불도저에 탄 소녀〉(2022)의 혜영(김혜윤)이 시종일관
욕을 하는 건, 그가 처한 극단적 상황을 극복하려는 의지의
표현일 것이다. 그렇다면 요즘 영화에 등장한 가장 폭력적인 욕은
무엇일까? 〈다음, 소희〉(2022)에서 소희(김시은)가 수화기 너머의
고객에게 듣는 컴플레인(이라는 이름의 욕설)이 아닐까 싶다. 낯선
사람에게 일방적으로 욕설을 듣는 소희의 처지. 그 살상력은 결국
소희의 삶을 파괴하고 만다.

# "어머 미친년, 넌 주댕이가
자유분방하구나."

써니(2011), 진희(박진주)

"아, 나, 이런 거지 같은 깡촌까지
일부러 와줬더니, 뭐 4백? 장난하는 것도
아니고 이 씨발, 진짜.
너희들 같은 인간들한테 절대 못 줘.
좋은 말로 할 때 꺼져, 이 그지 새끼야."

브로커(2022), 소영(이지은)

# "너 빤쓰까지 벳긴 거다. 빤쓰까지 벳기구 할 수 있는데 안 한 거다. 알았지?"

영수(문성근)

영화감독 영수(문성근)가 갤러리 주인인 후배 재훈(정보석)을 방송작가 수정(이은주)에게 소개하면서 복잡한 삼각관계가 시작된다. 경쾌한 터치와 형식에 대한 예리한 감각으로 감정의 줄다리기를 디자인한 홍상수의 세 번째 영화 〈오! 수정〉의 한 장면에서 영수는 영어 제목(Virgin Stripped Bare by Her Bachelors)으로 사용되기도 한 생리적 처녀성에 집착하는 모습을 보인다. 야심한 밤 수정을 불러내 허름한 여관에 들어가 강제로 옷을 벗기다 수정이 저항하자 영수는 체념한 듯 이렇게 말한다.

카메라는 수직에 가까운 하이 앵글로 징징거리는 영수와 양팔로 몸을 가리려는 수정의 어색한 자세를 잔인하게 보여준다. 한편 한심하기 그지없는 영수의 이 대사는 여성을 벗기기 위해 애쓰는 철없는 유부남

예술가를 다각도로 살필 수 있는 기회를 제공하는데, 어느 쪽으로 봐도 유쾌하지 않다. 인간관계에서 힘의 균형에 대한 폭로이자 순결한 처녀성을 물신화하는 남성성에 대한 미묘한 비판으로 읽힐 수 있지만 이것은 여성의 의사에 반해 섹스를 하려는 행위에 대한 사회적 논평이 아닌, 하나의 관찰일 뿐이다. 이 장면 전후 바닥에 누운 영수의 포즈는 막 태어난 태아의 자세를 연상시킨다. (감독: 홍상수 / 각본: 홍상수 / 출연: 이은주, 정보석, 문성근)

# "야, 야, 야…
# 그림자 넘어왔어.
# 조심하라우."

**오경필(송강호)**

은밀하게 국경을 넘나들며 교분을 쌓은 남한 병사 이수혁(이병헌)과 북한군 장교 오경필(송강호)은 공동경비구역에서의 경계 근무를 위해 군사분계선을 사이에 두고 대치하고 있다. 수혁의 그림자가 경계를 넘어온 것을 알아차린 경필이 바닥으로부터 고개를 들어올리면서 이야기한다. "야, 야, 야… 그림자 넘어왔어. 조심하라우." 송강호의 천연덕스러운 연기에 의해 보증되는 대사는 그림자조차 넘어가는 것을 금기시했던 허망한 냉전 시대의 이념을 희화화하면서, 남한에서 북한으로 넘어간다는 개념을 넘어 은유적인 차원에 존재하는 경계의 의미에 대한 사유로 확장해간다.

대사가 등장하는 시점에 수혁과 경필은 이미 돌아올 수 없는 다리를 왕래하며 정치적, 윤리적 국경을 넘어간 상태로 형제 관계의 개념을 초월하여 음식과 추억, 심지어 침을 교환하기까지 했다. 즉, 경필이 말하는 대사의 최종적이고, 숨겨진 의미는 그들만의 비밀 신호이자 '친근감'의 표시인 셈이다. 문자 그대로, 선을 넘나드는 이야기 안에서 이데올로기적 분열의 개념에 의문을 제기하고 외로움과 형제애에 대한 갈망을 암시하는 대사라 할 수 있다. (감독: 박찬욱 / 원작: 박상연 / 각본: 김현석, 이무영, 정성산, 박찬욱 / 출연: 이영애, 이병헌, 송강호)

# "나 다시
# 돌아갈래!"

영호(설경구)

1999년 봄, 기분 좋게 모여 앉은 야유회장. 달뜬 분위기 사이로 초췌한 얼굴의 마흔 살 영호(설경구)가 등장한다. 자조와 한탄의 기운이 어린 노래 '나 어떻게'를 부르다 말고 어느새 그는 철로 위에 올라가 달려오는 기차를 정면으로 마주하며 괴성에 가까운 외마디를 내지른다. "나 다시 돌아갈래!" 이것은 도무지 받아들일 수 없는 현재의 자신을 향한 깊은 회한과 자기 환멸의 파열음이자 돌아가 새로이 시작하고 싶은 불가능한 꿈의 발로에 가깝다. 하지만 앞을 향해 맹렬히 내달리는 기차 앞에서 그것은 속절없는 절망으로 읽힌다. 한국영화의 신르네상스를 열어젖힌 이창동의 〈박하사탕〉은 바로 영호의 이 대사에서 시작한다고 해도 과언이 아니다. 이 장면을 출발점 삼아 영화는 시간을 거슬러 올라가는 구조를 띤다. 일곱 개의 장으로 20년에 걸친 영호의 인생을 굽이굽이 역순으로 되감아 올라가는 것이다. 사흘 전 봄, 94년 여름, 87년 봄, 84년 가을, 80년 5월, 그리고 79년 가을의 첫사랑 순임을 만나기까지. 한국 현대사의 질곡 속에서 평범한 한 개인이 어떻게 상처 입고 망가지는지, 자신의 가장 순수했던 시절로 되돌아가려 하는 자의 애달픈 면모를 보여준다. 영화가 냉담한 현실에 맞선 자기 고백의 방편일 수 있다고 믿는 작가 이창동의 초기작. 21세기로 성큼 내딛기보다는 20세기를 자꾸만 뒤돌아보게 되는 한순간이다. (감독: 이창동 / 각본: 이창동 / 출연: 설경구, 문소리)

# "내가 아무리 세상에 맞추려고 해도 안 돼. 그러느니 차라리 세상을 나한테 맞추는 게 편하지."

태훈(배중식)

공업고등학교 출신으로 카센터에서 지리멸렬한 인생을 사는 성빈(박성빈)에게 지역 폭력조직의 중간 보스인 태훈(배중식)이 찾아와 함께 일할 것을 제안한다. 고등학교 시절 당구장에서 이웃 학교 패거리들과의 패싸움 도중 사람을 죽이고 교도소까지 다녀온 성빈에게 태훈은 세상의 이치를 깨달은 사람이나 할 법한 말을 건넨다. "내가 아무리 세상에 맞추려고 해도 안 돼. 그러느니 차라리 세상을 나한테 맞추는 게 편하지." 태훈의 충고는 냉혹하고 무관심한 세상에 대한 고발과 빠르게 바뀌어가는 그 속도에 적응하지 못하는 낙인찍힌 자의 숙명을 하나로 꿰어 도덕적으로 갈등하고 있는 성빈에게 그럴듯한 해결책을 도출하게 해준다.

물론 그의 대사는 성빈을 범죄 세계로 유인하기 위한 미끼에 불과하다.

그럼에도 불구하고 태훈의 말이 번민하는 성빈의 마음을 움직이는 이유는 당구장에서 먼저 패싸움을 시작했던 친구 상환(류승완)이 형사가 되어 법의 반대편에 서게 되었다는 사실과 관련된다. 서로 다른 세계에서 온 두 남자가 잔인하게 맞서게 되는 미래를 예감하게 하면서 친구에서 적으로, 하나의 폭력에서 다른 폭력으로 연결되는 관계를 그리는 〈죽거나 혹은 나쁘거나〉의 주제에 기여하는 대사다. (감독: 류승완 / 각본: 류승완 / 출연: 류승완, 박성빈, 류승범, 배중식)

# "누군가가 널 떠난다고 해서, 널 좋아하지 않는 건 아니야."

태희(배두나)

여기가 아닌 또 다른 세계로, 어디로든 떠나보고 싶은 사랑스러운 몽상가 태희(배두나). 지신을 좋아하는 친구 주상의 고백에 태희는 제법 외곳하게 자기 의사를 이렇게 전한다. "누군가가 널 떠난다고 해서, 널 좋아하지 않는 건 아니야." 태희의 이 정중한 거절의 말에는 누군가와 함께하지 않아도 사랑할 수 있음을, 사랑이 늘 누군가와 동행하는 일은 아님을 이제 막 깨닫기 시작한 스무 살 태희의 뼈아픈 수긍과 인정이 응축돼 있다. 어쩌면 관계에 관해 고민하는 이 시기 그녀의 잠정적 입장이기도 할 것이다. 정재은 감독은 이 데뷔작을 통해 고교 시절 내내 자석처럼 붙어 다니던 친구들이 스무 살을 맞아 더는 예전과 같을 수 없음을 받아들이는 성장의 과정을, 그럼에도 서로의 삶을 응원하리라는 너른 믿음을 섬세하게

그려간다. 이 변화 앞에서 친구도 가족도 예외는 없다. 사랑하지만 그의 곁을 떠날 수 있고, 그에게서 멀어진다고 해서 사랑하지 않는 것이 아니라는 것을 알아가면서 그녀들은 또 한 번 자신의 틀을 깨고 세상과 만날 것이다. 주류 질서에 편입하지 않고, 그로부터 자의든 타의든 떨어져 나와 제 길을 모색하는 젊은 여자들. 기존의 성공과 구원의 서사에 목을 매지 않고 먹고사는 일의 두려움만큼이나 자기 삶의 유희와 자유를 찾고자 하는 여자들. 21세기 초입, 경쾌하고 믿음직하게 자신의 세계를 열어젖힌 여성 캐릭터들의 도착이다. (감독: 정재은 / 각본: 정재은, 박지성 / 출연: 배두나, 이요원, 옥지영, 이은실, 이은주)

# "어떻게 사랑이 변하니?"

이상우(유지태)

허진호의 〈봄날은 간다〉에서는 밈이 된 대사가 두 개 있는데, 하나는 "라면 먹고 갈래요?"이고 다른 하나는 "어떻게 사랑이 변하니?"이다. "라면 먹고 갈래요?"는 실제 영화에선 "라면 먹을래요?"이니 (〈카사블랑카〉의 "Play it again, Sam"이나 〈제국의 역습〉의 "Luke, I am your father"와 비슷한 착각이다. 모두 왜곡된 대사가 실제 대사보다 유명하다) 정확하게 쓰이는 대사는 이것 하나뿐이다.

대사는 은수(이영애)가 남자친구 승우(유지태)에게 헤어지자고 말했을 때 승우의 반응이다. 이 대사가 관객들을 자극하는 가장 큰 이유는 우리 모두가 승우의 말이 사실이 아니라는 것을 알고 있기 때문일 것이다. 사람의 감정은 늘 변한다. 아마 사랑은 가장 쉽게 변하는 감정일 것이다.

하지만 아직 사랑하고 있는 사람의 자신에 대한 감정이 스러져가는 것을 보는 입장에서는 이 당연한 사실을 부정하고 싶지 않을까.

"어떻게 사랑이 변하니?"가 포함된 장면은 구질구질한 감정과 대사를 삭제하는 작업이 얼마나 중요한 것인지를 보여준다. 원래 시나리오에서 승우는 훨씬 끈질기고 화가 나 있고 무엇보다 말이 많다. 은수가 안전이별을 할 수 있을지 걱정이 될 정도다. 하지만 영화에서 허진호는 이 모든 감정을 "어떻게 사랑이 변하니?"라는 단어에 압축해 넣고 나머지는 잘라냈다. 그 결과 승우의 감정은 더 절절했고 무엇보다 더 공감하기 쉬운 인물로 남았다. (감독: 허진호 / 각본: 류장하, 이숙연, 신준호, 허진호 / 출연: 유지태, 이영애)

# "니가 가라 하와이."

동수(장동건)

부산 폭력조직의 중간 보스 준석(유오성)은 아버지의 제삿날 라이벌 조직의 꼬붕원이 된 친구 동수(장동건)에게 마지막 부탁이라며 하와이로 가라고 한다. 순간 냉랭한 기색이 동수를 스치고 그는 손으로 얼굴을 쓸어내리며 같은 말을 되돌려준다. "니가 가라 하와이." 〈친구〉의 시그니처가 된 이 대사는 막역지우였던 두 사내의 결별을 고지하는 말이 된다. 하와이행에 대한 해석의 차이가 비극을 잉태하는 단초가 되기 때문이다. 준석은 '진심'이었지만 동수는 이를 '무시'로 받아들인다.

대화 장면의 격렬함을 위해 주의 깊게 설계된 조명과 컬러 필터를 활용한 이미지 톤, 부산 사투리 연기는 깊은 유대감을 공유하면서도 갈라설 수밖에 없는 친구의 관계를 서술한다. 무엇보다 많은 것을 말하지 않아 다시 보고 싶게 만드는 유오성과 잘 생기고 선한 이미지를 일신하게 된 장동건의 돌파구가 된 이 대사는 영화의 마지막이 주는 슬픔의 정조로 의미가 깊다. 여기서 '하와이'는 항구 도시 부산에서 나고 자란 두 친구가 그리는 이상향에 가깝다. 순수함을 잃은 시대에 파쇄되어 가는 우정은 이 이상적 유토피아를 서로 거부하게 만든다. 두 사람 중 누구도 하와이에 가길 원하지 않기 때문이다. (감독: 곽경택 / 각본: 곽경택 / 출연: 유오성, 장동건, 서태화, 정운택)

# "행복하니? 우리들 중에 지 하고 싶은 일 하면서 사는 놈 너밖에 없잖아."

수철(신현종)

2001년은 한국영화의 특별한 한 해로 기억된다. 〈수취인불명〉, 〈번지점프를 하다〉, 〈친구〉, 〈소름〉, 〈고양이를 부탁해〉, 〈파이란〉, 〈와이키키 브라더스〉, 〈눈물〉, 〈봄날은 간다〉가 모두 같은 해에 나왔다는 게 믿어지는가. 감히 단언컨대 2000년 초반 한국영화의 키워드는 개성과 다양성의 폭발이었다. 그중에서도 〈와이키키 브라더스〉가 특별한 건 가장 암울한 밑바닥에서 꿈을 이야기하고 있기 때문이다.

한때 밴드로 유명해지길 바랐던 남성 4인조 와이키키 브라더스는 생계를 위해 나이트클럽 연주를 해야 하는 상황이다. 친구들이 하나둘 현실에 무릎 꿇고 떠날 때도 상우(이얼)는 끝까지 밴드를 지킨다. 하지만 그런 상우를 두고 과연 꿈을 지키며 버티고 있다고, 하고 싶은 일을

하고 있다고 쉽게 이야기할 수 있을까. 어느 날 직장에서 해고된 친구 수철(신현종)이 상우를 찾아와 괴로움을 토로하다가 말한다. "행복하니? 우리들 중에 지 하고 싶은 일 하면서 사는 놈 너밖에 없잖아." 수철은 만취한 상황에서도 이내 자신의 넋두리가 주제 넘다고 깨달은 듯 잊어버리라 하지만 쏟아진 말은 주워 담을 수 없다. 영화는 이후 가장 비루한 상황을 이어 붙여 그 말에서 희미한 희망조차 지워버리고 꿈을 모욕한다. 그럼에도, 아니 현실이 비루할수록 꿈은 아름다운걸까. 지금 와서 돌아보니 한국영화의 청년기하고 해도 좋을 2001년에 꿈과 행복, 잔인한 현실에 대한 이야기를 꺼내놓은 게 마치 예언처럼 들린다. (감독: 임순례 / 각본: 임순례 / 출연: 이얼, 박원상, 황정민, 오광록, 오지혜)

# "… 어떤 새끼는 얼굴이 기분 나빠 그래서 패고, 그렇게 형한테 맞은 애들이 4열 종대 앉아 번호로 연병장 두 바퀴다. … 그니까 조용히 씻고 가라."

강철중(설경구)

강철중은 한국 장르영화 사상 몇 안 되는 불세출의 캐릭터다. 반사회적 히어로인 철종은 뇌물을 받고, 딸을 학교 친구들 앞에서 망신 주는 한편, 비열한 범죄자들을 잡기 위해서라면 법도 간단히 무시해버린다. 범인을 검거할 때마다 폭력에 의존하고 증거를 조작하는 따위의 불법적 수단을 동원하는 것에도 거리낌이 없다.

〈공공의 적〉은 적당히 타락했지만 정의의 편에 선 강철중에 이입하여 후련하게 범죄를 소탕하는 쾌감을 대리하도록 만든다. 욕하고, 패고, 갈취까지 하는 그의 언행은 조폭에 진배없지만 궁극에는 '공공의 적'을 처분하는 수단으로 쓰인다는 점에서 감정 이입의 대상이 된다. 영화 초반부 목욕탕, 온몸에 문신을 한 불량배를 향해 뇌까리듯 중얼거리는 이 대사는

이 매력적인 불량 경찰의 아우라를 전해주면서 강철중이라는 캐릭터를 설명해준다. "형이 돈 없다 그래서 패고 말 안 듣는다 그래서 패고, 어떤 새끼는 얼굴이 기분 나빠 그래서 패고, 그렇게 형한테 맞은 애들이 4열 종대 앉아 번호로 연병장 두 바퀴다. 지금 형이 피곤하거든. 좋은 기회잖냐. 그니까 조용히 씻고 가라." 정의에 대한 신념이라기보다 규칙에 얽매이지 않는 무정부적 캐릭터의 성격을 탁월하게 투영함으로써, 한국을 대표하는 프랜차이즈 형사영화의 가장 인상적인 대사 중 하나로 남았다.
(감독: 강우석 / 원작·원안: 구본한 / 각본: 백승재, 정윤섭, 김현정, 채윤석 / 출연: 설경구, 이성재)

# "경수야, 우리 사람 되는 거 힘들어. 힘들지만, 우리 괴물은 되지 말고 살자."

영화감독(안길강)

인생의 통찰, 지켜야 할 것에 대한 결기와 고집이 담긴 것 같은 이 말은 왠지 멋지다. 멋져서 한 번쯤 써먹고 싶다. 그런 욕망이 마치 홍상수 영화 같다. 홍상수 영화의 짓궂은 매력은 현실을 모방한다는 걸 의도적으로 드러낸다는 점이다. 정확히는 지금 이게 어떤 상황의 반영이라는 걸 인지시키고 낯설게 한 뒤 그걸 반복한다. 놀라고 판을 깔아주면 잘하던 것도 못하는 것처럼, 홍상수가 현실의 어떤 일면을 투명하게 재연할 때 관객은 그것이 자신의 일이 아님에도 어딘지 부끄러워져 수치심에 다다른다. 홍상수 영화의 스토리를 요약하는 것만큼 바보 같은 일도 없지만 〈생활의 발견〉은 두 여자와의 이른바 '썸'을 통해 지식인인 척하는 인간의 속물 근성을 슬며시 벗겨내는 영화다. 연극배우 경수(김상경)는

영화판에서 성공을 꿈꾸지만 쉽지 않다. 차기작 출연이 무산되자 감독에게 찾아가 바득바득 우겨 끝내 러닝 개런티 100만 원을 받아 가는 경수에게 감독은 말한다. "경수야, 우리 사람 되는 거 힘들어. 힘들지만, 우리 괴물은 되지 말고 살자." 그 말이 꽤 인상 깊게 다가왔던 걸까. 원나잇을 했던 여자가 자신의 선배와 잠자리를 가진다고 하자 경수는 "우리 사람 되는 거 어렵지만 괴물은 되지 맙시다"라고 말한다. 틀린 말은 아닌데 어떻게 이렇게 뻔뻔할 수가. 홍상수 감독은 말과 발화자를 불일치시켜 우리 안의 속물 근성을 발견하도록 판을 깐다. 그리하여 이 속 빈 다짐은 관객의 것이 된다. 당신은(나는) 지금도 '사람 되기'에 성공하고 있습니까?
(감독: 홍상수 / 각본: 홍상수 / 출연: 김상경, 추상미, 예지원)

# "누나, 그 사람이랑 자지 마요. 꼭 자야 된다면 나랑 자요. 나도 잘해요."

원상(박해일)

어떤 대사는 지나칠 정도로 과감하게 현재를 투영하는 것으로 유행어가 된다. 가장 대표적인 경우는 당연히 〈질투는 나의 힘〉의 "나도 잘해요"일 것이다. 박찬옥 감독의 데뷔작은 많은 면에서 '홍상수 이후' 나온 수많은 홍상수식 한국영화 중 가장 섬세하고 대담한 영화다. 〈오! 수정〉 조감독 출신인 박찬옥은 홍상수 영화에 어쩔 도리 없이 드리워진 남성적인 시선을 제거한 채 세 남녀의 이야기를 펼쳐낸다.

줄거리는 당연히 간단하다. 원상(박해일)은 연상의 성연(배종옥)을 사랑한다. 성연은 바람둥이 윤식(문성근)을 사랑한다. 원상은 윤식을 질투하는 동시에 그를 점점 닮아간다. 질투란 그런 것이다. 자신에게 없는 무언가를 지닌 대상을 미워하다가 결국 그 대상을 넘어서기 위해서

모방하고야 마는 것이다. 원상은 성연에게 말한다. "누나, 그 사람이랑 자지 마요. 꼭 자야 된다면 나랑 자요. 나도 잘해요." 이것은 사랑일까? 사랑이기도 하고 아니기도 할 것이다. 영화의 제목을 빌어준 기형도의 시 「질투는 나의 힘」은 이렇게 노래한다. "나의 생은 미친 듯이 사랑을 찾아 헤매었으나 단 한 번도 스스로를 사랑하지 않았노라". 〈질투는 나의 힘〉의 이 대사는 그 노골적인 처절함으로 영원히 수많은 남성들에 의해 반복되어 말해지게 될 것이다. 그렇게 대사는 영화의 세계를 벗어나 확장된다.

(감독: 박찬옥 / 각본: 박찬옥 / 출연: 박해일, 문성근, 배종옥)

# "여기 들어 있는 말레인산클로로페니라민이 몸속에 침투하게 되면 저놈들 신경 전달 물질인 트란스크리산테메이트에 협착하게 되고, 트란스크리산테메이트는 트탈트린과 메쓰메트린, 이 두 가지 물질로 파괴되거든. 그럼, 저놈은 아무런 힘도 못 쓰게 되는 거지."

**병구(신하균)**

장준환 감독의 데뷔작 〈지구를 지켜라!〉에서 임박한 외계인의 침공으로부터 지구를 구하는 것이 자신의 몫이라고 믿는 음모론 신봉자 병구(신하균)는 무정부주의적인 비전을 응집한 캐릭터다. 안드로메다 은하계에서 온 외계인을 믿는 남자가 제정신일 리는 없다. 지구의 모든 사회적 병폐가 외계인의 악행이라고 생각하는 병구가 의도적으로 폐쇄공포증적인 행태를 보이기 때문에 우리는 음모의 신빙성에 연연할 필요가 없다. 이와 같은 텍스트의 특질은 명확히 그 기원을 추정하기 힘든 의학 용어들을 속사포처럼 읊어대는 병구의 모습에서 확인할 수 있는데 눈에서 광채가 나는 배우 신하균이 연기하는 이 장면에서 사소한 것에도 강박적으로 집착하는 병구의 모습, 캐릭터의 악화를 반영하는 대사가 등장한다.

아드레날린이 과잉 분비되는 병구의 이 대사는 공상 과학, 공포, 심리 드라마를 결합하여 웃기다가도 충격적이고 가슴 아픈 장면으로 이어지는, 영화의 복잡한 무드를 형성하는 단초이자 기폭제로 작용한다.
(감독: 장준환 / 각본: 장준환 / 출연: 신하균, 백윤식, 황정민)

# "밥은 먹고 다니냐?"

박두만(송강호)

비가 억수같이 쏟아지던 날, 터널 입구에서 서태윤(김상경)이 박현규(박해일)를 때리고 있다. 이어 박두만(송강호)이 미국에서 온 DNA 감식 결과를 들고 뛰어온다. 떨리는 손으로 열어본 결과는 불일치. 분노를 이기지 못한 서태윤을 박두만이 가로막는다. 그리고 잘 들여다보면 진실을 판별할 수 있다는 듯 박현규의 눈을 들여다보다 중얼거린다. "씨발, 모르겠다." 그는 박현규를 놓아주며 묻는다. "밥은 먹고 다니냐?"

송강호의 애드리브로 알려진 이 한마디는 2000년대 초 한국인의 집단적 상실감을 잘 보여준다. 열심히 살았지만 남겨진 것이라곤 무너진 다리와 백화점, 경제적 환난, OECD 최고의 자살률이었다. 이와 함께 우리가 쫓았던 역사의 진실은, 터널 안쪽으로 달아난 박현규처럼 도저히

식별할 수 없는 어둠 속으로 사라져버렸다.

《살인의 추억》은 매우 정치적인 영화로서 이 세계에 등장했지만, 21세기 내내 펼쳐질 정치혐오의 정동을 예고하는 작품이기도 했다. 이 영화와 함께, 한 개인이 도저히 파악할 수 없는 거대한 구조 앞에서 무기력하게 죽음을 맞이하는 《지구를 지켜라!》(2003)가 개봉했다는 것은 징후적이다. 진실을 알아버린 자(병구)는 죽음을 맞이했고, 진실을 밝히지 못한 자(강두)는 추억(혹은 역사)의 공범이 되어 버린 2000년대. 이 불가지(不可知)와 패배의 감각이 "모르겠다"와 "밥은 먹고 다니냐"에 스며들어 있다. (감독: 봉준호 / 각본: 원작: 김광림 / 각본: 봉준호, 심성보 / 출연: 송강호, 김상경, 박해일)

# "너… 진짜 무서운 게 뭔 줄 알아? 뭔가 잊고 싶은 게 있는데, 깨끗하게 지워버리고 싶은 게 있는데, 도저히 잊지도 못하고, 지워지지도 않는 거 있지. 근데 그게 평생 붙어 다녀. 유령처럼."

은주(염정아)

밈이 된 대사는 아니다. 〈장화, 홍련〉의 이 긴 대사가 밈이 될 정도로 고통스러워하는 사람들이 많다면 우리는 인류의 미래를 걱정해야 할 것이다. 하지만 대부분 사람들은 이 대사가 품고 있는 절망감과 공포를 이해한다. 그리고 그것이 〈장화, 홍련〉을 훌륭한 호러영화로 만든다. 훌륭한 호러영화는 표면적인 자극으로만 이루어지지 않는다. 그런 영화는 우리의 내면을 긁는다.

수미, 수연 자매의 새 엄마인 은주가 언니인 수미에게 하는 대사다. "너… 진짜 무서운 게 뭔 줄 알아? 뭔가 잊고 싶은 게 있는데, 깨끗하게 지워버리고 싶은 게 있는데, 도저히 잊지도 못하고, 지워지지도 않는 거 있지. 근데 그게 평생 붙어 다녀. 유령처럼." 영화를 끝까지 본 독자들은 이 대사를 누가 읊는가는 그렇게 중요하지 않다는 것을 안다. 중요한 것은 분산되고 위장되어 있지만 결코 벗어날 수 없는 과거의 사건과 그로부터 이어지는 고통과 공포 자체다. 〈장화, 홍련〉은 감옥과 같은 영화며 (읊는 사람이 누구건) 이 대사는 그 감옥에 갇힌 수연의 폐소공포증을 격렬하게 표현한다. 그렇다고 그 감옥이 정말로 아름다운 곳이라는 사실은 변하지 않지만 그렇다고 그게 위로가 될까. (감독: 김지운 / 각본: 김지운 / 출연: 임수정, 염정아, 김갑수, 문근영)

# "너 누구냐?"

오대수(최민식)

〈올드보이〉를 상징하는 대사 "너 누구냐?"는 영화 속에서 다섯 번 등장한다. 프롤로그의 무대가 되는 아파트 옥상, 강아지를 안고 자살하려는 남자(오광록)가 투신을 저지하는 오대수(최민식)에게 "당신 도대체 누구야?"라고 물을 때. 미도(강혜정)의 횟집에서 전화를 걸어 온 정체불명의 상대에게 오대수가 "누구냐 너?"라고 할 때. 미도의 집에서 컴퓨터 채팅을 하면서 '에버그린'이라는 아이디를 쓰는 괴한이 "더 넓은 감옥에서의 삶은 안녕하신가?"라고 안부를 묻자 대수가 다시 한번 "너 누구냐?"를 입에 올릴 때. 가둔 자의 압박이 거세어지는 한 장면에서 대수는 미도가 가둔 자의 하수인이 아닌가 하는 의심으로 그녀를 결박하고 "너 누구야?"라고 할 때. 마지막, 미도의 집 맞은편 아파트에서 우진과

처음 대면하는 장면에서 우진을 본 대수가 "에버그린!"을 떠올리자 우진은 대수로부터 말을 앗아가 "너 누구냐? 그럴라고 그랬죠?"라고 조롱할 때.

말의 디테일이 완전히 일치하지 않지만 이처럼 "너 누구냐?"는 그 의미가 연결되면서 주요 인물들을 순환하도록 설계되었다. 대수는 "너 누구냐?"라는 질문의 주체이자 대상이 된다. 따라서 복수의 주체와 대상이 뒤바뀌는 미스터리 드라마가 던지는 총체적 질문으로서 "너 누구냐?"는 대다수 인물들의 모호한 정체성, 반전되는 운명에 대한 메타포로 작용한다. (감독: 박찬욱 / 원작: 츠치야 가롱, 미네기시 노부야키 / 각본: 황조윤, 임준형, 박찬욱 / 출연: 최민식, 유지태, 강혜정)

# "대한민국 학교 좆까라 그래!"

현수(권상우)

선도부 종훈(이종혁)의 괴롭힘에 숨죽이던 고등학생 현수(권상우)는 종훈의 전횡이 임계점을 넘자 학교 옥상에서 그와 혈투를 벌인다. 남몰래 수련한 이소룡의 절권도로 종훈 일당을 제압하고 피투성이가 된 현수는 '괴뢰군'으로 불리는 교련 선생(김병춘)이 아이들에게 체포를 명령하자 분노를 폭발한다. 쌍절곤으로 창문을 부수고 바닥에 내동댕이치면서 현수가 외치는 사자후는 학원 드라마의 전설로 남은 대사가 된다. "이런 씨발, 대한민국 학교 좆까라 그래!"

여기서 현수의 분노는 '대한민국'과 '학교'를 모두 향하고 있다. 즉, 학교는 1970년대 유신 독재의 통치 논리가 작동하는 대한민국의 축도로 묘사된다. 조용하고 평범한 학생이었던 현수는 군복을 입고 대위 모자를 쓴 선생(이자 군인)과 아이들, 그곳의 위계화된 시스템에 반란을 일으킨다. 복합적이고 함축적인 의미가 풍부하게 살아나는 이 대사는 1970년대 국가와 공동체, 학교, 가족에 만연해 있던 제도화된 폭력과 부조리의 풍경을 회고하는 〈말죽거리 잔혹사〉의 클라이맥스를 지배한다. 억압과 저항의 충돌, 개인의 반란이 시스템에 대한 공격으로 이어지는 것을 상징적으로 보여주면서 여타의 10대 성장 드라마와 이 영화를 차별화한 대사다. (감독: 유하 / 원작: 유하 / 각본: 유하 / 출연: 권상우, 이정진, 한가인)

# "넌 나에게 모욕감을 줬어."

강 사장(김영철)

한국에서 폼이 가장 근사한 영화를 단 한 편만 꼽으라면 역시 김지운의 〈달콤한 인생〉을 내놓을 수밖에 없다. 사실 이 영화는 개봉 당시 그리 환대받지 못했다. 스타일만 강조한 누아르라는 혹평에 시달렸다. 흥행 성적도 그리 시원치는 않았다. 재미있게도 〈달콤한 인생〉이 비평적으로 제 몫을 돌려받기 시작한 건 해외 시장에서부터다. 해외 장르 영화광들은 이 폼으로만 가득한 액션 누아르를 얼떨히 사랑했다. 그러니까 말이다. 폼이 어때서? 김지운은 폼으로 영화를 만드는 사람이다. 〈달콤한 인생〉은 김지운 폼의 절정이다. 그건 스타일에서만 나오는 것도 아니다. 선우(이병헌)는 그저 작은 잘못 하나로 자신의 인생을 지옥으로 몰고가는 강 사장(김영철)에게 묻는다. "저한테 왜 그랬어요? 말해봐요. 저한테

왜 그랬어요?" 강 사장의 대답은 간단하다. "넌 나에게 모욕감을 줬어." 선우는 "아니 그런 거 말고, 진짜 이유를 말해봐요, 저 정말 모르겠거든요?"라고 울부짖는다. 그는 틀렸다. 강 사장의 대답은 옳다. 모욕감만큼 인간을 분노하게 만드는 건 없다. 모든 남자와 남자의 영화적 전쟁은 결국 모욕감으로부터 시작된다. 김지운은 강 사장에게서 아무런 말도 더 뽑아내지 않는다. 그 이상의 대사는 폼을 죽이기 때문이다. "넌 나에게 모욕감을 줬어"는 한국 액션 누아르 역사상 가장 폼 잡는 대사로, 그리고 가장 명확한 대사로 남을 것이다. (감독: 김지운 / 원작·각본: 김지운 / 출연: 이병헌, 김영철, 신민아)

# "어때요, 저 사람? 혁명적 민주투사로 보입니까? 아니면 과대망상에 빠진 돈키호테였을까요? 민주주의에 대한 열망을 담은 저 사내의 법정 최후진술은 감동적이기까지 하다는 설이 있습니다. 글쎄, 관심 있는 분은 찾아서 읽어보시도록."

**윤희 모친(윤여정)**

국가 원수 암살이라는 한국 현대사의 전환기적 사건을 우스꽝스러운 부조리극으로 둔갑시킨 임상수의 〈그때 그 사람들〉에는 이야기를 주재하는 서술 화자의 목소리가 등장한다. 궁정동 안가에서 비밀리에 치러지는 주연(酒宴)에 여흥을 돋우는 가수로 초빙된 엔카 가수(김윤아)의 목소리와 절대 권력의 서슬 앞에서 입을 놀리다 굴욕을 당한 철없는 엄마(윤여정)의 목소리다. 남자들의 권력 투쟁 틈새에서 이용당했거나 버려진 여성들이라는 공통점을 가진 두 목소리 중에 전체를 장악하는 것은 윤여정의 것이다.

서사와 주제, 태도, 세계관을 아우르는 그녀의 초월적 목소리를 듣고 나서야 관객들은 비로소 심수봉의 노래에서 빌어 온 '그때 그 사람들'이라는 표제의 뉘앙스를 짐작하게 된다. 그 절정은 검은색 가림 유리막이 처진 중앙정보부의 밀실 너머에서 김 부장(백윤식)이 치도곤을 당하는 꼴을 바라보면서 검은 선글라스의 장군(전두환으로 추정된다)이 내뱉는 대사에 이어지는 윤여정의 내레이션이다. "어때요, 저 사람? 혁명적 민주투사로 보입니까?" 여기서 화자의 존재와 시각은 분명해진다. 스토리로부터 여성의 관점을 분리하면서 한국인들의 기억 속에 잠재해 있는 정치적 사변에 대해 논평하는 것이다. 저개발 시대의 국가주의를 성찰하는 서술자의 이 목소리는 권력의 무망함과 덧없음을 조롱한다. (감독: 임상수 / 각본: 임상수 / 출연: 한석규, 백윤식)

# "너나 잘하세요."

금자(이영애)

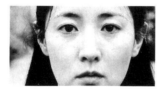

다섯 살배기 소년을 유괴, 살해한 혐의로 교도소에 수감되었다가 13년 만에 출소한 이금자(이영애)를 맞이하는 것은 산타클로스 복장으로 찬송가를 부르는 교회 신도들과 전도사(김병옥)이다. 받침대 위의 케이크처럼 손에 올려진 두부를 건네며 전도사가 "두부처럼 하얗게 살라고, 다시는 죄짓지 말란 뜻으로 먹는 겁니다"라고 말하자 금자는 두부를 옆으로 밀어 쓰러뜨리며 이 말을 내뱉는다. 캐릭터의 면모를 드러내고, 드러나지 않는 스토리의 이면을 암시하면서, '복수'라는 주제로 관객을 끌어들이는 대사다.

대사를 말할 때, 카메라는 금자의 파스텔 톤 물방을 무늬 원피스, 화장을 거의 하지 않은 창백한 피부에 초점을 맞춘다. 우리는 연약했던

금자의 얼굴이 수형 기간 중 돌처럼 단단해졌다는 걸 알 수 있다. 세상 밖으로 나온 금자의 첫 번째 이 말은 그녀가 청순한 이미지를 이어가는 것에 관심이 없으며 도전적이고 죄악에 물든 복수의 삶으로 나아갈 계획임을 암시한다. 다른 한편으로 관객들은 청순의 아이콘이었던 이영애의 스타 이미지를 배반하면서 영화 안에서 그녀의 새로운 면모를 보게 될 것임을 예감한다. (감독: 박찬욱 / 각본: 정서경, 박찬욱 / 출연: 이영애, 최민식, 권예영)

# "징한 놈의 이 세상. 한판 신나게 놀다 가면 그뿐! 광대로 다시 만나 제대로 한번 맞춰보자."

장생(감우성)

2000년대 초반의 기념비적인 흥행 영화였던 〈왕의 남자〉는 템포가 매우 빠르고, 서사의 진척에 따라 점진적으로 어두워지는 무드를 따라 감정적인 비등점을 향해 간다. 영화의 하이라이트 신에서 저잣거리의 광대 장생(감우성)은 눈이 먼 채로 줄타기 놀이를 시전한다. 장생은 맞은편에 선 그의 동료이자 연인인 공길(이준기)과 감각에 의지하여 대화를 나눈다. 외줄을 타며, "너는 죽어 다시 태어나면 뭐가 되고프냐?"고 묻는 공길에게 장생은 "난, 광대로 다시 태어날란다"라고 말한다. 이어지는 장생의 이 대사는 거칠고 험준한 세상에서 '신명'(神明)의 가치를 역설한다. 현대 관객의 얼굴을 붉히게 할 만큼 음란한 유머와 성별을 뒤엎는 파격적인 놀이로 쾌락주의자인 연산을 조롱하지만 장생은 일장춘몽의 허망한

인생을 원망하지도 않고 미화하지도 않는다. 모든 드라마와 계략, 고통에도 불구하고 공길과 장생의 연약하고 신실한 관계, 심지어 모든 것이 무너지고 있을 때도 흔들리지 않는 자유를 향한 의지가 빛나는 대사다.
(감독: 이준익 / 원작: 김태웅 / 각본: 최석환 / 출연: 감우성, 정진영, 강성연, 이준기)

# "강한 놈이 오래가는 게 아니라, 오래가는 놈이 강한 거더라."

장필호(이범수)

이 대사는 여러 가지로 해석될 수 있다. 강하기만 하면 꺾인다, 오래 버티는 게 중요하다, 버티는 것도 재능이다 등등. 좋은 대사는 본래 텍스트의 의미에서 떼어내도 홀로 살아 움직인다. 사실 영화 속 이 대사의 정확한 맥락은 자신을 무시했던 친구들을 배신하고 끝내 살아남은 비겁자 필호(이범수)의 자기변명에 가깝다. 친구들에 비해 모자라다는 열등감 속에 살던 필호의 서사를 함축하여 드러내는 속 깊은 말이기도 하다. 하지만 이 대사의 진가는 〈짝패〉의 충청도 정서와 결합했을 때 진짜 위력을 발휘한다. 류승완 감독은 호쾌한 액션과 직선적인 이야기로 눈길을 끄는 연출자다. 하지만 류승완의 진면목은 의외로 말맛에 있다. 그리고 이 말맛이라는 건 액션과 조금 다른 박자로 다가올 때 훨씬 큰 시너지를

발휘한다. 그런 점에서 감독 류승완의 개성이 가장 잘 응축된 작품을 꼽으라면 1순위는 언제나 〈짝패〉다. 이건 거의 유일무이한 충청도 유머와 결합한 액션영화이기 때문이다. 속내를 드러내지 않고 에둘러 말하는 충청도식 화법의 능청은 과장되고 직선적인 장르 액션과 결합해 기묘한 매력으로 승화한다. 때론 너무 느리게, 그러다가 갑자기 직설적으로 찌르고 들어오는 충청도 화법의 풍자와 해학. 어쩌면 류승완 감독이 "오래가고 싶다"는 자신의 바람을 고백했던 걸까. 한편으론 "오래가겠다"는 각오를 담은 다짐처럼 들리기도 한다. 그는 감사하게도 그 희망과 다짐을 끝내 지켜냈다. (감독: 류승완 / 각본: 이원재, 류승완, 김정민 / 출연: 정두홍, 류승완, 이범수, 정석용, 안길강)

# "헤픈 거 나쁜 거야?"

채현(정유미)

모든 대사는 맥락 안에서 읽어야 한다. 경석(봉태규)이 여자친구 채현(정유미)에게 "넌 너무 헤퍼"라고 말했을 때 그 의미는 채현의 애정 관계가 복잡하다거나 다른 사람과 바람을 피우고 있다는 뜻이 아니다. 채현은 그냥 세상 모든 것에 대해 공평하게 애정이 많은 사람이다. 당연히 세상은 채현을 사랑한다. 채현의 사랑을 독점하고 싶은 남자친구만 제외하면 다들 이 상황에 만족한다.

"헤픈 거 나쁜 거야?"는 채현이라는 캐릭터를 설명하고 두 사람의 관계를 결정짓는 대사다. 넘치도록 사랑이 많은 채현은 자신을 결코 바꿀 수 없고, 경석은 채현을 떠나지 않는 한 이 조건을 인내하고 받아들이며 살아가야 할 것이다. 채현의 이런 성격은 영화의 드라마를 마무리 짓고 주제를 정리한다. 채현은 현실적인 인물이 아니다. 그보다는 남자들이 여자들에 대해 갖고 있는 고민이 체화된 초자연적인 존재 또는 여신에 가깝다. 이런 비현실성은 자칫하면 평면적이고 얄팍해질 수 있는데, 다행히도 영화는 정유미라는 완벽한 배우를 만났다. "헤픈 거 나쁜 거야?"라는 이 대사를 정유미가 아닌 다른 누가 읊었다고 생각해보라. 더 좋은 연기였을 수도 있겠지만, 정유미가 이 영화에 부여한 그 이상한 당연함이 나올 수 있었을까. (감독: 김태용 / 각본: 성기영, 김태용 / 출연: 문소리, 고두심, 엄태웅, 정유미)

# "나 이대 나온 여자야!"

정 마담(김혜수)

〈타짜〉는 명대사 창고 같은 영화다. "마포대교는 무너졌냐?", "묻고 더블로 가!" 같은 캐릭터를 살려주는 대사부터 "싸늘하다, 가슴에 비수가 날아와 꽂힌다"처럼 핵심을 찌르는 대사까지, 약간의 과장을 보태 한국영화 전체 명대사를 고르는 것보다 〈타짜〉를 대표하는 대사 하나를 고르는 게 더 어려울지도 모르겠다. 〈타짜〉 대사들의 성격을 굳이 구분 짓자면 의미를 함축했다기보다는 오래 기억될 중독성 있는 대사 쪽에 가깝다. 중독성 있는 대사의 첫 번째 조건은 말맛, 두 번째는 쉽게 흉내 낼 수 있는 범용성, 마지막으로 제일 중요한 것이 캐릭터를 얼마나 잘 압축하고 있는가다. 그런 기준에서 꼽자면 〈타짜〉의 가장 앞자리에 있는 대사를 정 마담(김혜수)이 던지는 "나 이대 나온 여자야!"로 정해도 그리 이상하진 않을 것이다.

정 마담은 화투판의 꽃인 설계자이자 영화 전체의 화자이기도 하다. 〈타짜〉는 치즈판는 정 마담이 전설의 타짜 고니(조승우)를 회상하는 구조로, 정 마담의 존재감이 주인공들의 활약만큼 중요하다. 정 마담의 열등감과 자부심, 거짓된 삶과 허영심 등을 압축하고 있는 이 대사는 한국사회의 무의식과 편견을 건드리는 대사이기도 하다. 최동훈 감독의 진가는 바로 이런 디테일에 있다. 장르적 상상을 십분 발휘하는 가운데 공감의 통로를 열어주는 것은 이렇게 살아 있는 캐릭터의 살아 있는 말들이다. 배우 김혜수의 이미지와 정 마담의 이미지, 현실을 꿰뚫는 촌철살인의 디테일이 더해진, 그야말로 입체적인 한마디다. (감독: 최동훈 / 원작: 허영만, 김세영 / 각색: 최동훈 / 출연: 조승우, 김혜수, 백윤식)

# "알아. 분명히 나, 아주 못생긴 여자가 될 거야."

오동구(류덕환)

2001년, 하리수가 등장한다. 한 화장품 광고를 통해서다. 카메라를 보던 하리수가 침을 삼키니 남성성의 상징으로 여겨지는 아담스 애플, 즉 목울대가 두드러진다. 이 광고의 카피는 "새빨간 거짓말"이었다. 강고한 성별이분법 안에서 트랜스젠더의 존재를 "새빨간 거짓말"로 이해하는 한국사회, 그리고 그에 편승하기 위해 "새빨간 거짓말"을 서슴지 않았던 광고업계(제작사는 목울대를 CG로 그려 넣었다). 하리수는 이런 사회에 균열을 내는 급진적인 존재로서, 일종의 '사건'이었다. 그로부터 6년. 하리수와는 완전히 다른 트랜스젠더 여성을 선보이는 영화 〈천하장사 마돈나〉가 개봉한다. 이 영화는 고교 씨름대회에서 우승해 그 상금으로 성확정수술을 받으려는 10대 소녀 동구(류덕환)에 대한 이야기다. 영화는 하이힐보다는 살바가 더 어울리는 동구의 '딜레마'를 전면에 배치하지만, 그걸 웃음거리로 삼지 않는다. 오히려 왜 하이힐이 여성성의 상징이고 살바는 남성들만의 것인지 질문한다. 동구는 엄마(이상아)에게 말한다. "알아. 분명히 나, 아주 못생긴 여자가 될 거야." 이 한마디는 트랜스젠더 여성 내의 다양성을 지우고 '진짜 여자보다 더 여자다워'야만 인정하겠다고 강짜를 부리는 이 사회의 아집이 얼마나 편협한지 보여준다. 〈천하장사 마돈나〉로부터 17년이 흘렀지만, 여전히 시스젠더 중심적이고 여성을 외모로 축소하여 평가하는 한국사회는 "못생긴 여자가 될 것"이라는 불온하면서도 근사한 이 한마디를 제대로 받아들이지 못하고 있다. (감독: 이해준, 이해영 / 각본: 이해영, 이해준 / 출연: 류덕환, 김윤석, 이상아)

# "희망을 버려. 그리고 힘내."

오설미(이영미)

이 대사는 〈싸이보그지만 괜찮아〉에서 가장 유명하지만, 누가 읊었는지 아는 사람은 별로 없다. 정답은 정신병원 환자 오설미(이영미)다. 일순(정지훈)의 하소연을 들어주던 설미는 이 대사를 읊은 뒤 인형 크기로 축소된 일순의 이마에 반창고를 붙여주고 전기충격 치료를 받으러 간다.

이 대사 앞에 붙은 일순의 대사는 다음과 같다. "나는요, 안티 소멸이에요, 누나. 안티 소설은 치료법이 없는데요. 그래도 의사가 희망을 가지래요. 삼사십 년 지나서 저절로 낫는 경우도 있다고. 대개 그 삼사십 년을 교도소에서 보내지만. 그 교도소 가기 싫어서 내 발로 입원하잖아. 예감 딱 느끼면 바로 들어와버려. 다섯 번째 입원이에요, 4년 동안. 노가다 착실하게 하면 입원비랑 약값은 어떻게 하는데. 이런 식으로 사십 년을

버틸 수 있을까? 점으로 소멸되지 않고?" 나름 절절하지만 설미의 단호한 대답처럼 기억에 남지는 않는다. 일순의 장황한 사연은 설미의 보편적이고 강력한 대답이 커버하는 수많은 개별 질문 중 하나다.

"희망을 버려"의 현실주의는 점점 힘을 얻어가고 있다. 기후변화는 쉽게 해결되지 않을 것이고, 인류가 더 나은 길로 가고 있다는 기대도 점점 흐려진다. 하지만 그렇다고 해서 그게 우리가 세상과 맞설 힘을 잃고 포기해야 한다는 뜻은 아니지 않은가. (감독: 박찬욱 / 각본: 정서경, 박찬욱 / 출연: 임수정, 정지훈)

# "그 인간 이미 용서받았대 하나님한테. 그래서 마음의 평화를 얻었대요… 난 이렇게 괴로운데, 그 인간은 하나님의 사랑으로 용서받고 구원받았어요. 어떻게 그러실 수 있어요? 왜, 왜!"

이신애(전도연)

자신을 위로하겠다며 일방적으로 집까지 찾아온 목사와 신도들을 향해 "용서를 해요, 어떻게 용서를 해요? 용서하고 싶어도 난 할 수가 없어요"라고 운을 떼며 하는 말이다.

신애(전도연)의 이 말은 실은 보이지 않는 신과 세상을 향한 신애의 추궁과 엄벌에 가깝다. 그도 그럴 것이 이 말이 터져 나온 맥락이 심상치 않기 때문이다. 영문도 모른 채 아들을 잃어야 했던 신애가 교회에도 나가고 신자들도 만나며 조금씩 몸과 마음을 추스르는가 싶을 때다. 심지어 신애는 교도소로 가서 가해자와 만나기까지 하지만, 가해자는 '하나님께 회개하고 용서받아 편안해졌다'고 말하는 게 아닌가. 면회장을 빠져나온 신애가 그대로 길바닥에 쓰러졌을 때, 신애의 몸과 마음이 무너져

내리는 이 하강의 순간은 이 영화에 새로운 사건의 전개를 알리는 중요한 지점이다. 바로 아들의 죽음이라는 사건에 이어서 신과 종교, 용서와 구원을 둘러싼 첨예한 질의로서의 사건 말이다. 그것을 압축해서 보여주는 게 바로 신애의 저 뼈아픈 말이기도 하다. '왜!'라고 울부짖는 신애의 고통스러운 물음은 뻔뻔하기 이를 데 없는 가해자뿐만 아니라 '누군가가 누군가를 용서한다는 것은 어떤 식으로 가능한가'를 둘러싼 윤리적, 철학적 질문과 쟁점까지 정조준하고 있다. (감독: 이창동 / 원작: 이청준 / 각본: 이창동 / 출연: 전도연, 송강호)

# "야 4885, 너지?"

엄중호(김윤석)

이 말을 신호탄으로 한밤 골목길의 추격이 시작된다. 〈추격자〉는 이상한 장르영화다. 우선 연쇄살인마를 잡는 인물은 정의롭지도 멋지지도 않다. 출장 안마 포주를 하고 있는 전직 형사 중호(김윤석)는 자신이 관리하는 여자들이 사라져서 금전적 손해를 보았다는, 지극히 자본주의적인 관점으로 사건에 개입한다. 다음으로 연쇄살인마 영민(하정우)은 딱히 위협적이지도 강하지도 않아 보인다. 제목처럼 영화 내내 도망치고 쫓기는 영민의 모습은 비루해 보일 지경이다. 마지막으로 〈추격자〉는 찜찜한 엔딩을 남긴다. 연쇄살인마가 처벌된다고 달라지는 건 아무것도 없다. 일련의 기묘한 요소는 모두 관점이 중호 쪽에 뻗혀 있기 때문이다. 제목처럼 처벌받아 마땅한 나쁜 놈을 추격하는 영화지만 중호는 정의가

아닌 생존과 생계의 문제로 추격에 열을 올린다.

　　얼핏 영화 속에선 상대를 압도하는 강자처럼 보이는데 덕분에 "야 4885, 너지?"라는 대사는 그의 유능함을 보여주는 통쾌한 순간처럼 다가오기도 한다. 하지만 실상은 어떤가. 여기에 승자는 없다. 어떤 의미에서 〈추격자〉의 진짜 주인공은 중호와 영민이 도주와 추격을 벌이는 음습하고 복잡한 골목길 그 자체다. 아무에게도 보호받을 수 없는 보호의 사각지대를 이렇게 살아 있는 생물처럼 생생하게 보여준 영화가 또 있었던가. 〈추격자〉는 탈출할 수 없는 현실이란 이름의 미로 같은 영화다. 단 한마디 대사로 열렸던 그날의 미로는 아직도 닫히지 못했다. (감독: 나홍진 / 각본: 나홍진 / 각색: 홍원찬, 이신호 / 출연: 김윤석, 하정우)

# "사람이 그런 비상식적인 행동을 할 때는 그럴 만한 이유가 있는 거겠지. 양양도 사람인데!"

성은교(방은진)

영화 후반부에서 성은교(방은진)가 하는 말이다. 여기서 양양은 양미숙(공효진)으로, 동료 선생인 성은교의 남편 종철과 동침했고, 동료 러시아어 교사인 이유리와 종철의 관계를 깨트리기 위해 중학생 딸 종희(서우)를 이용했다('이용'에는 종희와 함께 종철로 위장해 유리와 인터넷 섹스를 하는 것도 포함되어 있다). 이 정도면 거의 가문의 원수 수준인데, 은교는 이런 대사를 읊는다. 단지 여기서 이야기하는 '비상식적인 행동'이 무엇인지는 살짝 흐릿하다. 이 대사는 미숙이 룸메이트였을 때 전기세도 수도세도 내지 않았다는 유리의 불평 뒤에 이어지기 때문이다. 하여간 양미숙 같은 사람도 이해하려고 노력하는 은교의 넓은 마음과 의지엔 감탄하지 않을 수 없다. 그리고 아마 은교 같은

사람이 있어서 상황을 정리했기 때문에 영화가 끝을 볼 수 있었을지도 모른다.

하지만 이 말은 사실인가? 어느 정도는 그렇다. 양미숙에겐 이유가 있다. 영화를 거기까지 따라온 관객이라면 그 이유가 무엇인지 알고 아마 이해도 할 수 있다. 하지만 성은교나 다른 보통 사람들까지 양미숙의 이유를 굳이 이해해줘야 한다고 할 수는 없지 않을까. 세상엔 전혀 이해가 안 되는 사람들이 있고 어떤 영화는 그런 사람들도 이해할 수 있게 하는 마법을 부린다. (감독: 이경미 / 각본: 이경미, 박은교, 박찬욱 / 출연: 공효진, 이종혁, 서우, 방은진)

# "여우가 닭 잡아먹는 게 죄냐?"

태주(김옥빈)

병원에 근무하는 뱀파이어 사제 상현(송강호)은 젊은 주부 태주(김옥빈)를 부정한 세계(?)로 인도한다. 흡혈의 욕망을 이식받은 태주는 인간의 피를 빨기 위해 먹잇감을 찾는다. 피를 찾아 도시를 헤매는 자신을 상현이 쫓아오자 태주가 항변하듯 말하는 대사다.

태주의 이 대사는 사람을 사냥하는 게 아니라 자살한 사람을 도와주는 것이라는 기이한 윤리관을 웅변한다. 수치심이라는 굴레에 갇혀 쾌락을 거부하고 병들고 죽어가는 것만 먹어야 하는 상현에 비해 태주는 자신의 정체성과 인격을 부정하는 사람들로부터 벗어나고 싶어한다. 뱀파이어가 된 후 태주는 욕망의 경계가 없는 반면 상현은 여전히 윤리 의식에 갇혀 있다. 한쪽에서는 가치와 정신적 의무, 다른 한쪽에서는 육체적 욕망과 욕구 사이에서 투쟁하는 인간의 양면성을 조롱한다. 이는 태주의 남편이 죽고, 죽은 남편을 유령처럼 떠올리며 상현과 태주가 섹스를 하는 모습을 지켜보는 관객의 마음 속에 피어오르는 질문을 환기한다. 도대체 도덕이란 무엇인가? (감독: 박찬욱 / 원작: 에밀 졸라 / 각본: 정서경, 박찬욱 / 출연: 송강호, 김옥빈)

# "그곳은 어떤가요, 얼마나 적막하나요…"

양미자(윤정희)

시를 변명 삼아 가해자를 옹호하는 시대. 예술은 도대체 무엇이며, 또 무엇을 할 수 있을까? 〈시〉는 피해자의 죽음을 애도하고 그 존재를 자기 안으로 끌어안으려는 한 인물을 통해 가장 인간적인 행위로서의 시작(詩作)에 대해 이야기한다.

간병 도우미 일을 하면서 손자를 키우고 있는 60대 여성 미자(윤정희). 그는 외손자가 친구들과 집단으로 강간한 소녀 희진이 자살했다는 것을 알게 되자, 이 사실을 경찰에 신고한다. 다른 가해자의 아버지들이 혈육을 지키기 위해 온갖 짓을 마다하지 않을 때, 미자는 사회가 기대하는 바와 다르게 행동한다. 자신의 피와 살이었던 외손자에게 정당한 죗값을 묻고 완전한 타자였던 희진의 자리에 자신을 겹쳐놓는 것이다. 물론 그런

선택이 쉬웠을 리 없다. 하지만 미자는 시를 쓰면서 그런 윤리적 애도의 자리에 도달한다. 그런 그가 마지막으로 쓴 시가 "그곳은 어떤가요, 얼마나 적막하나요…"로 시작하는 「아네스의 노래」다.

우리는 과연 피해자의 호소를 제대로 들을 수 있을까? 영화는 이 난감한 질문에 대답하려고 노력함으로써 스스로 급진적인 시가 됐다. 누군가는 이 영화의 시나리오에 0점을 주었지만, 이처럼 아름다운 시나리오는 없었으리라 단언할 수 있다. 그리고 비극적이게도 우리는 이 영화를 열렬하게 옹호했던 어떤 이들이 수년 후에는 가해자의 편을 들고 피해자에게 손가락질을 하는 현실과 대면하고 있다. (감독: 이창동 / 각본: 이창동 / 출연: 윤정희, 이다윗)

# "저는 재미가 없어요. 그렇게 깔때기로 모아놓은 거 같은 거는."

남진구(이선균)

〈옥희의 영화〉에서 영화감독 진구(이선균)는 관객과의 대화 행사에서 이렇게 말한다. "우리가 영화를 볼 때 주제 의식으로만 꼭 보는 것도 아니고요. 그런 걸 찾게 되는 것도 어릴 때부터 그렇게 훈련을 받았기 때문인 것 같습니다. 학교 때부터 뭐 주제 의식은 뭡니까? 맨날 물어보니까… 뭐 영화를 볼 때 그런 거 없어도 이미 우린 느끼고 반응하고 그러지 않습니까? 예, 저는 재미가 없어요. 그렇게 깔때기로 모아놓은 것 같은 거는." 홍상수 자신의 영화관(觀)을 요약한 이 대사는 구조와 패턴에 근거한 스토리텔링, 정연한 서사의 논리, 손쉽게 정의되어 버리는 것들에 저항하는 이 형식주의자의 세계를 이해하는 단서가 된다.

처음 한 시간 정도 〈옥희의 영화〉의 서사는 완전히 선형적이다. 과거에 있었던 일들이 언급될 때는 그 시점이 언제인지가 명확하다. 하지만 '옥희의 영화' 챕터로 이행하면서 상황은 달라진다. 앞의 세 챕터는 진구를 경유한 시점인 반면 마지막 이야기는 명백하게 옥희의 이야기다. 옥희는 이 영화에 송 교수와 진구의 관계를 나란히 배치하여 송 교수와 진구에 대해 알아가는 데 도움이 되는 영화라고 소개한다. 이는 〈오! 수정〉(2000)에서 러닝 타임을 반으로 갈라 남자, 여자에게 동일한 시간을 할애했던 이전 방식을 뒤틀어 비대칭적이고 기우뚱한 형상으로 세워둔 것이다. 캐릭터의 연속성과 운명의 예측 불가능성을 자극하면서 자기반성적인 예술가의 다층적 내러티브 실험이 끝없이 이어질 것임을 예고하는 대사로 볼 수 있다. (감독: 홍상수 / 각본: 홍상수 / 출연: 정유미, 문성근, 이선균)

# "프랑스 백수 애들은 일자리 달라고 다 때려 부시고 개지랄을 떨던데, 우리나라 백수 애들은 다 지 탓인 줄 알아요."

동철(박중훈)

〈내 깡패 같은 애인〉은 오해받은 영화다. 겉보기에 이 영화는 JK필름 스타일의 코미디다. 삼류 건달 동철(박중훈)과 옆집에 사는 젊은 취업준비생 세진(정유미)은 도무지 어울릴 것 같지 않은 사람들이다. 이러저러한 사소한 에피소드들이 이어지고, 동철은 심지어 세진이 고향 집에 데려갈 가짜 남자친구 행세까지 하게 된다. 그렇다면 이건 로맨틱 코미디인가? 사실 〈내 깡패같은 애인〉은 MZ세대의 경제적 고통에 대한 우화에 가깝다. 영화의 방점은 사실 박중훈이 아니라 정유미의 캐릭터다. 세진은 서울로 상경해 입사한 직장이 부도가 나는 바람에 졸지에 실업자가 된 여자다. 새 회사 면접에서는 손담비의 노래를 부르며 춤을 춰보라는 면접관에게 시달리고, 이력서를 내려 간 회사에서는 취직을 시켜주겠다는 직원에게 성추행을 당할 뻔한다. 모든 것을 포기하고 싶은 순간마다 깡패 동철은 원하지 않았던 마법사처럼 불쑥불쑥 나타나 힘을 실어준다. 그는 세진에게 말한다. "프랑스 백수 애들은 일자리 달라고 다 때려 부시고 개지랄을 떨던데, 우리나라 백수 애들은 다 지 탓인 줄 알아요." 사실 이건 깡패가 말할 만한 대사는 아니다. 김광식 감독은 "88만 원 세대를 리얼하게 그려내고 싶었다"고 말한 바 있다. 이 대사는 깡패의 힘을 빌려 영화가 관객에게 전하는 위로다. 물론 한국의 젊은 세대는 여전히 일자리 달라고 때려 부수지 못하고 비정규직을 떠돌며 오늘도 카드 빚에 시달리며 편의점 문을 열어젖힌다. (감독: 김광식 / 각본: 김광식 / 출연: 박중훈, 정유미)

# "호의가 계속되면은 그게 권리인 줄 알아요."

주양(류승범)

〈부당거래〉는 부패한 경찰 최철기(황정민)와 부패한 검사 주양(류승범)이 사리사욕을 채우기 위해 격돌하다 결국 최철기는 죽고 주양은 살아남는다는 이야기다. 주양이 살아남는 이유는 분명하다. 그는 정계 거물급 인사의 딸과 결혼해서 계급의 사다리를 오른 검찰이고, 그렇게 한국사회를 지배하는 남성연대에 낄 수 있었기 때문이다.

2010년, 이 스마트한 대사는 권력자에 대한 신랄한 비판이었다. 그러나 몇 년 지나지 않아 이 말은 진의가 왜곡된 채 사용되기 시작했다. 시민의 권리 요구에 대한 빈정거림으로 둔갑한 것이다. 덕분에 이 대사는 인기 있는 댓글이 되어 노동자 집회, 성소수자 권리 투쟁, 장애인 이동권 투쟁 등 다양한 사회변혁 운동을 다룬 뉴스에 단골 메뉴처럼 달렸다. 이런 말을 내뱉는 이들의 정치적 스탠스는 보수, 진보를 가리지 않는다. 영화를 보면서는 주양을 비판하지만, 영화 밖에서는 기꺼이 주양이 되고자 하는 것. 이야말로 지금, 여기의 초상이 아닐까. 그런 의미에서 이 대사의 의미 변천사는 한국인의 시민성을 되비추는 투명한 거울이 되어버렸다.
(감독: 류승완 / 각본: 박훈정 / 각색: 류승완, 한재덕, 여미정 / 출연: 황정민, 류승범, 유해진)

# "기봉아,
# 우리 지옥 가자."

순심(심혜진)

〈페스티발〉은 2000년대를 지나면서 크게 성장한 한국 성소수자 운동의 역동을 포착한다. 영화 속에서 마포경찰서는 "안전하고 살기 좋은 서울 만들기" 캠페인과 함께 단속 활동에 박차를 가하고 있다. 그러나 단속 대상은 명확하지 않다. 그저 "안전하지 않은 거, 무질서하고 그런 거, 건전하지 않은 거, 불건전하고 막 그런 거"를 찾아 헤맬 뿐이다.

정화 사업이 진행되는 한편, 마포 곳곳에서는 "무질서하고 불건전한 것"들이 생동하고 있다. SM에 빠진 한복집 아줌마와 철물점 아저씨, 여자 속옷을 즐겨 입는 고등학교 교사, "왕년에 자지몰"이었다는 허세만 남은 경찰관 등의 사연이 펼쳐진다. 그것은 특별한 일이 아니다. 실은 우리 모두의 일상일 뿐이다. 그리고 단속의 대상이 되지 않았다면 별 문제가

되지 않았을 일까지도 낙인찍히는 순간 진정으로 위험한 것이 되어버린다.

마포의 한 근린공원에서 이 '변태'들이 한자리에 모이는 '변태들의 합창' 시퀀스의 끝에 한복집 아줌마 순심(심혜진)은 개인의 성을 단속하고 추방하려는 공권력에 "변태는 주민이 아니냐"고 일갈한다. 그리고 그렇게 숨기려고 했던 '변태 복장'을 하고 거리로 나선다. 이때 그가 SM 플레이 파트너인 기봉(성동일)에게 던지는 한마디가 "기봉아, 우리 지옥 가자"다. 이는 짜릿하다. 짓밟힌 자가 고개를 들고 당당하게 내뱉는 전복적인 해방 선언이기 때문이다. (감독: 이해영 / 각본: 이해영, 이해준 / 출연: 신하균, 엄지원, 심혜진, 성동일)

# "한국 남자들은 나이 처먹어 가지고 아저씨 되면은 아무한테나 조언하고 충고하고 그래도 되는 자격증 같은 게 국가에서 발급되나 봐?"

연주(김혜수)

왕년의 아역 스타였던 딸과 함께 살고 있는 연주(김혜수)는 경제적인 어려움을 극복하기 위해 2층에 세입자를 받는다. 자칭 작가라는 창인(한석규)이 집에 들어오는데, 사실 창인은 그 집에 숨겨져 있을 것으로 추정되는 무언가를 찾으러 온 범죄자다. 당연히 연주와 창인 사이에는 호감과 의심, 기회주의가 섞인 복잡한 감정이 오간다. 손재곤의 〈이층의 악당〉은 30~40년대 할리우드 스크루볼 코미디를 연상시키는 신나는 코미디로, 김혜수와 한석규가 펜싱이라도 하는 것처럼 주고받는 거의 모든 대사들이 일품이다.

인용된 대사는 자신의 캐릭터를 '멋지고 능력 있는 남자'로 설정하고 계속 참견하는 창인에게 연주가 쏘아붙이는 말이다. 이 대사는 영화 안에서 완벽한 기능성을 갖는다. 거칠 것 없는 연주의 캐릭터, 신경질적이 될 수밖에 없는 연주의 상황, 계속 음모가 실패하는 창인의 어설픔 모두가 이 안에 농축되어 있다. 하지만 흥행 성적이 아주 좋다고 할 수 없는 이 영화의 이 대사가 밈이 되어 돌아다니는 데는 다른 이유가 있다. 〈이층의 악당〉이라는 영화의 맥락에서 완전히 벗어나도, 한국 남자들이 습관적으로 자신에게 부여하는 허구의 권위를 폭로하는 데 이 문장은 정말로 좋은 무기다. (감독: 손재곤 / 각본: 손재곤 / 출연: 한석규, 김혜수)

# "내가 인마 느그 서장이랑 인마 어저께도, 으이? 같이 밥 묵고 으이? 싸우나도 같이 가고 으! 마, 이 개새끼야, 다 했어."

최익현(최민식)

사실 냉정하게 들어보면 아무것도 하지 않았다. 하지만 권력자와 어떤 연결이 있다는 뉘앙스만으로도 상황이 해결될 수 있었던 시대를 반영한 블랙코미디 같은 대사. 〈범죄와의 전쟁〉은 1980년대 부산을 배경으로 건달과 부패 공무원 출신 브로커의 이야기를 다룬다. 최익현(최민식)은 고속 성장한 한국사회의 부조리를 압축한 듯한 인물이다. 대단한 흑막도 거물도 아니다. 자잘하게 부패한 그는 권력이 어떻게 작동하고 움직이는지 꿰고 있는, 코가 좋은 남자다. 학연, 지연, 혈연으로 연결된 한국사회에서 돈도 백도 없는 그는 혈연을 부여잡고 실낱 같은 틈을 벌려 거미줄 같은 관계망을 형성한다. 최익현이 허장성세로 이른바 '가오'에 매달리는 속 빈 강정 같은 사람이라는 걸, 이를 지켜보는 관객도 주변 사람들도 심지어 자기 자신도 알고 있다. 알고 있지만 모른 체하며 적당히 이용하고 때론 묻어가기도 한다.

　윤종빈 감독의 〈범죄와의 전쟁〉은 느와르풍 범죄영화의 장르적인 재미나 촘촘한 전개뿐 아니라 우리가 익히 봐왔던 익숙한 얼굴들, 그러니까 폼 나게 살고 싶었지만 아무것도 없었던 우리 아버지들의 얼굴을 포착한다. 대체로 과장됐지만 그래서 더 사실적이라는 아이러니. 잘 만든 블랙코미디의 미덕은 이렇듯 시대와 밀착하고 그걸 캐릭터에 담아 웃기고도 씁쓸하게 표현한다. (감독: 윤종빈 / 각본: 윤종빈 / 각색: 한동욱, 양준호, 신수정, 김준식 / 출연: 최민식, 하정우, 조진웅)

# 대사의 집, 시나리오

장면 번호와 지문, 대사로 이뤄진 시나리오는 영화의 전모를 이해관계자에게 이해시키기 위한 용도로,
제작 단계에선 서사의 영상화를 위한 대본으로 활용하기 위해 만들어진다. 출연 배우 입장에선 자신의 육성으로 실어 나를
대사의 전부가 여기 담겨 있는 까닭에 자신의 대사와 상대방의 대사를 분석,
암기하기 위해 내내 소지해야 하는 필수품이다. 촬영, 편집, (예전에는) 검열 등 제작의 여러 단계를 거치면서 원래의
대사가 변경되거나 삭제되는 일도 비일비재하지만, 시나리오는 창작자들이 대사를 통해 스토리를 어떻게 축조하려 했는지
알려주는 설계도 원안 같은 것이어서, 그것 그대로 독자적인 문학으로 평가받기도 한다. 시나리오엔 영화의 모든 것,
창작자의 작의(作意)와 그것을 성취하기 위한 수단이 온전히 담겨 있다.
한국영상자료원이 소장한 시나리오 중 몇 가지 분류에 맞춰 29점을 소개한다. 한국영화의 세포라 할 수 있는 대사들이
한 줄 한 줄 고히 기록돼 있는 책들, 1920~1980년대 현장에서 배우와 스태프들이 한 장씩 넘기며 고심한 흔적이 역력히
남아 있는 역전의 문서들이다.

## 1. 오래된 책들
적어도 70년 전에 만들어진, 1953년 이전의 시나리오들.

1          1927년 제작된 〈흑과 백〉은 일본제국키네마와 동방회사 전속배우로 다년간 활동하던 김택윤이 원작, 각색, 감독, 주연을 맡았고, 나운규, 이규설, 유정자 등이 출연한 작품. "촬영술이 우수"했다는 평가를 받는 이 작품의 필름은 유실되었지만, 시나리오를 통해 간접적으로 영화를 그려볼 수 있다.

2          일제 강점기 조선영화 중 최고의 완성도라 평가받는 〈집 없는 천사〉(최인규, 1941) 시나리오.

3          한국영화 액션, 멜로드라마의 초기 형태를 볼 수 있다는 점에서 흥미로운 〈자유만세〉(최인규, 1946) 시나리오.

4          한형모 감독의 데뷔작이자 최초의 반공영화로 알려진 〈성벽을 뚫고〉(한형모, 1949) 시나리오.

5          한국전쟁을 소재로 한 군사 계몽영화 〈영광의 길〉(윤봉춘, 1953) 시나리오.

6          정창화 감독의 데뷔작이며 '최후의 유혹'이란 타이틀로 개봉한 〈바다의 결투〉(정창화, 1953) 시나리오.

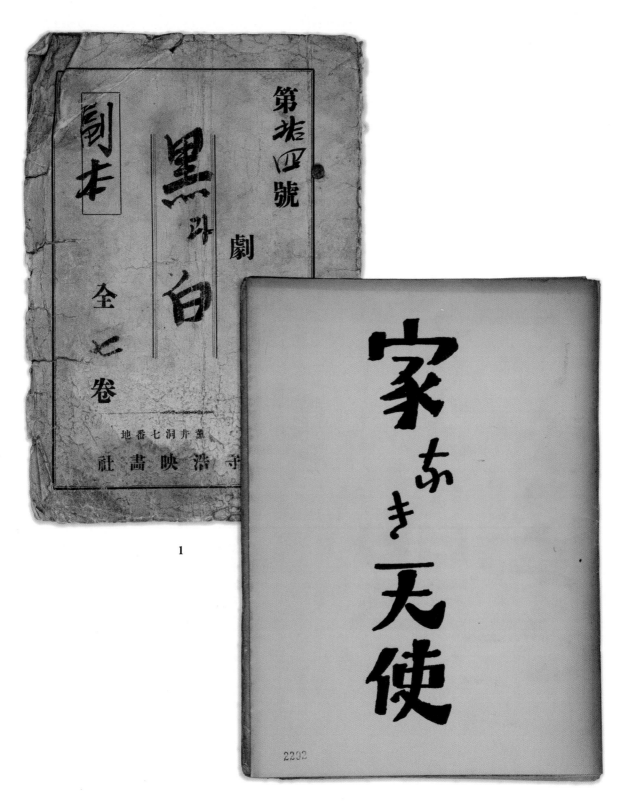

1

2

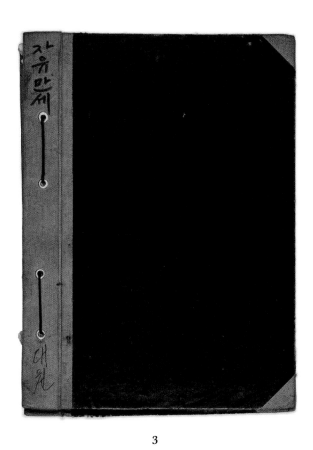

3

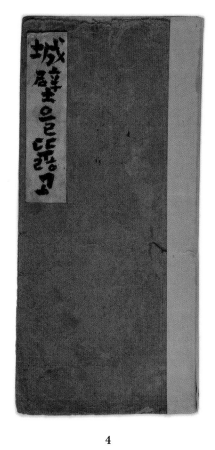

4

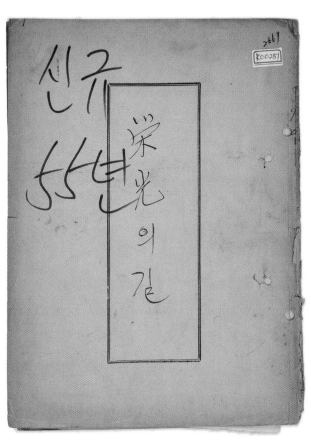

5

6

## 2. 유실된 영화, 남겨진 시나리오

1910년대부터 1960년대까지 연대별 극영화 보유율 평균은 고작 16%밖에 되지 않는다. 유실된 많은 영화 중에서 다행히 시나리오를 보존하고 있어 영화 내용을 확인하고, 상상해볼 수 있는 작품들이 있다.

1　　20만 관객 동원의 흥행작이자 이만희 감독의 정점이라 불리는 〈만추〉(1966) 시나리오.
2　　감독 스스로 자신 영화의 시작점이라고 평가한 〈잡초〉(임권택, 1973) 시나리오.
3　　유현목 감독의 대표작 중 하나인 〈잉여인간〉(1964) 시나리오.
4　　신세대 이성구 감독의 '희망 없는 젊은 세대' 이야기 〈젊은 표정〉(이성구, 1960) 시나리오.
5　　'밤기차 타는 장면을 시작으로 새벽기차에서 내리면 끝나는 영화' 〈기적〉(이만희, 1967) 시나리오.
6　　"유머와 풍자와 윗트의 사회 드라마" 〈사기왕 미스터 허〉(이만희, 1967) 시나리오.

1

2

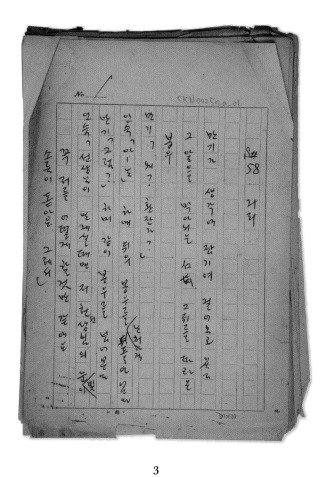

3

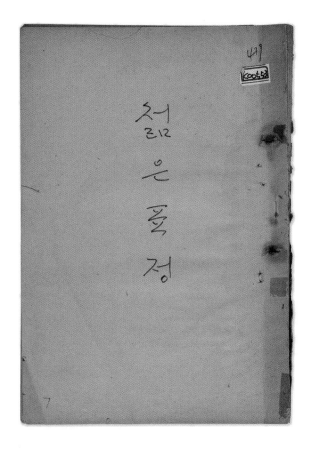

4

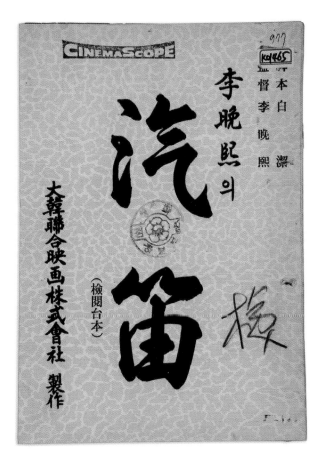

5

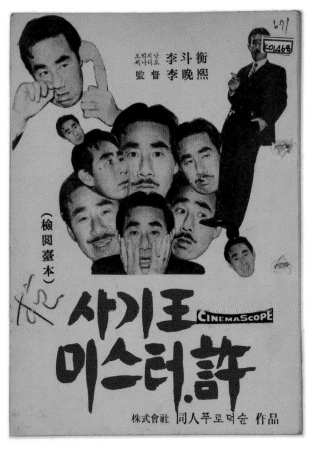

6

## 3. 시나리오 작가, 김지헌

한국영화의 황금기 1960년대를 대표하는 시나리오 작가 김지헌이 집필한 시나리오 5점.
1958년 〈자유결혼〉(이병일)의 각색을 맡으며 시나리오 작가의 길로 들어선 그는 이성구 감독 등과 함께 '신예프로덕션'을
설립하여 한국영화계 새로운 세대로 자리매김했다.

1        하유상의 희곡 「딸들은 연애자유를 갈구한다」를 김지헌이 각색한 〈자유결혼〉(이병일, 1958) 시나리오.
2        당대 최고 배우들의 연기와 앙상블이 빛나는 이형표의 데뷔작 〈서울의 지붕밑〉(이형표, 1961) 시나리오.
3        결혼을 앞둔 여자(고은아)와 신학도(신성일)의 만남과 비극을 그린 유현목의 〈종야〉(유현목, 1967) 시나리오.
4        〈만추〉 이후 두 번째 이만희×김지헌의 〈원점〉(이만희, 1967) 시나리오.
5        70년대 호스티스 멜로영화 〈O양의 아파트〉(변장호, 1978) 시나리오.

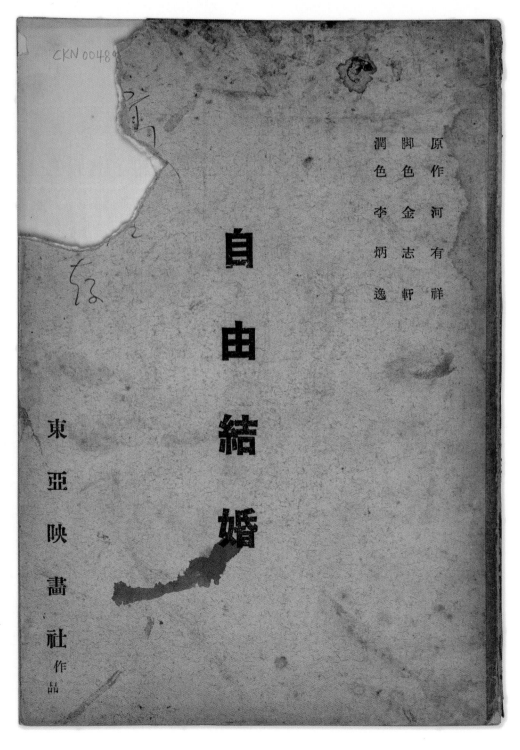

1

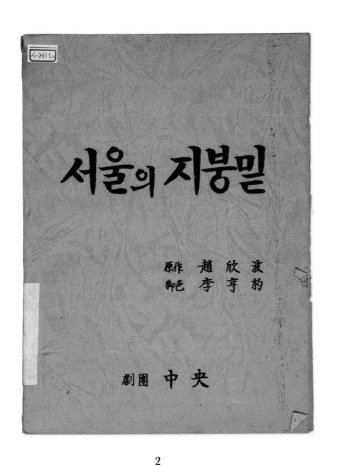

서울의 지붕밑

原作 趙欣坡
脚色 李亨杓

劇團 中央

2

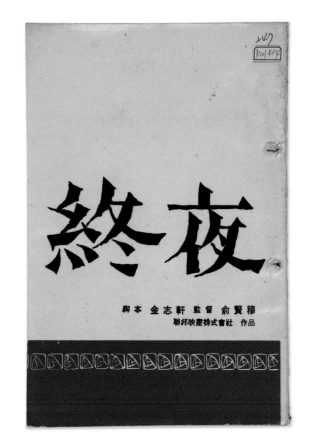

終夜

脚本 金志軒 監督 俞賢穆
聯邦映畫株式會社 作品

3

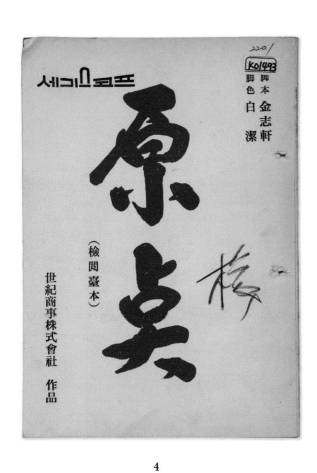

세기프로

原点

(檢閱臺本)

世紀商事株式會社 作品

脚本 金志軒
脚色 白潔

4

'77年 邦畫의 勝敗를건 會心의 作

O孃의 아파트

脚本 金志軒
監督 卞張鎬

聯邦映畫株式會社 作品

5

## 4. 시나리오 작가, 임희재

1955년 조선일보 신춘문예 희곡 부문에 당선되어 작가의 길을 걷기 시작한 임희재 작가는 주로 단막극을 집필하다 김기영 감독의 〈황혼열차〉(1957) 각색으로 영화 작업을 시작했다. 신상옥, 강대진, 김수용 감독 등과 협업했으며, 특히 신상옥 감독과는 〈독립협회와 청년 리승만〉(1959)을 위시해 〈사랑방 손님과 어머니〉(1961), 〈로맨스 그레이〉(1963) 등을 함께 작업했다.

1    '춘삼 아버지' 김승호의 열연이 빛나는 〈마부〉(강대진, 1961) 시나리오.
2    한국 최초의 컬러 시네마스코프 〈성춘향〉(신상옥, 1961) 시나리오.
3    임희재 자신의 원작 방송극을 스스로 각본 작업한 〈로맨스 그레이〉(신상옥, 1963) 시나리오.

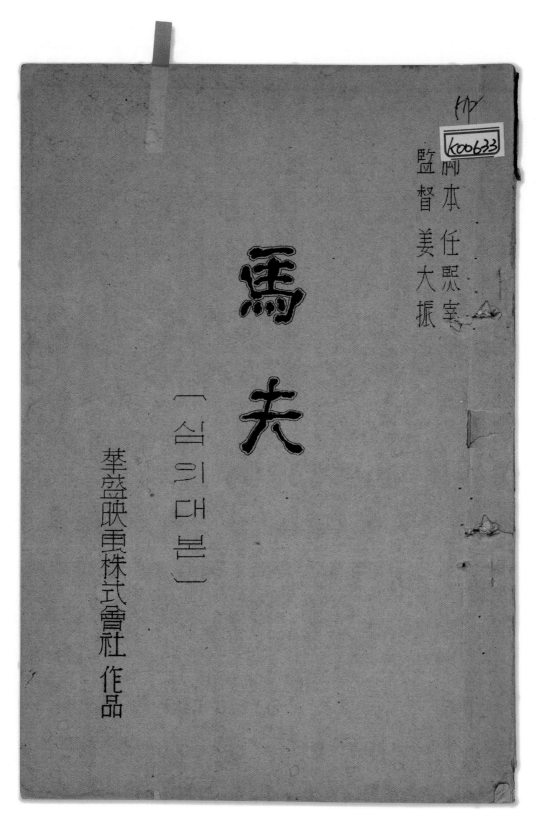

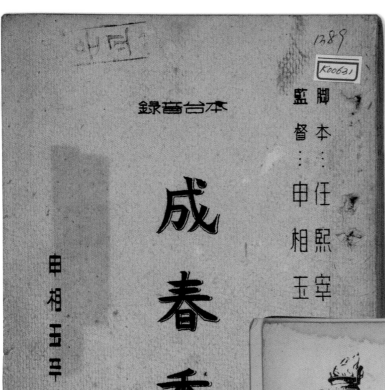

錄音台本

脚本…任熙宰

監督…申相玉

成春香

申相玉作品

原作・脚本 任熙宰

Shin Films

OMANCE
GREY

ROMANCE GREY

SHINSCOPE

로맨스・그레이

신필름 作品・서울映畵 配給

2

3

5. 시나리오 작가, 윤삼육

1963년 〈그늘진 삼남매〉로 데뷔한 후 1990년대까지 약 200여 편의 시나리오를 집필하고 4편의 영화를 연출했다.
유현목, 이두용, 임권택, 변장호 감독 등 한국영화를 이끌었던 거장 감독과 함께 작업했으며, 대표작으로
〈장마〉(유현목, 1979), 〈깊은 밤 갑자기〉(고영남, 1981), 〈아다다〉(임권택, 1987) 등이 있다.

1       김성동 원작을 각색한 1980년대의 걸작 〈최후의 증인〉(이두용, 1980) 시나리오.
2       해학적 성 표현을 내세운 '토속' 영화 〈뽕〉(이두용, 1985) 시나리오.

7425

■ 제작·이태원

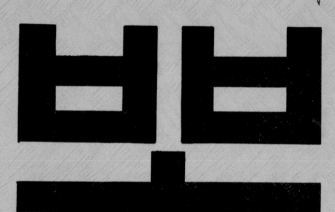

♣ 원작/나도향
♣ 각색/윤삼육
♣ 감독/이두용

■ 태흥영화주식회사제작배급

## 6. 신봉승 × 김수용

1961년 국방부 정훈국 시나리오 공모에 당선되면서 시나리오 작가로 데뷔한 신봉승 작가는 〈청춘교실〉(김수용, 1963),
〈말띠여대생〉(이형표, 1963)이 연달아 흥행하면서 주목받았다. 그는 청춘물뿐만 아니라 문예물 각색에서도 두각을 나타냈다.
특히 김수용 감독과 함께 한국 문예영화를 개척한 수작인 〈저 하늘에도 슬픔이〉(1965), 〈갯마을〉(1965), 〈산불〉(1967),
〈봄·봄〉(1968) 등을 작업했다.

1   대구 이윤복 학생의 수기를 원작으로 한 〈저 하늘에도 슬픔이〉(김수용, 1965) 시나리오.
2   김수용 감독의 문예영화 대표작 〈갯마을〉(김수용, 1965) 시나리오.
3   1960년대 한국영화계의 풍경을 생생히 묘사한 '영화에 대한 영화' 〈어느 여배우의 고백〉(김수용, 1967) 시나리오.

1

運命과 本能에 몸부림치는 女人들의 哀話

贊壽承容
賢示奉洙
扈吳辛金
副作本督
企原脚監

海外映画祭參加作

總天然色　尹石柱原作　辛奉承脚

어느女排優의告白

金洙容監督

全國旧正開封決定

第一映画株式會社 作品

### 7. 백결 × 이만희

21살의 나이로 문화방송국 연속방송극 공모에 당선되어 극작가의 길을 걷기 시작한 백결 작가는 1965년 영화잡지에 실었던 〈벌거숭이 다리〉 시나리오를 계기로 이만희 감독과 인연을 맺는다. 이만희 감독의 전성기와 후반기를 함께하며, 〈물레방아〉(1966), 〈귀로〉(1967), 〈기적〉(1967), 〈휴일〉(1968) 등을 함께 작업했다.

1    "이만희의 가장 아름다운 영화"(정성일) 〈물레방아〉(이만희, 1966) 시나리오.
2    "순애의 아름다움과 슬픔을… 집요하게 다루어진"(광고) 〈망각〉(이만희, 1967) 시나리오.
3    "60년대 한국 모더니즘 영화의 결정판"(변재란) 〈휴일〉(이만희, 1968).

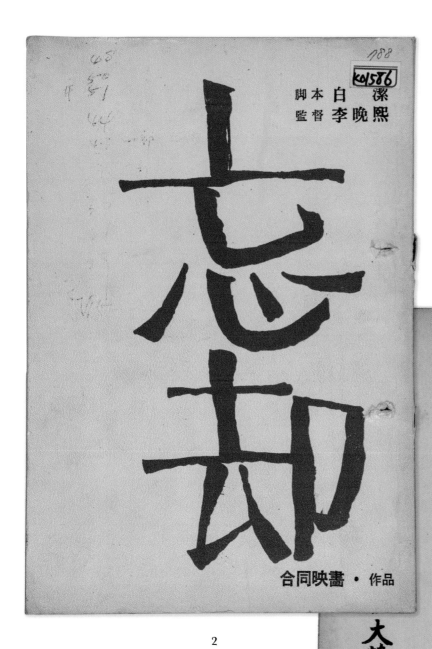

脚本 白 潔

監督 李 晚熙

忘却

合同映畵・作品

2

脚本 白 潔

監督 李 晚熙

休日

（檢閱台本）

大韓聯合映畵社 作品

3

## 8. 복원된 책

한홍 합작 영화 〈여당수〉(황풍, 1972) 시나리오. 입수 당시 전체적으로 황변되고 열화가 진행되어 있었으며, 책등과 속지가
분리되어 있는 것은 물론 일부 속지와 속지도 분리되어 있었다. 속지의 구겨짐 등 접힌 부분이 많았으며, 찢긴 부분도 있었다.
기본적으로 소독, 살균 작업과 건식 세척 및 먼지를 제거했으며, 황변된 자료에 대한 화학적 보강작업으로 침전형 탈산장비를
이용해 탈산처리 작업을 진행했다. 책등 분리 및 훼손 보강을 위해 책등 안쪽에 기존에는 없었던 띠지를 보강하고 그 위에
접합함으로써 자료의 안전성과 내구성을 높였다.

# "대한민국 주권은 국민에 있고, 모든 권력은 국민으로부터 나온다. 국가란 국민입니다!"

송우석(송강호)

당연한 말이다. 그래서 귀하다. 명언은 대체로 두 가지 상황에서 명언으로 기록된다. 하나는 말 자체가 진실의 조각을 담고 있어 깊이 있고 탁월한 성찰에 도달할 때, 다른 하나는 당연한 말이 귀해지는 특수한 상황이 조성되었을 때다. 〈변호인〉의 송우석 변호사(송강호)가 법정에서 일갈하는 이 당연한 상식은 삐죽 튀어나온 송곳처럼 비정상, 비상식의 시대에 홀로 고고하게 서 있다. 판사, 검사, 방청석 사람들까지 모두 알지만 외면했던 진실을 송우석 변호사는 목에 핏대를 세워가며 외친다. 이것은 옳고 그름이 아닌 비겁함과 용기의 문제다.

이 대사가 특별하게 다가오는 것은 한 세속적인 변호사의 성장 혹은 각성과 절묘하게 맞아떨어지기 때문이기도 하다. 송우석 변호사는 TV 속 대학생들의 시위를 세상을 바꾸지도 못하는 철없는 치기로 치부한다. 세상의 편견을 뚫고 자수성가한 인물이기에 내뱉을 수 있는 말이었을 것이다. 하지만 가까운 사람에게 닥친 부당한 일을 직접 목격하며 송우석 변호사는 개인의 진실이 곧 사회의 정의와 일치하지 않을 수도 있음을 실감한다. 한 자수성가한 인물의 분노가 지극히 개인적인 것에서 공공의 분노로 자연스럽게 확장되는 것이다. 본인이 믿고 선서한 법조인의 근간이자 최후의 보루인 헌법의 한 구절에 뿌리를 둔 상식은 시대가 어둡고 혼란스러워질수록 흔들리지 않고 더욱 빛을 발한다. 힘 있는 말이 본래 그렇다. (감독: 양우석 / 각본: 양우석, 윤현호 / 각색: 이정화 / 출연: 송강호, 김영애, 오달수, 임시완)

# "저 생활비 벌러 나와요, 반찬값 아니고."

선희(염정아)

이랜드 홈에버 노동자들의 실화를 다룬 〈카트〉는 노동자의 영화이자 말의 영화라 할 만하다. 여성노동자와 비정규직 노동자의 현실을 스크린으로 옮기기 위해 특히 '말의 배치'에 신경을 썼기 때문이다. 그렇게 마트에서 일하는 여성노동자가 "여사님"에서 "아줌마"가 되는 순간, "아들 같고 조카 같았던" 편의점 비정규직 노동자가 "개새끼"가 되는 순간, 그리고 지금까지 투쟁의 언어를 갖지 못했던 이들이 스스로를 노동자의 언어로 규정해내는 순간이 영화에서 그려진다.

그중에서도 선희(염정아)의 대사는 어째서 여성노동이 계속 값싸고 만만한 노동이 되어왔는지 정확하게 표현한다. 선희가 노조 측 대표로 사측과 협상을 하러 갔을 때, 사측 대표는 이렇게 말한다. "반찬값이나

벌자고 나온 여사님들을 누가 꼬셔가지고… 참…" 선희는 이렇게 답한다. "저 생활비 벌러 나와요, 반찬값 아니고." 여성의 노동을 하찮은 노동으로 낙인찍어 폄하하고, 그렇게 저렴한 노동으로 후려쳐온 가부장제와 자본주의의 협잡이 "반찬값"이라는 한마디에 선명하게 각인되어 있다.

청소 노동을 한 지 20년 만에 처음으로 파업을 해보는 순례 여사(김영애)는 이렇게 말한다. "뜨신 데서 발 뻗고 자는 것들이, 한 데서 몸땡이 떠는 것들 속을 알겠나. 청소밥 20년에, 내 악 소리 한번 제대로 내볼란다." 〈카트〉는 한국 상업영화에서 그토록 만나보기 힘들었던 한 데서 몸 떠는 사람들의 이야기, 싸우는 노동자들의 이야기다. (감독: 부지영 / 각본: 김경찬 / 각색: 부지영 / 출연: 염정아, 문정희, 김영애, 김강우)

# "우리가 돈이 없지
# 가오가 없어?"

서도철(황정민)

류승완 감독은 생활밀착형 대사에 특화된 연출자 중 하나다. 그의 대사는 현실을 날카롭게 찌르면서도 유머와 여유를 잃지 않는다. 여기엔 한 가지 비결이 있는데, 그는 특유의 관찰력으로 주변에서 살아 있는 대사를 건져 올려왔다. 〈베테랑〉 속 명대사 "우리가 돈이 없지 가오가 없어?"는 고 강수연 배우가 자주 했던 말에서 빌려온 걸로 알려져 있다. 남성 헤게모니 일색의 영화계에서 당당함을 잃지 않았던 위대한 여배우는 배우라는 직업, 영화예술에 대한 긍지와 자부심을 그렇게 표현했다.

　〈베테랑〉은 한마디로 해야 할 일을 하는 형사들의 이야기다. 돈 앞에 모든 가치관을 깔아뭉개는 재벌 일가의 비뚤린 윤리관, 삐뚤어진 재벌 2세의 엽기 행각을 아무도 제어하지 못할 때 형사는 그저 자기 할 일을 한다. 죄를 지었으면 잡는 것, 이게 전부다. 〈베테랑〉은 그 앞을 가로막는 장애물을 차례로 돌파해나가는 과정을 동력으로 삼는다. 돈과 권력으로 사건을 무마하려는 이들과 그들이 던져주는 떡고물에 길들여진 부패한 경찰관 앞에서 광역수사대 형사 서도철(황정민)은 딱 한마디로 상황을 정리한다. "우리가 돈이 없지 가오가 없어?" 여기서 '가오'라는 비속어야말로 대사를 펄떡이게 하는 심장이라 할 만하다. 여기엔 대단한 일을 하겠다는 허세나 도덕적인 고매함 따윈 없다. 그저 당연함이 있을 뿐. 이제 우리는 안다. 당연함을 당연하게 말하기 위해서 얼마나 많은 각오와 믿음, 단단함 마음이 필요한지를. 진짜 '가오'는 그렇게 완성된다.
(감독: 류승완 / 각본: 류승완 / 출연: 황정민, 유아인, 유해진)

# "어차피 대중들은 개, 돼지입니다. 거 뭐하러 개, 돼지들한테 신경을 쓰시고 그러십니까? 적당히 짖어대다가 알아서 조용해질 겁니다."

이강희(백윤식)

보수 일간지의 논설 주간으로 정계에 막강한 영향력을 행사하는 이강희(백윤식)가 '빨갱이들'의 창궐에 독이 오른 신문사 회장 오현수(김홍파)를 진정시키는 대사. 검은 배경을 바탕에 깔고, 관록의 배우 백윤식이 느물거리는 어조로 이야기할 때 카메라는 측면 클로즈업으로 그의 얼굴 근육과 입술, 조명을 받아 번들거리는 피부를 잡는다. 듣기조차 거북한 이 대사는 대중을 적당히 짖어대다가 제 풀에 지쳐 순응하고 마는 무뇌아적인 존재에 비유한다.

검사가 조폭과 손을 잡고 국회의원, 재벌, 언론이 결탁한 부패 카르텔을 무너뜨리는 드라마의 핵심을 관통하는 이 대사 안에서 우리는 재력과 권력을 가진 자들의 대중에 대한 인식, 위정자들의 통치 철학에 대한 흥미로운 관점을 읽을 수 있다. 그 말을 내뱉는 것이 언론 권력의 정점에 있는 인물이라는 것도 의미심장하다. 대중을 우매화하고 그 위에 군림하려는 권력의 본질을 꿰뚫는 이 대사는 영화 개봉 다음 해 현실 세계에 소환되어 마침내 전설이 되었다. 출입처 기자들과의 회식 자리에서 교육부 정책기획관 모씨는 상하 간의 격차를 인정하는 차원에서 신분제를 공고화시켜야 하며 "민중은 개, 돼지 취급하면 된다"고 말해 충격을 줬다. 이후 '개, 돼지'는 한국인들의 자조와 경멸을 가리키는 관용어로 널리 확산되었다. (감독: 우민호 / 원작: 윤태호 / 각본: 우민호 / 출연: 이병헌, 조승우, 백윤식)

# "뭣이 중한디?
# 뭣이 중허냐고?"

효진(김환희)

무엇이 중요한지 말할 수 있는 자는 누구인가. 〈곡성〉은 그야말로 현혹의 영화다. 전체적인 줄기늠 외지인이 찾아온 뒤 마을에 의문의 사건들이 일어나 원인을 찾는 구성인데, 시작부터 끝까지 무언가를 찾아 헤매다가 종국엔 왜 헤매고 있었는지도 잊어버리게 만든다. 그런 의미에서 〈곡성〉은 믿음과 의심, 소문의 매커니즘에 대한 영화이기도 하다. 사건은 벌어지는데 명확히 설명되는 건 없다. 관객이 확신할 수 있는 건 그저 무언가 끔찍한 일이 일어나고 있다는 느낌뿐이다.

경찰 종구(곽도원)는 사건의 진실을 찾아 헤매지만 딸 효진(김환희)이 이상한 행동을 보이면서 이성적인 판단이 무너져 내린다. 영화는 이윽고 무속이라는 설명 불가능한 영역에 발을 디디며 불안에 정점을 찍는다. 종구는 효진을 다그치며 묻는다. "니 그 사람 만난 적 있제? 말해봐. 중요한 문제니께." 그 순간 효진은 갑자기 다른 사람이 된 것처럼 중얼거린다, "뭣이 중헌디? 뭣이 중허냐고? 도대체가 뭣이 중허냐고… 뭣이… 뭣이! 글케 중허냐고!" 중요한 건 범인을 잡는 일인가, 딸을 지키는 일인가. 효진의 대사는 극 중 인물의 입을 빌리고 있지만 실은 감독이 스크린 너머 던지는 직접적인 고백처럼 들린다. 진짜 중요한 걸 찾아보라는 미션일 수도 있고, 헤매고 있는 관객을 향한 경고일 수도 있다. 어느 쪽이든 상관없다. 모호함과 현혹이야말로 이 영화의 힘이다. 무엇이 중요한지 알 수 없는 한 저 대사는 여전히 그 힘을 유지한다. 심지어 지금까지도. (감독: 나홍진 / 각본: 나홍진 / 출연: 곽도언, 황정민, 쿠니무라 준, 천우희)

# "내 인생을 망치러 온 나의 구원자, 나의 타마코, 나의 숙희."

히데코(김민희)

"겨울이면 훔친 가죽 지갑들을 엮어 외투를 만들었다는 유명한 여 도둑의 딸. 저 자신도 도둑, 소매치기, 사기꾼. 내 인생을 망치러 온 나의 구원자, 나의 타마코, 나의 숙희." 영화 〈아가씨〉의 백미로 꼽히는 히데코(김민희)의 내레이션이다. 역설적이지만 심오한 상징성을 가진 이 문장은 영화의 주제를 관통하면서 계급과 섹슈얼리티, 복수, 사랑의 본질을 이야기한다. 2시간 반에 걸친 이 서사시의 감동적이고 상징적인 클라이맥스에서 계급적 적대자에서 연인이 된 숙희(김태리)와 히데코(김민희)는 함께 도서관을 부수고 그 과정에서 가부장제에 대한 상징적인 반격을 개시한다.

장면 연출의 맥락을 들여다보자. 히데코는 도서관 입구를 지키고 있는 도자기 뱀에게 다가가는 자신의 구세주 숙희를 찬양하는 일기 형식의 내레이션을 암송한다. 한 손에 쇠막대기를 들고 있는 숙희는 가부장적 권력의 남근적 상징이자 침략적이고 유독한 남성성을 직립의 형상으로 표현하고 있는 도자기 뱀을 향해 쇠막대기를 들어 올린다. 히데코의 내레이션을 신호탄으로 숙희는 금속 막대기를 내리치면서 뱀의 머리를 산산조각내고 이 액션은 여성 억압의 유산에 대한 상징적인 복수를 형상화한다. 히데코의 이 내레이션은 이 액션이 캐릭터와 관객 모두에게 미치는 영향을 완전히 이해하도록 만드는 의미심장한 대사다. (감독: 박찬욱 / 원작: 사라 워터스 / 각본: 박찬욱, 정서경 / 출연: 김민희, 김태리, 하정우)

# "연오가 때리고 나도 때리고 연오가 때리고 그럼 언제 놀아? 난 그냥 놀고 싶은데."

윤(강민준)

1970년대 〈엄마 없는 하늘 아래〉 같은 교양영화들, 1980년대 졸속 반공영화들을 제외한다면 본격적으로 어린이 주인공의 영화가 만들어진 건 1990년대 초반이었다. 김유진 감독의 〈참견은 노 사랑은 오예〉(1993)와 이준익 감독의 〈키드캅〉(1993)은 꽤 완성도가 있는 어린이영화였다. 두 영화가 흥행에 성공하지 못하면서 한국에서 진지하게 만들어지는 어린이영화는 거의 사라졌다. 그렇다면 우리는 2015년 개봉한 〈우리들〉을 어린이영화의 새로운 진화라고 할 수 있을까? 많은 사람은 이 영화를 어린이를 소재로 한 어른을 위한 영화로 간주할 것이다. 그러나 〈우리들〉은 어린이의 세계를 집요할 정도의 리얼리티를 담아 만들어냈다는 점에서 충분히 어린이영화 장르의 새로운 진화라고 봐도 좋을 것이다.

사실 이 영화는 숨이 막힐 정도의 서스펜스를 지닌 일종의 스릴러라고 해도 과언이 아니다. 어린이의 세계는 단순하지 않다. 그들의 관계는 어른의 관계만큼이나 복잡하고 때로는 무시무시하다. 〈우리들〉의 아이들은 사소한 오해와 차이로 서로의 삶을 지옥으로 몰고 가기도 하는, 정말이지 다층적인 인물들이다. 윤이(강민준)는 말한다. "그럼 언제 놀아? 연오가 때리고 나도 때리고 연오가 때리고 그럼 언제 놀아? 난 그냥 놀고 싶은데." 그렇게 〈우리들〉의 어린이 세계는 어른의 세계로 확장된다. 어른들도 놀고 싶다. 그러나 우리는 때리고 맞고 때리고 맞는 관계를 영원히 반복하며 죽음으로 나아간다. 〈우리들〉의 세계는 통렬하다. (감독: 윤가은 / 각본: 윤가은 / 출연: 최수인, 설혜인, 이서연, 강민준)

# "멍청하다 그랬어요. 엄마는 멍청하다고⋯ 그래서 지가 지켜줘야 된다 그랬어요."

최미옥(김소희)

〈비밀은 없다〉는 〈윤희에게〉와 함께 결코 잊을 수 없는 마지막 대사를 가진 영화다. 주인공 연홍(손예진)의 딸 미진의 단짝 친구 미옥(김소희)이 이 대사를 하는데, 〈윤희에게〉와는 달리 구체적으로 무엇을 의미하는지 이야기하기는 쉽지 않다. 일단 이야기가 배배 꼬여 있어 설명하기 어렵고, 이 대사에 대한 설명 자체가 스포일러이기 때문이다. 정교한 복선으로 짜여진 수수께끼의 마지막 퍼즐을 완성하는 대사라고 설명하면 되려나? 안 본 사람이라면 최대한 빨리 대사를 잊고 영화를 보는 게 좋겠다.

영화는 전성기 로스 맥도널드를 연상시키는 하드보일드 추리물이다. 연홍은 경북의 모 가상 도시 국회의원 후보로 나선 전직 아나운서 김종찬의 아내다. 선거 중에 이들의 딸 민진이 실종되고 나중에 살해된 시체로

발견된다. 연홍은 남편의 선거 일을 도우면서 민진을 살해한 범인을 밝혀야 한다. 그리고 종종 무식할 정도로 단순하고 끈질긴 경로를 통해 정말 범인이 밝혀지긴 하는데, 앞서 말했지만 이 영화를 닫는 마지막 해답은 범인의 정체가 아니다. 어떤 살인 사건에서는 살인범의 정체보다 더 중요한 미스터리가 있다. (감독: 이경미 / 각본: 이경미, 박찬욱, 정서경, 김다영, 정소영 / 출연: 손예진, 김주혁, 김소희, 최유라)

# "야아, 자기는 멍도 예쁘게 든다."

한재호(설경구)

〈왕의 남자〉와 〈후회하지 않아〉의 성공 이후 '브로맨스'는 한국영화의 공공연한 흥행 전략이 되었다. 진지하게 살펴볼 문제는 위 두 영화는 명백히 퀴어가 등장하는 영화였지만, 이후에 따라온 브로맨스 영화들은 오히려 퀴어를 지워버림으로써 인기를 끌었다는 점이다. 브로맨스가 성공적으로 작동하기 위해서는 두 남자 사이에 성애를 상상하게 할 정도의 친밀함이 존재해야 한다. 하지만 이성애 중심적인 스크린에서는 동성애가 허용되지 않는다. 그러므로 스크린을 부유하는 동성애 불안을 잠재우고 두 남자가 이성애자라는 사실을 확정해줄 여성 (섹스) 파트너가 필요하다. 동시에 그 여성 파트너는 두 남자의 관계를 방해할 정도로 존재감이 있어서는 안 된다. 이런 방식으로 브로맨스는 지난 10여 년간 지독하게 시스젠더 이성애자

남성 중심적이었던 한국영화를 뒷받침하는 파워풀한 설정이 되었다.

그런 브로맨스 영화들 중에서도 〈불한당〉은 좀 특별한 작품이었다. 영화는 '옴 파탈' 조현수(임시완)와 그에게 '홀린' 한재호(설경구)를 등장시키면서 느와르의 공식을 뒤틀고, 고병갑(김희원)을 더해 처연한 삼각관계를 구성한다. 이 관계의 퀴어한 성격을 소개하는 첫 대사, 관객들에게 〈불한당〉이 그저 그런 브로맨스 영화가 아닌 주목할 만한 퀴어 영화임을 소개하는 대사가 "야아, 자기는 멍도 이쁘게 든다"다. 한재호가 조현수의 아름다움에 매혹되어 자기도 모르게 내뱉는 말. 이건 브로맨스의 감각으로는 쓸 수 없는 대사다. (감독: 변성현 / 각본: 변성현, 김민수 / 각색: 이원재 / 출연: 설경구, 임시완)

# "아빠가… 손님을 두고 왔어."

김만섭(송강호)

모든 사람은 역사를 산다. 역사는 특정 장소, 특정 상황이 아니라 사람들의 삶 한가운데 있다. 〈택시운전사〉는 광주민주화운동의 변두리에 있던 서울의 한 운전사의 발걸음을 따라간다. 그동안 5·18을 다룬 영화들이 대체로 광주에서 참상을 직접 겪은 이들의 사연을 대상으로 했다면 〈택시운전사〉는 사건의 중심에서 조금은 떨어져 있던 이의 시선으로 역사를 그린다. 위 대사는 이러한 태도를 선명하게 보여주는 고백이다. 택시 운전사 만섭(송강호)은 거금 10만 원을 준다는 말에 외국인 손님인 독일 기자 피터(토마스 크레치만)를 태우고 광주로 향한다. 만섭에서 중요한 건 하나뿐인 딸을 남부럽지 않게 키우는 거다. 돈 한 푼이 아쉬워 잡은 장거리 운전 중에 만섭은 광주의 참상을 목격하게 된다. 미디어와 판이하게 다른 광주 상황을 보며 만섭은 갈등에 시달린다.

엄밀히 말해 만섭은 외부자다. 아니 이전까지 스스로 외부자라고 생각하고 있었다. 만섭이 위험을 무릅쓰고 다시 광주로 돌아가는 이유는 거창하지 않다. 그게 사람 사는 도리이기 때문이다. 이 대사와 함께 역사적 사건의 바깥에 서 있다고 생각했던 인물이 자신이 서 있는 자리 역시 역사의 일부라는 걸 깨닫는다. 만섭의 고백에서는 사람 냄새가 난다. 역사를 일상의 영역으로 안착시키는 데 대단한 명분이 필요한 게 아니다. 그저 사람처럼, 사람답게 사는 걸로 족하다. (감독: 장훈 / 각본: 엄유나 / 각색: 조슬예 / 출연: 송강호, 토마스 크레치만, 유해진, 류준열, 박혁권)

# "시어머니도 하나고, 애기도 하나고, 작품도 일 년에 해봐야 한두 편 하는데 뭘 줄여요, 내가?"

문소리(문소리)

'여배우' 문소리는 오늘도 할 일이 너무 많다. 요양원에 계신 시어머니를 찾아뵙고 며느리 노릇도 해야지, 친정 엄마의 요청으로 엄마의 단골 치과에 가서 기념사진도 찍어야지, 신작을 준비하는 아는 감독님의 특별출연 요청도 정중하게 거절해야지. 이 모든 일을 처리하고 늦은 밤 술에 취해 귀가한 소리에게 남편은 '힘들면 뭐라도 하나 줄이라' 한다. 그때 소리가 하는 저 말에는 '여'배우로서의 고충과 일하는 엄마의 고단함이 고스란히 묻어난다. 주어진 조건에서 최선을 다하는데, 아니, 주어진 환경을 어떻게든 넘어서 보려고 아등바등하는데, 상황은 좀처럼 나아지지 않고 힘만 부치는 상황. '여배우'의 속도 모르고 '뭐라도 줄이라'는 남편, 그에 응수하는 '여배우'의 촌철살인이 아닐 수 없다. 영화 〈여배우는 오늘도〉 속

배우 문소리의 얘기이자 실제로도 열 일을 마다치 않는 배우이자 이 영화의 감독인 문소리의 얘기이기도 할 것이다. 영화와 영화 밖 세계, 그 사이의 얇은 막을 오고 가며 '여배우'라는 수식으로 가려졌거나 외면하거나 누락해왔던 여성 배우로 살아가는 일의 복잡다단함을 생생하고 유래하게 그린다. 소위 영화판에서 살아남기 위해 고군분투하는 여성들의 생존기, 경쾌한 생활 밀착형 드라마이기도 하다. 특히 이 영화가 공개되었을 당시가 한국영화계뿐만 아니라 사회 전반적으로 전통적 성역할과 성인식, 성적 감수성을 둘러싼 자성의 목소리가 봇물 터지듯 터진 시기라는 점을 상기해본다면, 영화가 갖는 함의는 더 깊고 풍성해질 것이다. (감독: 문소리 / 각본: 문소리 / 출연: 문소리)

# "봄에 하자."

한솔(안재홍)

지난 10년간 한국영화에서 가장 인상적인 섹스 신은 〈소공녀〉에서 등장했다. 좁은 방에서 게임을 하며 장난을 치던 연인이 마음이 맞아 옷을 벗기 시작한다. 외투를 벗고, 윗옷을 벗고… 그러다 두 사람은 문득 멈춘다. 미소(이솜)가 말한다. "어우, 너무 춥다." 한솔(안재홍)이 답한다. "안 되겠지… 춥긴 춥다." 이어지는 한솔의 말. "봄에 하자." 미소는 고개를 끄덕인다. 이 장면은 섹스를 불가능하게 만드는 삶의 조건을 드러낸다. 그런데 이야말로 최고의 섹스신이라니. 한국사회가 당면한 막다른 골목에 대한 가혹한 알레고리라 할 만하다. 빈곤한 두 청춘이 냉골을 이기지 못하고 섹스를 포기한 순간에 등장하는 이 대사는 대한민국 N포세대의 삶에 대한 다소간은 코믹하고 다소간은 서늘한 묘사로 해석된다. 그리고

이 모든 이야기 안에서 결국 N포의 끝은 상징적일 뿐만 아니라 실제적인 죽음이라는 사실을 상기시키는 것 같기도 하다. 인간이 따라야 할 '정상성'의 경로를 고집하는 사회, 그러나 이미 구조적으로 그 경로를 따를 수 없는 사회. 그 안에서 박탈감과 불안감을 느끼는 이들에게 미래를 꿈꾸는 일은 불가능하다. 봄의 도래가 영원토록 지연되는 세계에서 최저의 출산율과 최고의 자살률은 서로 다른 현상이 아니다. 물론 미소는 이 세계의 규범과는 다른 길을 가는 사람이었다. 그가 정상가족을 꿈꾸었다거나 혹은 스스로 목숨을 끊었으리라 생각되진 않는다. 다만 "봄에 하자"라는 대사 안에 담겨 있는 21세기 한국사회를 읽고 있자니, 비관적이 되는 것은 어쩔 수 없다. (감독: 전고운 / 각본: 전고운 / 출연: 이솜, 안재홍)

# "여기 귤이 있다고 생각하지 말고, 여기에 귤이 없다는 걸 잊어 먹으면 돼."

해미(전종서)

존재와 비존재, 보이는 것과 보이지 않는 것 사이의 관계를 탐색하는 영화 〈버닝〉의 질문은 해미(전종서)의 대사 한마디에 응축되어 있다. 폐점을 앞둔 의류 할인매장 앞에서 우연히 초등학교 동창 종수(유아인)를 만난 내레이터 모델 해미는 포장마차에서 술을 마시며 영화의 개요를 제공하는 대사를 읊조린다. "여기 귤이 있다고 생각하지 말고, 여기에 귤이 없다는 걸 잊어 먹으면 돼."

이 대사는 무라카미 하루키의 1983년작 단편소설 「헛간 태우기」에서 따온 것으로, 감독은 원작의 발상을 새로운 차원의 이야기 안으로 능숙하게 확장하여 이식한다. 수수께끼 같은 이 말의 의미는 욕망의 대상인 '귤'이 존재하지 않는다는 사실을 잊으면 계속 욕망할 수 있다는 것이다.

눈에 보이지 않는다고 하여 존재하지 않는 것은 아니며 존재하는 것들을 바라볼 수 없게 만드는 시스템이 존재한다는 것을 은근히 주장하면서 〈버닝〉은 캐릭터와 환경 위에 풍부한 디테일을 새김으로써 이러한 모호함을 달성했다. 지각의 문제와 기억의 한계에 대해 이 대사가 제시하는 아이디어는 스크린 위에서 매혹적으로 이어진다. 가령, 귤은 고양이, 우물, 비닐하우스, 북한, 해미 등 나타났다가 사라지는 존재들에 대한 메타포다. (감독: 이창동 / 원작: 무라카미 하루키 / 각본: 오정미, 이창동 / 출연: 유아인, 연상엽, 전종서)

# "우리가 구덩이에 빠졌을 때, 우리가 해야 할 일은 더 구덩이를 파는 것이 아니라 그곳에서 얼른 빠져나오는 일이다."

메모

영화 초반, 마리아 사랑병원의 간호사 윤영(이주영)이 발견한 메모 속 글귀이자 부원장 경진(문소리)이 윤영에게 전하는 말이다. 동시에 이것은 이옥섭의 〈메기〉가 스크린 너머의 관객들에게 전하는 중요한 제안이기도 하다. 인생의 풍랑 속에서 더 깊은 수렁으로 빨려 들어가 맥없이 침잠하기 전에 구덩이에서 벗어나 그로부터 일단 멀어지라는 조언, 그렇게 구덩이와 거리를 둬야 비로소 구덩이를 제대로 바라볼 수 있을 것이라는 입장은 세상을 대하는 이 영화의 중요한 태도이자 테마다. '진실이란 무엇인가' 혹은 '무엇이 진실이 되는가'를 둘러싸고 치열한 공방을 벌이게 될 때, 믿었던 관계가 한순간 깨져버렸을 때, 혹은 거짓과 진실, 믿음과 불신을 가르는 갈림길에 섰을 때, 섣불리 무언가를 단정하거나 어느 한쪽을 폐기하기보다는 거리를 두고 사태의 진위를 파악하길 바라기 때문이다. 병원을 발칵 뒤집어놓은 불법 촬영, 그것이 부른 서로 간의 의심의 씨앗, 불안정한 직장 생활과 주거 환경, 예측 불가능한 도심 속 싱크홀의 발생, 데이트 폭력을 비롯한 연인과의 내밀한 갈등과 균열까지. 윤영을 둘러싼 세계 곳곳에는 불안의 요소가 도사리고 잠복해 있지만, '구덩이에서 벗어나기'를 기억한다면, 윤영은 결코 깊은 어둠 속에 파묻혀 있지 않을 것이다. 민감하고 예민하며 시의적절한 이슈를 감독 특유의 리듬과 상상력, 유머와 재기로 돌파해냈다. (감독: 이옥섭 / 각본: 이옥섭, 구교환 / 각색: 권효진 / 출연: 이주영, 문소리, 천우희, 박경혜)

# "추신,
# 나도 네 꿈을 꿔."

윤희(김희애)

임대형이 연출하고 각본을 쓴 〈윤희에게〉의 마지막 대사다. 정확히 말하면 주인공 윤희가 옛 여자친구 준에게 쓰는 편지의 마지막 문장이다. 부산영화제에서 이 영화가 처음 상영되었을 때부터 관객들 사이에서 가장 화제가 되었던 부분이기도 하다. 특별한 일이 없다면 이 대사는 한국영화사상 가장 훌륭한 마지막 대사 리스트에서 빠지는 일이 없을 것이다. 〈윤희에게〉는 모든 것이 과잉인 한국영화계에서는 드문 부류, 그러니까 극도로 억압된 로맨스다. 어렸을 때 가족에 의해 억지로 헤어진 두 연인은 영화가 끝날 무렵에야 간신히 만난다. 적어도 우리가 보는 장면에선 키스도 포옹도 없다. 러닝타임 대부분 동안 두 주인공은 보내지 않는 편지를 쓰고 연인의 집 주변을 먼 발치에 바라본다. 이 갑갑함을 참을 수 없었던 양측 가족의 협조가 없었다면 영화는 시작도 하지 못했을 것이다. 이렇게 억눌린 감정이 조용히 폭발하는 것이 이 마지막 문장이다.

따로 떼어놓고 보면 이 문장은 '굳이 인용될 가치가 있을까'라는 생각이 들 정도로 평범하기 짝이 없다. 중요한 것은 같은 문장이 누구에 의해, 어떻게 말해지며, 어디에 배치되느냐다. 화려한 문학적인 문체를 구사하는 준이 이 문장을 썼다면 묻혔을 것이다. 재회 장면의 클라이맥스에서 나왔어도 관객들은 여기에 별 의미를 부여하지 않았을 것이다. 오로지 엔딩 크레딧이 올라오기 직전까지 캐릭터를 따라간 관객들에게만 완벽하게 이해되는 그런 대사다. (감독: 임대형 / 각본: 임대형 / 출연: 김희애, 나카무라 유코, 김소혜, 성유빈)

# "믿는 사람 소개로 연결 연결, 이게 베스트인 것 같아요. 일종의 뭐랄까… 믿음의 벨트?"

연교(조여정)

박 사장의 부인 연교(조여정)는 백치미가 물씬 느껴지는 사모님이다. 기품을 가장(假裝)하고 있지만 어수룩한 그녀의 캐릭터는 머리 꼭대기 위에 들어앉아 상황을 통제하는 사기꾼 가족의 음모를 알아채지 못하는 이 대사로 표현된다. 기택 일가의 일원으로 자신이 가정교사로 들인 기정(박소담)에게 연교가 집안의 운전기사를 추천받으며 하는 말이다.

이 대사를 신호탄으로 컨베이어 벨트 위를 이동하는 생산품 라인의 상품처럼 유기적으로 배열된 숏들의 연속 진행으로 구성된 시퀀스가 이어진다. 타인을 믿지 못하여 끼리끼리 군락을 이루는 상류층의 기질을 꿰뚫으면서 세상 이치를 알고 있다고 착각하는 아둔한 사모님의 성정을 적확하게 형상화한 대사다. 이 위조된 믿음의 벨트에 올라탄 연교의 운명이 어디로 향할 것인지 이후 8분여 동안 진행되는 뮤직 시퀀스 '믿음의 벨트'가 알려준다.

믿음의 벨트 시퀀스는 음악과 내레이션이 병합된 사운드를 활용하여 기택(송강호)의 가족이 박 사장의 집사 문광(이정은)을 내쫓기 위해 그들이 짠 시나리오대로 치밀한 협동 작전을 실행하는 시퀀스로 시청각적 스토리텔링의 백미다. 말하자면, '연결 연결'을 통한 '베스트' 장면인 셈이다. (감독: 봉준호 / 각본: 봉준호, 한진원 / 출연: 송강호, 이선균, 조여정)

# "나는 오늘 하고 싶은 일만 하면서 살아. 대신 애써서 해."

복실(윤여정)

윤여정은 〈찬실이는 복도 많지〉의 주인공은 아니다. 주인공은 강말금이 연기하는 찬실이다. 그는 집도 남자도 일도 없는 영화 프로듀서다. 살기 위해 친한 배우 집 가사 도우미로 취직하지만 도무지 희망은 보이지 않는다. 돈이 없어 겨우 구한 언덕 꼭대기의 집에는 주인 할머니 홀로 살고 있다. 이 할머니의 공간은 찬실이에게는 유일한 안식처다.

윤여정은 잠시 잠시 등장하는 조연이다. 그러나 이 비관과 낙관으로 섞여 즐겁게 달려가는 영화에서 윤여정은 분명한 중심이다. 윤여정이 "나는 오늘 하고 싶은 일만 하고 살아. 대신 애써서 해"라고 말하는 순간, 그것은 극 중 주인 할머니의 말이 아니라 인간 윤여정의 말이 된다. 윤여정은 그런 배우다. "배우는 돈이 필요할 때 연기를 가장 잘한다"는

그의 유명한 말처럼, 명확한 계획을 갖고 움직이기보다는 모험에 가까운 배역에 즉흥적으로 뛰어드는 예술가다. 그런 기질이 그를 〈바람난 가족〉, 〈돈의 맛〉, 〈죽여주는 여자〉, 〈미나리〉에 출연하게 했다. 〈찬실이는 복도 많지〉의 이 대사는 윤여정을 가장 잘 아는 감독이 윤여정의 입을 통해 뱉어낸 배우 윤여정의 철학이다. 위대한 윤여정은 계속해서 오늘 하고 싶은 배역을 할 것이다. 대신 애써서 할 것이다. (감독: 김초희 / 각본: 김초희 / 출연: 강말금, 윤여정, 김영민)

# "니가 너를 구해야지. 인생이 니 생각보다 훨씬 길어."

순천댁(이정은)

2015년 페미니즘 리부트 이후 더 많은 여성들의 이야기와 새로운 여성서사를 원하는 관객들의 요구가 커졌다. 그런 목소리와 함께 새로운 영화가 등장했다. 박지완의 〈내가 죽던 날〉이다. 영화는 스릴러의 외피 안에서 21세기를 살아가는 청년 여성에 대한 공감과 이해를 펼쳐놓는다. 아버지와 오빠의 잘못으로 낯선 섬에 갇혀 끊임없이 감시의 시선에 노출되어 있는 세진(노정의)은 이 시대 청년 여성에 대한 공감 어린 코멘트다. 소외와 배제, 노출과 감시, 그리고 폭력과 대상화의 매트릭스 안에서 불안에 사로잡혀 있는 청년 여성의 얼굴은 세진의 얼굴 위에 조심스럽게 겹쳐진다. 이런 파국 속에서 길을 잃은 세진 앞에 나타난 인물이 섬 주민 순천댁(이정은)이다. 그는 세진과 가까워지고, 세진을 보게

되고, 세진을 진심으로 사랑하게 된다. 그리하여 가족이 된 세진을 구하기 위해 탈출 계획을 세운다. 그러나 세진은 그를 떠나려 하지 않는다. 그때 순천댁이 말한다. "니가 너를 구해야지. 인생이, 니 생각보다 훨씬 길어." 여자가 사라진 한국영화, 여자가 쉬이 매매의 대상이 되거나 시체가 되는 한국영화에서, 스스로를 구하려는 여자, 그리고 그 여자를 기꺼이 돕고자 하는 어른의 등장은 동시대 페미니즘의 상상력이 아니었다면 등장하지 못했을 새로운 서사다. "인생이 생각보다 길다"는 말은 영화 밖의 우리에게 위로가 될까, 두려움이 될까. 쉽게 대답하기는 어렵다. 그러나 영화는 담담하게 말한다. 용기가 될 것이라고. (감독: 박지완 / 각본: 박지완 / 출연: 김혜수, 이정은, 노정의)

# "아니 씨발, 왜 어른들이 사과를 못 하는데?"

보미(김가희)

영화는 네 남매의 촘촘하게 망가진 삶 아래 원죄처럼 놓여 있는 가정폭력 문제를 그린다. 기독교 신자로서 도저히 용서받을 수 없는 죄를 저지른 아버지는 죄의 결과를 짓밟는 것으로 그 죄의식으로부터 벗어나려 한다. 고통 받는 자식들이 대속의 소명을 억지로 짊어졌던 셈이다.

아버지의 폭력은 그저 개인의 윤리적 딜레마와 난폭함으로부터 기인하는 것은 아니다. 그가 물리력을 통해 가부장의 지위를 지킬 수 있었던 건 그의 행동을 묵인하는 마을의 남성 네트워크 덕분이었다. 시스템이 침묵으로 승인하는 가해자는 어떤 경우에도 사과하지 않는다. 사과란 잘못을 인정하는 것에서 시작되고, 잘못의 인정은 허상 위에 세워진 권위를 침식한다. 영화의 클라이맥스에서 사과가 그토록 중요한 화두가 되는 이유다. 난장판이 되어버린 아버지의 생일 파티에서, 참지 못한 미연(문소리)이 요구한다. "사과하세요." 아버지는 입도 뻥긋하지 않는다. 그저 어머니만이 "너의 아빠 더 이상 안 그런다"며 두둔하고 나설 뿐이다. 그때 희숙(김선영)의 딸이 외친다. "아니 씨발, 왜 어른들이 사과를 못 하는데?" 영화는 명백하게 가정폭력에 대한 이야기이지만, 동시대를 살아가는 우리들은 그 폭력의 시스템이 국가적 차원으로 확장되는 순간을 상상하게 된다. 가라앉는 배 속에서 아무도 구조하지 못하고, 눌러 나온 사람들이 멀쩡한 길에서 압사를 당해도 아무도 사과하지 않는 사회. 그러니 "제발 사과하라"는 한 청년의 외침은 영화의 내용을 초과한다.
(감독: 이승원 / 각본: 이승원 / 출연: 문소리, 김선영, 장윤주)

# "이야 이거이 문제가 참 어렵구나, 야, 내일 아침에 다시 한번 풀어봐야겠구나 하는 여유로운 마음. 그거이 수학적 용기다."

**이학성(최민식)**

21세기 한국사회에는 어른이 없다. 〈이상한 나라의 수학자〉는 어른 없는 시대에 어른의 역할에 대해 이야기하는 영화다. 사회적 배려 대상자로 '명문 자사고'에 입학한 한지우(김동휘)는 학교 생활에 영 적응하지 못한다. 특히 수학 성적이 문제지만, 누구도 그를 도와주지 않는다. 지우의 유일한 희망은 탈북해서 지금은 학교 경비로 일하고 있는 천재 수학자 리학성(최민식)뿐이다.

노년의 리학성 역시 길을 잃고 헤매는 중이다. 수학을 무기 개발에만 사용하는 북한이 끔찍해 남한으로 내려왔지만, 남한 사정도 크게 다르지 않다. 오로지 돈벌이에만 수학을 이용하는 것이다. 그런 리학성이 비로소 어른으로서 행동할 수 있게 되는 건 그를 수학자로 대해주는 지우, 그리고

그 덕분에 수학자로서 숨을 쉴 수 있는 별관 B103호다. 리학성은 지우에게 성적을 올리는 데 급급하기보다는 수학과 사랑에 빠지라고 조언하며 이 대사를 한다. "문제가 안 풀릴 때는 화를 내거나 포기하는 대신에, 이야 이거이 문제가 참 어렵구나, 야, 내일 아침에 다시 한번 풀어봐야겠구나 하는 여유로운 마음. 그거이 수학적 용기다."

수학의 자리에 인생이라는 단어를 넣어도 크게 다르지 않다. 모험하고, 실패하고, 그럼에도 불구하고 될 때까지 다시 시도할 수 있는 여유를 가지는 일. 지금 한국사회에서 허락되지 않은 한 가지는 이 수학적 용기다. 누구도 어른으로 성장하지 못하는 건, 이 때문은 아닐까. (감독: 박동훈 / 각본: 이용재 / 출연: 최민식, 김동휘, 박해준)

# "나 너 땜에 고생깨나 했지만, 사실 너 아니었으면 내 인생 공허했다, 요렇게 좀 전해주세요."

홍산오(박정민)

이 영화에서 단 하나의 대사를 고르는 건 불가능한 미션이다. "패턴을 좀 알고 싶을데요." "죽을 남편이 산 노인 돌보는 일을 방해할 순 없습니다." "우는구나, 마침내." "나는요, 완전히 붕괴됐어요." "해준 씨의 미결 사건이 되고 싶어서 이포에 왔나 봐요." 그리고 "마음이라고 했습니다, 심장이 아니라" 등등. 누군가 단 하나의 대사를 꼽는다면, 그건 그 시간, 그 장소에 가장 어울리는 말일 뿐 〈헤어질 결심〉 최고의 대사라는 건 아닐 터다. 이 대사는 홍산오(박정민)의 말이다. 그의 마지막 말은 연인에게 남기는 러브레터였다. 〈헤어질 결심〉이 사랑에 대한 영화라면 산오의 이 마지막 말만큼이나 사랑을 잘 묘사하는 말은 없다. 〈헤어질 결심〉이 영화에 대한 영화라면, 그 역시 마찬가지다. 영화가 우리를 행복하게 해주는지는 모르겠다. 그러나 영화가 아니었다면 '우리' 인생이 공허했을 것임은 분명하다.

시나리오 작가의 활동이 거의 주목받지 못하는 한국 영화산업에서 박찬욱-정서경의 협업은 한국영화의 지평을 꾸준히 넓혀왔다. 정서경은 '벡델데이2022'에서 이런 말을 했다. "블록버스터 영화들이 여름, 추석을 맞아 개봉하고 있다. 이 영화의 극본을 쓴 사람은 거의 예외 없이 감독이다. 어딘가 비슷하다고 느끼실 거다. 제1역할, 제2역할, 제3역할, 제4역할까지 남자 배우다. 5번째, 6번째에서야 우리가 존경하고 사랑하는 여성 배우들이 제가 보기에 민망한 장면을 연기하러 나온다." 이 역시 기억할 만한 한마디다. (감독: 박찬욱 / 각본: 정서경 / 출연: 탕웨이, 박해일)

# "힘든 일을 하면 존중받으면 좋을 텐데, 그런 일이나 한다고 더 무시해. 아무도 신경을 안 써."

유진(배두나)

경찰인 유진(배두나)의 묵직한 이 말이 가슴을 때린다. 정주리 감독의 두 번째 장편 〈다음 소희〉는 유진의 이 말처럼 이 사회의 무심함과 무시가 부른 누군가의 죽음, 그 참극을 정확히 겨냥하고 있다. 존중받지 못한 채 사라진 사람들, 그 죽음에 어른대는 또 다른 죽음(들)의 그림자, 그 연쇄의 고리를 들여다보고 신경 쓰는 유일한 사람 유진. 경찰이라는 직업적 사명 때문일까, 이 사회의 어른으로서 느끼는 책임감일까, 자신보다 어리고 약한 여성들을 향한 연대의 마음일까. 유진은 고교 졸업반 소희(김시은)가 콜센터로 현장실습을 나간 뒤 끝내 세상을 등질 수밖에 없었던 이유를 하나씩 되짚어 나가며 이 사건의 진실과 직면하기 위해 홀로 분투한다. 그런 유진이 목격하는 건, 노동 현장뿐 아니라 교육 시스템 내 뿌리 깊게

박힌 기계적, 정량적 성과주의와 비인간적 경쟁 시스템, 갑질 문화. 유진이 내뱉는 저 말에는 이 사회의 현주소에 관한 한탄과 자조만큼이나 사회가 나아가야 할 최소한의 길을 잃지 않으려는 몸부림이 읽힌다. '당신은 일터에서 사람이 죽어 나가는 것을 계속해서 가만히 지켜만 볼 텐가. 죽음 그 후, '다음' 세상을 어떻게, 어떤 식으로 만들어갈 것인가.' 영화가 당대 사회의 가늠자일 수 있다면, 영화가 시대의 요청에 응답하고 시대의 시급함과 갑갑함에 반응할 수 있다면, 〈다음 소희〉가 그 하나의 예시가 돼 줄 것이다. (감독: 정주리 / 각본: 정주리 / 출연: 배두나, 김시은)

필자

김도훈
영화 칼럼니스트, 작가. 영화주간지 『씨네21』에서 일을 시작해 패션 잡지 『GEEK』 피처 디렉터와 『허핑턴포스트코리아』 편집장으로 일했다. 영화 유튜브 '무비건조'를 중심으로 다양한 매체에 글을 쓰고 있다.
– 휴일(1968), 화녀(1971), 로보트 태권 V(1976), 고래사냥(1984), 깊고 푸른 밤(1985), 질투는 나의 힘(2003), 달콤한 인생(2005), 내 깡패같은 애인(2010), 우리들(2016), 찬실이는 복도 많지(2020)

김형석
고려대학교 사학과를 졸업하고 동국대학교 영화과 대학원을 수료했다. 시네마테크 단체인 '문화학교 서울'에서 영화를 시작해 2000년부터 2009년까지 영화 월간지 『스크린』에서 취재기자와 편집장으로 일했다. 이후 네이버영화 CP를 비롯 온라인과 오프라인에서 프리랜서 영화 저널리스트로 활동했다. 2019년부터 평창국제평화영화제 프로그래머로 일하고 있다. 『영화 편집』, 『21세기 한국영화』(공저) 등의 저서가 있다.
– 고교얄개(1977), 애마부인(1982), 기쁜 우리 젊은 날(1987), 영구와 땡칠이(1989), 행복은 성적순이 아니잖아요(1989), 투캅스(1993), 진짜 사나이(1996), 비트(1997), 처녀들의 저녁식사(1998), 인정사정 볼 것 없다(1999)

듀나
소설뿐 아니라 여러 분야에서 활발히 활동 중인 SF 작가로, 1996년부터 온라인 활동을 하면서 영화와 SF 관련 글을 써왔다.
– 살인나비를 쫓는 여자(1978), 넘버3(1997), 봄날은 간다(2001), 장화, 홍련(2003), 가족의 탄생(2006), 싸이보그지만 괜찮아(2006), 미쓰 홍당무(2008), 이층의 악당(2010), 비밀은 없다(2016), 윤희에게(2019)

손희정
경희대학교 비교문화연구소 학술연구교수. 프로젝트38 멤버. 지은 책으로 『당신이 그린 우주를 보았다』, 『다시, 쓰는, 세계』, 『페미니즘 리부트』, 『성평등』과 공저 『을들의 당나귀 귀』, 『제로의 책』, 『도래할 유토피아들』, 『원본 없는 판타지』, 『페미니스트 모먼트』, 『대한민국 넷페미사』 등이 있다. 『다크룸』, 『여성 괴물, 억압과 위반 사이』, 『호러영화』 등을 한국어로 옮겼다.
– 살인의 추억(2003), 천하장사 마돈나(2006), 시(2010), 부당거래(2010), 페스티발(2010), 카트(2014), 불한당: 나쁜 놈들의 세상(2016), 소공녀(2018), 내가 죽던 날(2020), 세자매(2021), 이상한 나라의 수학자(2022), 헤어질 결심(2022)

송경원
영화주간지 『씨네21』의 기자이자 영화평론가다. 2009년 '씨네21 영화평론상'을 수상하며 영화평론가로 데뷔했고 2012년 동국대 영상대학원 영화이론 박사과정을 수료했다. 『미지의 거장, 숨은 걸작』, 『격조의 예술가, 파격의 모험가』, 『프로듀서』를 공저했고, 『이충호—만화웹툰작가평론선』, 『마음의 일렁임은 우리 안에 머물고』(공저) 등을 썼다.
– 8월의 크리스마스(1998), 와이키키 브라더스(2001), 생활의 발견(2002), 짝패(2006), 타짜(2006), 추격자(2008), 범죄와의 전쟁: 나쁜놈들 전성시대(2012), 변호인(2013), 베테랑(2015), 곡성(2016), 택시운전사(2017)

심혜경
한신대학교 독일어문화학과(영화이론 전공) 교수. 씨네-페미니스트로 프레임 안팎에서 벌어지는 모든 것에 관심이 있다. 한국영화와 역사에 대한 연구를 하면서 한국의 미디어플랫폼을 둘러싼 일들에 대해 젠더-각을 세운다. 최근에는 대중영화의 장르에 젠더적 개입을 시도하고 있다.
– 지옥화(1958), 오발탄(1961), 여판사(1962), 또순이: 행복의 탄생(1963), 갯마을(1965), 말띠 신부(1966), 산불(1967)

정지혜
영화평론가. 영화제 프로그래머로 일했고, 영화에 관한 책 만들기, 영화에 관한 비평 워크숍 등을 진행해왔다. 유연한 삶과 글쓰기, 이 둘이 크게 다르지 않기를 바라며 그 길을 계속 찾고 있다.
– 박하사탕(2000), 고양이를 부탁해(2001), 밀양(2007), 여배우는 오늘도(2017), 메기(2018), 다음 소희(2023)

허남웅
딴지일보 영화팀, 『필름2.0』을 거쳐 영화평론가로 활동하고 있다. 1990년대 중반, 미개봉 영화의 복사 비디오를 보면서 영화라는 새로운 세계에 빠져들어 30년 가까이 허우적대고 있다. 구조되지 않아도 아직 목숨을 부지하고 있는데 이상하게 그 상태가 또 맘에 든다. 영화에 관한 관심이 아직 식지 않아서다. 그래서 여전히 영화에 관해 글을 쓰고 말을 하고 있다.
– 이장호의 외인구단(1986), 경마장 가는 길(1991), 초록 물고기(1997), 말죽거리 잔혹사(2004)

**객원 편집위원**
**김광철**
**김홍구**
**장병원**
**한선희**

**디자인**
**헤이조**

**사진**
**신병곤**

한국영상자료원
**Korean Film Archive**

한국영화박물관 기획전시실
**Korean Film Museum
Temporary Exhibition**

# 극장
## CINEMA

## 2024.1.16.–5.18.

### 대사극장
### ─ 한국영화를 만든 위대한 대사들

### DIALOGUE CINEMA
### ─ Great Dialogues from Korean Movies

---

## 대사극장
## ─ 한국영화를 만든
## 위대한 대사들

한 줄의 대사로 기억되는 영화들은 대중의 마음을 사로잡는 말의 힘을 예시한다. 스토리와 인물 성격화, 의미, 정서를 함축한 영화 대사는 매력적인 스토리를 위해 동원되는 문학적 장치다. 사건과 인물, 주제를 전달하기 위해 발상되는 어떤 대사는 거대한 자원을 동원한 장면 연출에 비견할 만큼 위력적이다. 한국영화의 역사를 일별하더라도 영화 속 대사는 시대와 인간을 드러내는 지도의 역할을 해 왔다. 내러티브 영화의 일반적인 대사 기능을 수행하면서 시대의 조건과 대중 심리의 일단을 드러낸 것이다.

'대사극장 ─ 한국영화를 만든 위대한 대사들'은 한국인의 마음에 접속해 잊지 못할 인장을 새긴 대사들을 조명하기 위한 전시다. 한 시대의 언어 습관에 대한 편밀이자 무의식의 기록으로서 한국영화의 대사를 탐색한다는 것은 그 시대 대중들의 욕망이 가리키는 지향을 훑어내는 일이기도 하다. 그리고 최근 한국의 대중문화 지형에서 영화 대사의 의미가 특성되고 있는 시기라는 점도 전시 구상의 단초가 되었다. 각본집, 스토리보드집의 발간 붐으로 표상되는 영화 대사에 대한 관심, 특정 대사의 유행과 패러디는 대사가 영화 관객의 관심 영역으로 부상하고 있다는 의미를 넘어 대중문화 안에서 영화가 소비되는 양상이 변화하고 있음을 말해준다.

2023년 여름에 발간된 한국영상자료원 매거진 «아카이브 프리즘» 12호 '대사극장 ─ 한국영화를 만든 대사 100'은 1954년부터 2023년까지 한국영화 100편의 대사를 수록하여 한국영화 70년을 조망했다. 이번 전시는 매운 이슈를 재구성한 확장판이자 관람객들이 영화 대사를 다차원적인 방식으로 체험하고 즐길 수 있는 전시 형태로 구현한 또 다른 버전이라 할 수 있다.

'대사극장'은 지면과 활자에 갇혀 있던 영화 대사를 스크린 위에 연속 상영하는 가설 극장으로 그것들이 남긴 유산을 회고해 보는 기억 극장이다. 시대가 각기 다른 100편의 영화 대사를 한 편의 비디오 에세이로, 활자의 아름다움과 의미의 오롯이 집중하게 하는 무빙 타이포그래피로, 씨네필의 유희적 대사 읽기 방식으로 제시하고 재현한다. 그리고 지난 50년간 한국영상자료원이 수집 보존한 시나리오와 어떤 전시를 위해 구축한 1,000개 영화 대사 데이터베이스는 관람객들이 각자의 방식으로 영화 대사를 향유할 수 있는 볼길 거리가 될 것이다.

이번 전시가 한국영화사를 거슬러 한국인을 매혹시킨 영화 대사를 기억하고, 관객의 뇌리에 생생한 이미지를 새기는 영화적인 대사란 어떤 것인지 이해하고 공감하는 기회가 되길 바란다. 영화 대사에 관한 인식의 지평을 활짝 넘어올 '대사극장'에 오신 당신을 환영한다.

### 한국영화박물관
### 2024.1.16.–5.18.

---

## DIALOGUE CINEMA
## ─ Great Dialogues
## from Korean Movies

Movies remembered for a single line of dialogue demonstrate the power of words that fascinate audiences. Imbued with the story, characters, emotion, and themes, dialogue is a literary device to make the narrative compelling. Some lines are so powerful that they can be compared to the production design of enormous resources. Throughout Korean film history, dialogue has served as a map to show the times and people. Dialogue has not only fulfilled the general function of conveying stories but also captured the society and collective consciousness.

"Dialogue Cinema ─ Great Dialogues from Korean Movies" is an exhibition that focuses on lines that have resonated with Korean audiences, leaving an imprint on their mind. Exploring the dialogue of Korean films, which reflects the language habits and the unconscious of an era, is a way of reading the public mindscape. The exhibition is inspired by the recent growing interest in movie dialogue. Many screenplay collections and storyboard collections have been published. In addition, multiple movie lines have been trending and parodied. These phenomena show not only public attention to dialogue but also the changes in the ways in which people consume cinema in Korean popular culture.

"Dialogue Cinema ─ 100 Korean Film Dialogue", the 12th issue of *Archive Prism* published by the Korean Film Archive in the summer of 2023, encapsulated 70 years of Korean cinema through featuring lines from 100 films from 1954 to 2023. This exhibition is an extension of the magazine, but also another version that enables audiences to experience and appreciate film dialogue in a multidimensional way.

"Dialogue Cinema" is a virtual theater where lines, once confined to letters and papers, are projected onto a screen like moving pictures as well as a memory theater that looks back upon the legacy of Korean film history. As a single video essay, the exhibit embodies dialogue of 100 movies from different eras. Moreover, as moving typography, it indulges in the beauty of the written words and their depth as cinephiles playfully appreciate and perform lines. The Korean Film Archive has collected and preserved scenarios over the past 50 years and built a database of 1000 movie lines for this exhibition, which will allow audiences to enjoy dialogue in their own ways.

The exhibition will open up an opportunity for you to remember dialogues that have mesmerized people throughout Korean film history and to grasp and empathize with the power of words to leave vivid images in audiences' minds. Welcome to the Dialogue Cinema. We hope it will broaden your perspective on dialogue.

KoreanFilmMuseum 한국영화박물관    문화체육관광부

# 대사극장
# — 한국영화를 만든
# 위대한 대사들

# DIALOGUE CINEMA
# — Great Dialogues
# from Korean Movies

한 줄의 대사로 기억되는 영화들은 대중의 마음을 사로잡는 말의 힘을
예시한다. 스토리와 인물 성격화, 의미, 정서를 함축한 영화 대사는 매력적인
스토리를 위해 동원되는 문학적 장치다. 사건과 인물, 주제를 전달하기
위해 발상되는 어떤 대사는 거대한 자원을 동원한 장면 연출에 비견할 만큼
위력적이다. 한국영화의 역사를 일별하더라도 영화 속 대사들은 시대와 인간을
드러내는 지도의 역할을 해 왔다. 내러티브 영화의 일반적인 대사 기능을
수행하면서 시대의 조건과 대중 심리의 일단을 드러낸 것이다.

'대사극장 — 한국영화를 만든 위대한 대사들'은 한국인의 마음에 접속해 잊지
못할 인장을 새긴 대사들을 조명하기 위한 전시이다. 한 시대의 언어 습관에
대한 반영이자 무의식의 기록으로서 한국영화의 대사를 탐색한다는 것은 그
시대 대중들의 욕망이 가리키는 지점을 읽어내는 일이기도 하다. 그리고 최근
한국의 대중문화 지형에서 영화 대사의 의미가 묵상되고 있는 시기라는 점도
전시 구상의 단초가 되었다. 각본집, 스토리보드집의 발간 붐으로 표상되는
영화 대사에 대한 관심, 특정 대사의 유행과 패러디는 대사가 영화 관객의 관심
영역으로 부상하고 있다는 의미를 넘어 대중문화 안에서 영화가 소비되는
양상이 변화하고 있음을 말해준다.

2023년 여름에 발간된 한국영상자료원 매거진 〈아카이브 프리즘〉 12호
'대사극장 — 한국영화를 만든 대사 100'은 1954년부터 2023년까지 한국영화
100편의 대사를 수록하며 한국영화 70년을 조망했다. 이번 전시는 해당
이슈를 재구성한 확장판이자 관람객들이 영화 대사를 다차원적인 방식으로
체험하고 즐길 수 있는 전시 형태로 구현한 또 다른 버전이라 할 수 있다.

'대사극장'은 지면과 활자에 갇혀 있던 영화 대사를 스크린 위에 연속 상영하는
가설 극장으로 그것들이 남긴 유산을 회고해 보는 기억 극장이다. 시대가
각기 다른 100편의 영화 대사를 한 편의 비디오 에세이로, 활자의 아름다움과
의미에 오롯이 집중하게 하는 무빙 타이포그래피로, 씨네필의 유희적 대사
읽기 방식으로 제시하고 재현한다. 그리고 지난 50년간 한국영상자료원이
수집 보존한 시나리오와 이번 전시를 위해 구축한 1,000개 영화 대사
데이터베이스는 관람객들이 각자의 방식으로 영화 대사를 향유할 수 있는 즐길
거리가 될 것이다.

이번 전시가 한국영화사를 거슬러 한국인을 매혹시킨 영화 대사를 기억하고,
관객의 뇌리에 생생한 이미지를 새기는 영화적인 대사란 어떤 것인지 이해하고
공감하는 기회가 되길 바란다. 영화 대사에 관한 인식의 지평을 활짝 넓혀줄
'대사극장'에 오신 당신을 환영한다.

Movies remembered for a single line of dialogue demonstrate the
power of words that fascinate audiences. Imbued with the story,
characters, emotion, and themes, dialogue is a literary device to
make the narrative compelling. Some lines are so powerful that they
can be compared to the production design of enormous resources.
Throughout Korean film history, dialogue has served as a map
to show the times and people. Dialogue has not only fulfilled the
general function of conveying stories but also captured the society
and collective consciousness.

"Dialogue Cinema — Great Dialogues from Korean Movies" is an
exhibition that focuses on lines that have resonated with Korean
audiences, leaving an imprint on their mind. Exploring the dialogue
of Korean films, which reflects the language habits and the
unconscious of an era, is a way of reading the public mindscape.
The exhibition is inspired by the recent growing interest in movie
dialogue. Many screenplay collections and storyboard collections
have been published. In addition, multiple movie lines have been
trending and parodied. These phenomena show not only public
attention to dialogue but also the changes in the ways in which
people consume cinema in Korean popular culture.

"Dialogue Cinema — 100 Korean Film Dialogue", the 12th issue
of *Archive Prism* published by the Korean Film Archive in the
summer of 2023, encapsulated 70 years of Korean cinema through
featuring lines from 100 films from 1954 to 2023. This exhibition
is an extension of the magazine, but also another version that
enables audiences to experience and appreciate film dialogue in a
multidimensional way.

"Dialogue Cinema" is a virtual theater where lines, once confined to
letters and papers, are projected onto a screen like moving pictures
as well as a memory theater that looks back upon the legacy of
Korean film history. As a single video essay, the exhibit embodies
dialogue of 100 movies from different eras. Moreover, as moving
typography, it indulges in the beauty of the written words and their
depth as cinephiles playfully appreciate and perform lines. The
Korean Film Archive has collected and preserved scenarios over
the past 50 years and built a database of 1000 movie lines for this
exhibition, which will allow audiences to enjoy dialogue in their own
ways.

The exhibition will open up an opportunity for you to remember
dialogues that have mesmerized people throughout Korean film
history and to grasp and empathize with the power of words to leave
vivid images in audiences' minds. Welcome to the Dialogue Cinema.
We hope it will broaden your perspective on dialogue.

한국영화박물관

2024.1.16.–5.18.

Korean Film Museum
한국영화박물관

문화체육관광부

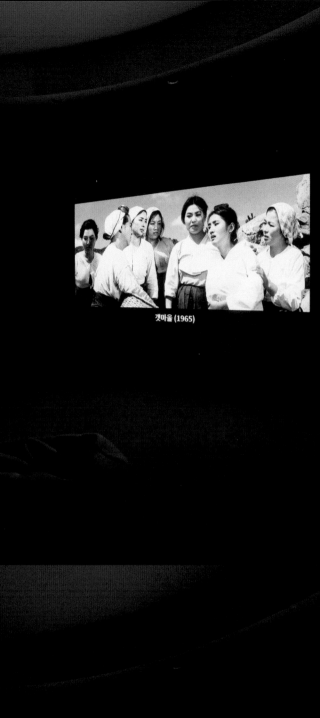

갯마을 (1965)

# 대사극장

비디오, 컬러, 사운드, 19분 30초

장구한 한국영화사를 철로와 열차를 따라 변해 온 풍경으로 바라본다. 산과 얼굴과 바다와 계곡, 건물과 오피스텔, 학교, 마당, 이제는 없는 옥상, 얼마 전 재개발된 아파트의 완전히 교체된 거리들을 배경으로 한국영화의 대사들이 부유하는 모습을 상상해 보았다.

박세영
영화감독. 1996년에 태어났다. 한국예술종합학교 영화과 예술사, 한국예술종합학교 조형예술과 전문사를 졸업했다. 첫 장편영화로 《다섯 번째 흉추》를 연출했고 계속해서 영화를 만들고 있다.

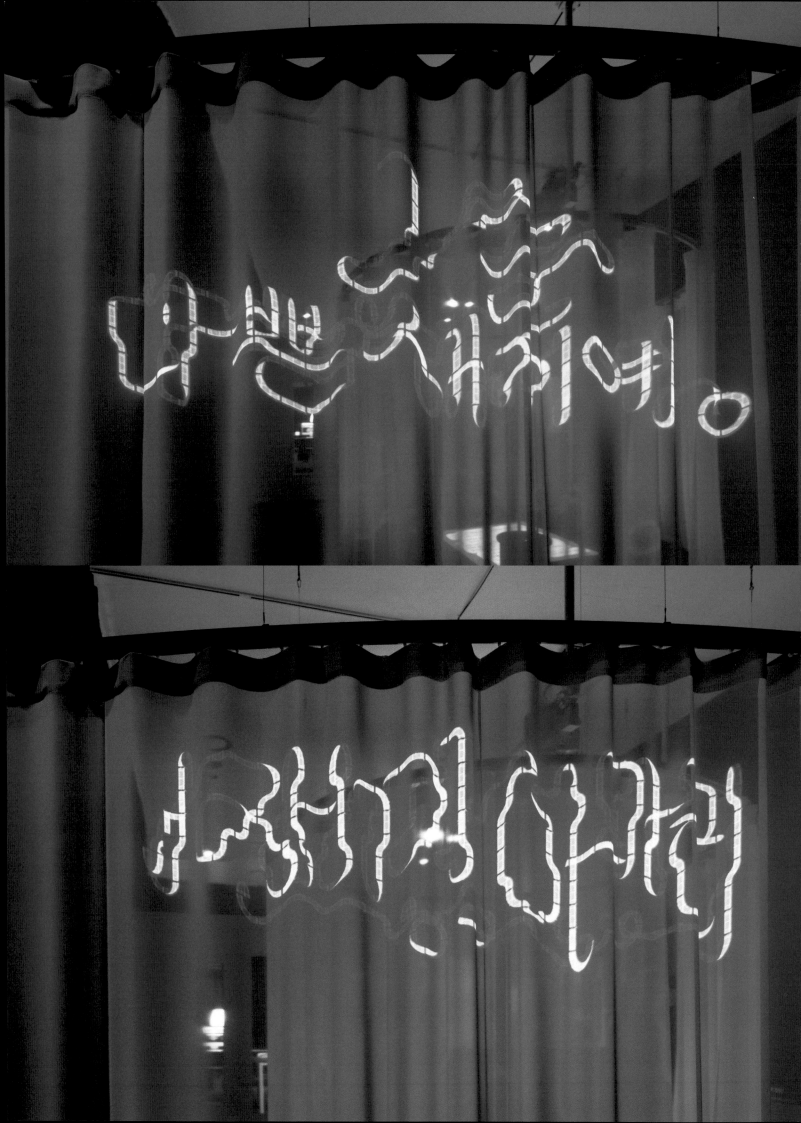

# 살풀이 한 판

### 타이포그래픽 스톱모션, 컬러, 가변 시간

평소 감정을 좀 억누르는 편이라 그런 걸까? 마음속 응어리를
욕설에 담아 질펀하게 풀어내고 싶어졌다. 명주 천을 던져 그
떨어지는 모양으로 감정을 표현하는 살풀이라는 춤이 있다.
살풀이춤을 내 연기의 메서드(method)로 삼아 명주 천의
움직임을 효율적으로 표현하기 위해 화면을 가로 32개, 세로
18개의 서로 연결되는 입구와 출구를 가진 정사각형 타일로
나눴다. 그 결과 관객이 보는 것은 25개의 명주 천 모양 모듈이
반복되는 욕설 대사 스톱모션 영상이다.

### 박철희

국민대 시각디자인학과를 졸업하고 햇빛스튜디오라는 그래픽디자인
스튜디오를 열어 지금까지 운영하고 있다. 한글 쓰기의 다양한 방식을
실험하는 것을 즐기며, 직설적인 화법으로 메시지를 전달하는 디자이너다.

대한 것들까지,
극도로 다양한
차원의 질문을
리믹스해
2024년,
오늘의
시점에서 다시
관객에게
물기로 한다.

타이포ㄱ

영화 속 의
집단, 사회
개인이나
대한 사적
다양한 차
다시 관객
이 질문틀
그 요지라

컨셉트 & 영

의문문

의문문

서브타이틀,

대사는 간혹 스크
, 세계에 대해 의
대답하도록 요
터 이념과 체제
문을 리믹스해
기로 한다. 영화
벋어 날 방도가
숙고해 보는

: 프론트도어

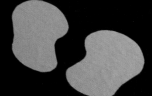

민환기 | 학생
변호인

대한민국 헌법 제1조 2항

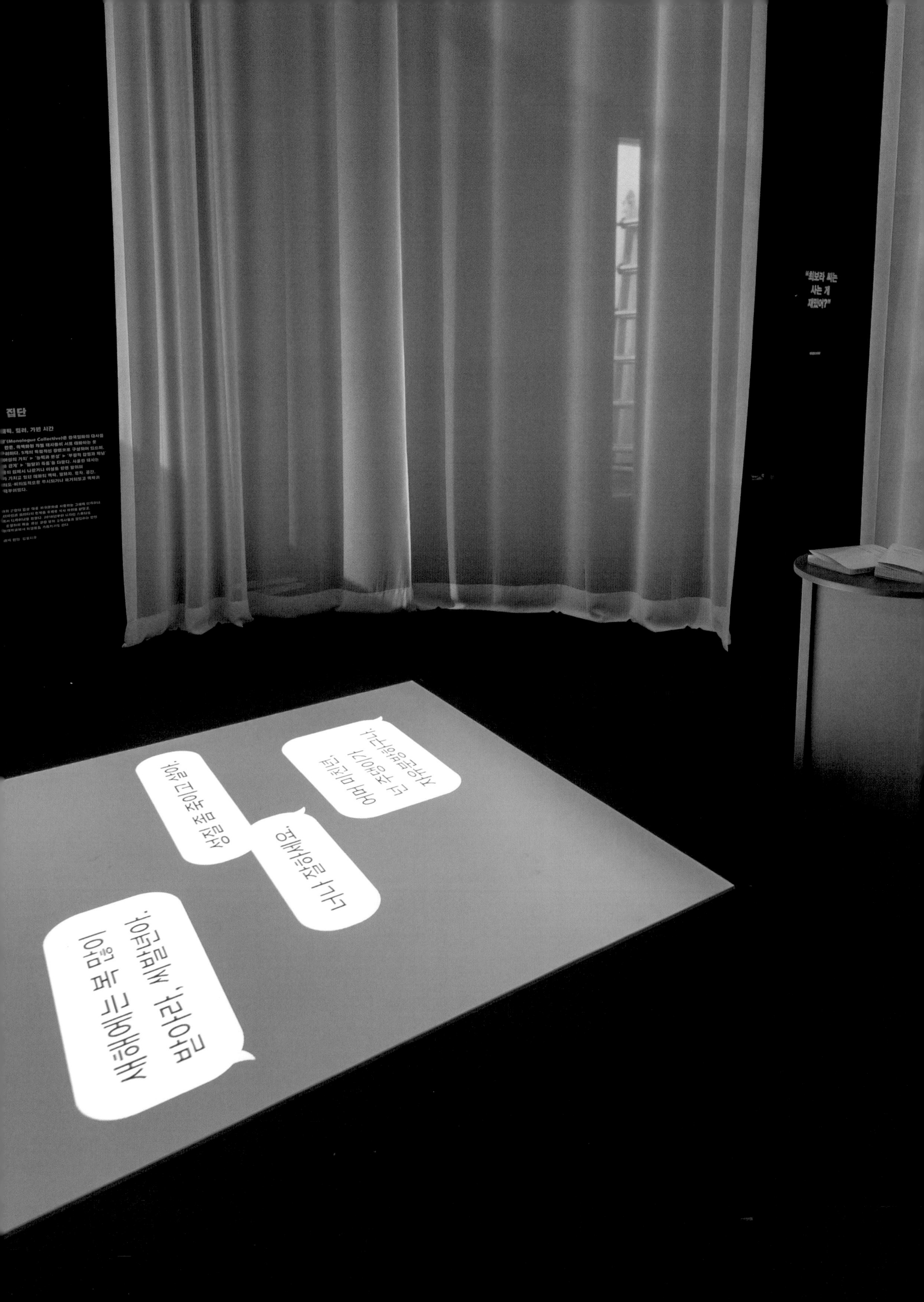
새해에는 복 많이 받아라, 씨발년아.
성질 좀 죽이고 살아.
너나 잘하세요.
어머 미친년. 너 주댕이가 상당하다?

# 독백 집단

## 모션그래픽, 컬러, 가변 시간

'독백 집단'(Monologue Collective)은 한국영화의 대사를
짜깁기해 만든, 독백화된 개별 대사들이 서로 대화하는 듯
구성된 꾸러미다. 5개의 독립적인 장면으로 구성되어 있으며,
각각 ▶ '여성의 가치' ▶ '능력과 본성' ▶ '부정적 감정과 체념'
▶ '욕망과 관계' ▶ '험담과 죽음'을 다룬다. 사용한 대사는
모두 여성의 입에서 나왔거나 여성을 향한 말이며
원 대사가 가지고 있던 대화의 맥락, 발화자, 청자, 공간,
시대는 의도·비의도적으로 무시되거나 제거되었고 맥락과
의미가 재부여됐다.

### 양으뜸
동아시아의 근현대 일상·대중·하위문화를 사랑하는 그래픽 디자이너.
그래픽 디자인과 코미디의 관계를 주제로 석사 학위를 받았고,
워크룸에서 디자이너로 일했다. 2018년부터 디자인 스튜디오
'콰청'을 운영하며 예술·패션·생활 분야 고객사들과 협업하는 한편
서울시립대학교에서 학생들을 가르치기도 한다.

모션그래픽 협업: 김을지로

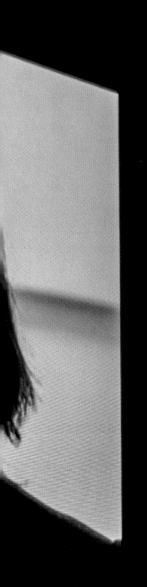

# 연기된 대사들

**비디오, 컬러, 사운드, 8분 10초**

'대사극장' 전시에 즈음해 한국영상자료원이 SNS를 통해
공모한 일반인 대상 대사 연기 응모 영상물을 붙인 편집물이다.
말 그대로 일반인에 의해 '연기된 대사'(performed
dialogues)로서, 틱톡과 릴스, 쇼츠의 시대에 부응해 영화
대사를 유쾌하게 향유하기 위한 의도로 기획되었지만, 원래의
대사가 대중 속에서 복제·증폭·전복되는 양상을 볼 수 있다는
점에서도 흥미로운 프로젝트다. 전문 배우가 아닌, 일반인의
몸통을 통해 발화된 날것의 감동(?)을 실감하는 기회가
됐으면 한다.

영상 편집: 최고야

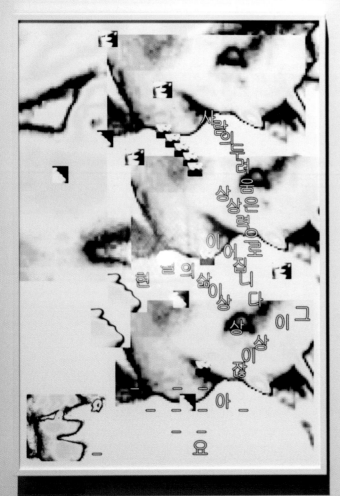

## 삶적인 하나, 죽음적인 하나, 그리고 인생의 하나

종이 위에 실크스크린, 420×594mm

영화가 말하는 삶과 죽음 그리고 인생에 대한 관점을 그 대사를 떨어내는 입의 움직임 통해 표현한 작업이다. 우리는 영화를 통해 인생의 다양한 시선을 경험한다. 투덜덜한 톤으로 인생을 객관적으로 정의 내리기도 하고, 감정을 섞어 지극히 주관적으로 삶을 돌아보기도 한다. 8개 포스터에 영화의 생각을 전달해 주는 매개체인 '입'과 발투에 담긴 톤의 움직임을 담아 보았다. 그것은 입술, 입과 턱 주번의 근육, 혀, 치아의 모양과 함께 발화된 인물들의 삶과 죽음에 대한 말이다.

**이동언**
사람들이 어떻게 말하고, 듣고, 쓰고, 읽는지에 주목해 언어를 대하는 우리의 태도와 사는 방식을 관찰한다. 런던 센트럴 세인트 마틴스에서 그래픽 커뮤니케이션 디자인을 공부했고, 지금은 네덜란드 베르크플라츠 티포흐라피에서 학위 과정을 밟고 있다.

# 대사 편집기

## 웹 데이터베이스

한국영화의 중요한 대사 1000개를 여러 방식으로 검색하고,
다양한 형태로 출력할 수 있도록 설계한 데이터베이스다.
초 단위로 컷을 편집하거나 미세한 음향을 고르게 조절하고,
빛의 색감과 밝기를 알맞게 제어하는 등 입체적으로 균형이
들어맞을 때 비로소 한 편의 작품이 탄생한다. 이 영화적
행위에 착안하여 '대사 편집기'를 기획했고, 편집기의
물리적인 특성을 웹상에 시각적으로 구현했다. 관람객은 연도,
캐릭터, 키워드, 배우, 감독, 원작, 각본, 각색으로 이루어진 총
8개의 분류에 따라 정보를 조작하는 경험을 해볼 수 있다.

신나리
서울과 독일 브레멘에서 공부를 마치
고, 아날로그와 디지털의 경계에서 활
동하는 그래픽 디자이너. 웹 기반의 시
각 실험 콜렉티브 HHHA를 기획 및 운영
했으며, 웹과 소통하며 기능적이거나 표
현적인 실험을 시도한다. 스튜디오 도구
(dogu)에서 생성형 패턴을 활용한 제품
을 만들고 있다.

DB 에디팅: 박아녜스, 허남웅, 금동현

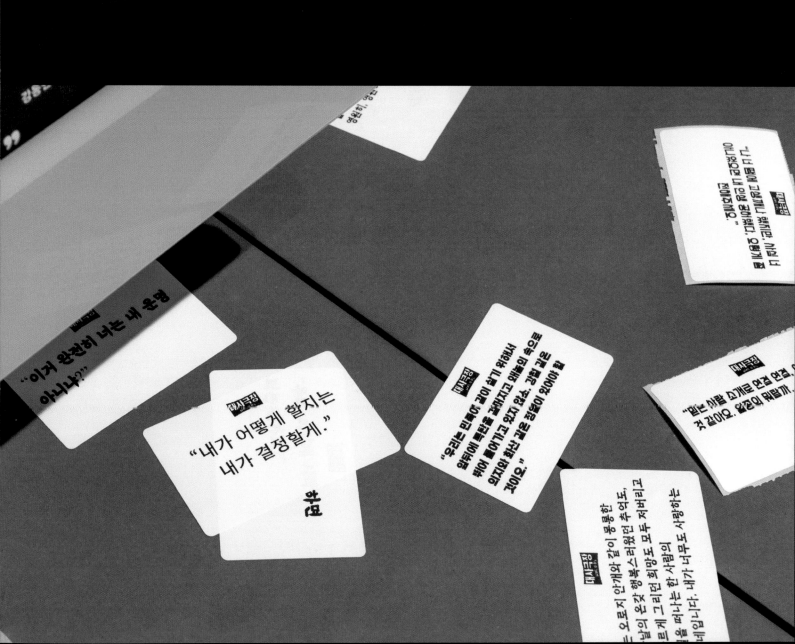

**대사의 집, 시나리오**

시나리오

"모두들 스포츠에만
관심이 많았습니다.
영화감독은 혼자서
죽어버렸습니다."

"고래는
내 마음속에
있었어요."

"... 하나밖에 없는 내 동생
옥희를 환락가에 팔아 넘긴
것도 용서할 수 있었다. 그러나,
사나이의 굳은 의리를 배반한
것만큼은 용서할 수 없었다.
상하이 박! 어서 칼을 빼라!"

"어린이 여러분
우리 모두 영구
불러봅시다. 하
둘 셋, 영구

"당신은
내 마지막 남편이
될 거예요."

난 니가 기뻐하는
일이라면
무엇이든지 한다."

"행복은 결코
성적순이
아니잖아요?"

"너의 이러한
행동의
이데올로기
뭐냐?"

"니가 앞으로 뭘
하든 하지 마라."

"나에겐 꿈이
없었다."

"큰성 그때
생각나? 그때
생각나?"

"아저씨는
왜 나만 보면
웃어요?"

"너 빤쓰까지 벗긴 거다.
빤쓰까지 벗기구 할
수 있는데 안 한 거다.
알았지?"

"야, 야, 야...
그림자 넘어왔어.
조심하라우."

"나 다시
돌아갈래!"

"내가 아무리 세상
맞추려고 해도 안
그러느니 차라리 세
나한테 맞추는
편하지."

경수야, 우리 사람 되
"... 어떤 새끼는 얼굴이 기분

# 대사의 집, 시나리오

시나리오

시나리오에는 영화의 모든 것, 장면 번호와 지문, 카메라 움직임과 대사 등 창작자의 작의와 그것을 성취하기 위한 수단이 온전히 담겨 있다. 시나리오는 창작자들이 대사를 통해 스토리를 어떻게 축조하려 했는지 알려주는 설계도 원안 같은 것이고, 그 때문에 독자적인 문학으로 평가받기도 한다. 한국영화의 세포라고 할 수 있는 대사들이 한 줄 한 줄 기록돼 있는 책들, 현장에서 배우와 스태프들이 한 장씩 넘기며 고심한 흔적이 역력히 남아 있는 역전의 문서 18점을 한국영상자료원 보존고에서 꺼내 소개한다.

아는 여자 (2004)
감독:장진, 각본:장진

"남들에게 내게 없고 생겨졌고 생겨졌고...

나는 오늘도 난 있는데 세 가지가 내녀이 내가 주사가 첫사랑이 나...

첫지기 드니까 이딱 이있다 다... 내여이"

대사DB

# 해방 이후 중요한 영화 대사들의 목록

역사적으로 유능한 작가·영화감독이 어떤 유형의 대사를 지어냈는가?
크레디트가 올라간 후에도 기억에 남는 대사와, 영화가 끝나는 동시에 잊히는 대사는 어떻게 구분되는가?

"우리 사람 되는 거 힘들어. 힘들지만, 괴물은 되지 말고
살자." 홍상수 감독의 2002년 영화 〈생활의 발견〉에서 선배
영화감독(안길강)의 입을 통해 발화되고 주변 인물들을 순환했던
말이다. 〈생활의 발견〉의 상징이 된 이 대사는 캐릭터의 본질과 영화
전체의 분위기를 요약하면서 화면 너머로 울려 퍼지는 대사의 힘을
보여준다. 영화를 보지 않은 사람들에게까지 전파된 이 대사는
인물의 성격 특성을 강조할 뿐 아니라 긴장이나 유머를 조성하며
미지의 세계를 항해하는 관객의 여정을 이끈다. 그 구전(口傳)의
힘은 영화 바깥에 놓인 현실 세계의 다종다양한 상황으로 확장되어
사회적 파장을 일으킨 흉악 범죄나 정치인들의 도덕적 타락상을
경계하는 교훈 조의 금언으로도 쓰이고 있다. 영화의 대사가
정문일침의 말이 돼 인간이라면 지켜야 할 최소한의 도리나 윤리를
강조하면서 현대 한국인들의 무의식을 지배하게 된 셈이다.

### 내러티브에 깊이를 더하는 대사

영화 대사를 분석할 때 가장 먼저 던져야 할 질문은 "왜 이 대사가
여기에 등장하는가?"일 것이다. 이 질문은 작가와 감독의 의도를
밝히려는 시도이자 영화의 언어 전략과 궁극적 효과를 묻는
것이다. 이 질문에 답하자면 대사는 매력적인 스토리를 창조하기
위한 문학적 장치라고 할 수 있다. 영화 속 캐릭터에 현실감을
부여하는 대사는 인물들이 소통하고, 자신의 성격을 드러내며,
내러티브를 발전시키도록 함으로써 이야기에 생명을 불어넣는
비밀 소스이다. 스토리텔링의 생명선 역할을 하며 내러티브
태피스트리에 리듬과 뉘앙스를 제공하는 대사의 역할은 하나로
특정할 수 없다. 그것은 갈등을 설정하고 해결하며, 주요 플롯
포인트를 지시하고, 명확한 설명 없이 필요한 맥락과 배경 스토리를
제공한다.

기억에 남는 영화적 경험을 만들기 위해선 대사가 각 캐릭터의
목소리에 인상적으로 실리는 것이 중요하다. 명대사 퍼레이드를
보여주는 〈넘버3〉(1997) 같은 영화가 한 예인데, 이 영화에서
복잡하게 디자인된 캐릭터들이 말하는 대사는 페르소나의 본질을
포착하고 영화의 톤과 속도에 말할 수 없는 중요성을 가진다.
송강호가 분한 조필의 대사는 무시무시한 킬러와 어설프고 실없는
농담꾼의 경계에 놓인 캐릭터를 진실되게 보여준다. 말더듬이 청부
살인자로 설정된 이 남자는 의도대로 상황이 흘러가지 않았을 때
평정심을 잃는 우스꽝스러운 미숙아이다. 권위와 품격을 유지할
감냥이 못 되는 이 남자가 조직의 수하들 앞에서 평정심을 잃은
채 쏟아내는 대사들, "내 말에 토, 토, 토... 토 다는 새끼는 전부
배반형이야, 배반형. 배신! 무슨 말인지 알겠어? 앞으로 직사시켜
버리겠어. 직사!" 같은 말은 내러티브 모멘텀에 대한 우리의 이해를

돕는 열쇠 말 기능을 한다.

한편으로 대사는 스토리의 진행을 돕는 의사소통의 수단을
넘어 이야기에 깊이를 더해준다. 효과적인 대사는 시간과 공간에
대한 정보를 제공하고, 대사를 암송하는 배우(캐릭터)의 음성을
통해 작중 인물의 성격을 형성하며, 배우가 발화하는 말의 어조는
단어 선택, 어휘 및 문법을 통해 작중 인물의 배경, 과거, 내면을
이해함으로써 인물 행동의 모든 측면을 더 잘 알 수 있게 한다.

### 공감을 위한 기술

마음을 사로잡고 공감을 불러일으키는 대사를 만드는 기술은
무엇일까? 〈올드보이〉(2003)의 상징적인 문구를 떠올려 보자.
주인공 오대수가 15년간의 억류 생활을 하는 동안 감금방 벽에
붙은 그림에 써진 말은 극적 상황의 역전이라고 하는 플롯의 전략을
압축한다. "웃어라, 온 세상이 너와 함께 웃을 것이다. 울어라, 너
혼자만 울게 될 것이다." 이 간결한 문구는 영화감독이 장면에
도입하기 위해 애쓰는 것 중 하나인 '매달린 대사'에 해당한다.
일종의 모순 또는 아이러니로 볼 수 있는 매달린 대사의 기능은
말해지는 시점에서 그 함의를 모두 드러내지 않는다는 것이다. 이런
장면에서 이미지와 액션이 시각적 스토리텔링을 주도하지만, 우리
마음속에 자리 잡는 것은 '말'이다. 이 대사는 장면에 모호함을
부여하여 이후에 그 의미가 환기되거나 의도하지 않은 방향으로
확장하도록 조직, 배치하는 것이다. 장면에 미스터리를 도입하려는
의도적인 시도에 해당하는 이 방법은 캐릭터의 상황과 말의
뉘앙스에 대한 우리의 이해를 돕고 그들이 선택한 단어와 전달
방식에 주목하게 한다.

영화의 의미 구조를 형성하는 대사의 숨은 기능 중 하나는
그 안에 말해진 것 이상이 있다는 것이다. 말한 것만큼 말하지
않은 것을 통해 인물들은 자신의 가장 깊은 욕망, 두려움, 비밀을
보여줄 때가 있다. 관객은 인물이 말하는 내용과 말하지 않는
내용을 통해 그들의 성격과 동기에 대한 통찰력을 얻는다. 가령
〈헤어질 결심〉(2022)에서 탕웨이가 연기하는 서래 캐릭터의 과묵한
성격을 생각해 보자. 그가 중국 출신으로 한국말에 서툴다는 것,
따라서 의사 표현의 한계에 갇힌 동시에 유습화된 언어 체계의
바깥에 있다는 설정은 영화의 주제, 스타일을 결정하는 요인 중
하나다. 그의 희박한 말은 대놓고 언급하지 않고도 인물의 깊은
진실을 이야기하고, 그를 둘러싼 신비한 오라를 반영하여 캐릭터의
성격에 대해 많은 것을 드러낸다. 대사는 또한 명시적인 내레이션이
없어도, 인물들의 사회적 역학 및 계층 구조, 감정 상태와 내적
갈등, 개인적인 가치관과 세계관을 드러낸다. 김기영 감독의
〈하녀〉(1960)에서 하녀(이은심)가 하는 자멸적 어조의 대사들은

젠더와 계급의 갈등이 첨예하게 장악한 공동체의 불안의 징후를
예시한다. "이 집 남자는 애를 배게 하고, 이 집 여자는 애를 떼게
하고, 내 몸은 장난감처럼 뭘 해도 좋아요?"라는 김기영의 문어체
대사는 한국어의 규범적인 규칙(어순이나 문법)을 무시하면서
가상의 장소와 극적 상황, 인물의 식별, 내러티브와 주제를
강화하는 대사의 기능을 인식케 했다.

### 유산으로서의 영화 대사

'대사극장' 도록을 겸하는 이 책은 해방 이후 한국영화사를
수놓은 중요한 대사들의 모음집이기도 하다. 시각적 구성물인
영화의 장면에 눈길을 주게 하고, 그 의미를 추정하게 하여 잊을
수 없는 기억을 새긴 대사들을 선정·수록했다. 여기에 모인
대사는 '역사적으로 유능한 작가·영화감독이 어떤 유형의 대사를
지어냈는가' 라는 질문에 대한 대답이라는 성격도 있다. 한편으로
이것은 한국인들의 언어 습관과 문화의 형성 과정을 엿볼 수 있는
역사 자료로서 의미가 깊다.

영화의 크레디트가 올라간 후에도 기억에 남는 대사와, 영화가
끝나는 동시에 잊히는 대사는 어떻게 구분되는가? 첫머리에 언급한
〈생활의 발견〉의 예시처럼 어떤 대사는 영화의 영향력이 소멸하여
더 이상 유효하지 않은 시간까지 생명력을 잃지 않는다. 일상적
어조와 표현적 스타일을 결합한 대사는 플롯을 바꾸는 사건의
제정, 언어적 진술, 발화 행위 자체가 플롯의 주요 전환점이 되도록
함으로써 우리의 기억을 지배한다. 단어의 효율성과 하위 텍스트,
배우의 음성 패턴, 말의 리듬과 톤을 풍만하게 만드는 대사는 한
편의 영화를 지휘할 뿐 아니라 시대를 초월한 유산으로 남는다.

일러두기

1. 해방 이후 1946년 〈자유만세〉(최인규 감독)부터 2023년 〈서울의 봄〉(김성수 감독)까지, 기억할 만한 대사를 뽑아
시간순으로 정렬했다.

2. 여기 수록된 대사는 전시 '대사극장—한국영화를 만든 위대한 대사들'(2024.1.16–5.18)을 위해 구축한 대사
DB를 토대로 작성된 것이다. 대사는 김광철, 박아녜스, 허남웅, 금동현이 선정·정리했다.

3. 개별 영화 대사는 맞춤법에 구애 받지 않고 배우가 말한 대로 표기했으며, 감독 및 배우, 각본 등 크레디트는
한국영상자료원이 제공하는 KMDb를 근거로 했다.

**자유만세(1946)**
감독:최인규, 각본:전창근

# "우리는 민족이 같이 살기 위해서 앞뒤에 폭탄을 걸머지고 왜놈의 속으로 뛰어 들어가고 있지 않소. 강철 같은 의지와 화산 같은 정열이 있어야 할 것이오."

— 최한중(전창근)

미향(유계선)에게 일갈하는 한중(전창근).

**감독:한형모, 원작:정비석, 각본:김성민, 각색:이청기**

# "너나 나나 이젠 시들어 가는 장미야. 이제 남은 건 어떻게 해서 짧은 인생을 엔조이 하느냐가 문제지. 엔조이 하려면 악착같이 돈을 벌어야 하거든."

— 최윤주(노경희)

선영(김정림)을 우연히 만난 윤주(노경희)가 계를 틀라며 하는 말.

# 자유부인(1956)

**감독:한형모, 원작:정비석, 각본:김성민, 각색:이청기**

# "마담, 오늘 저녁에는 저를 마음대로 이용해 주십쇼."

**— 신춘호(이민)**

**신춘호(이민)가 선영(김정림)과 춤을 추며 유혹하며 하는 말.**

돈(1958)

**감독:김소동, 원작:손기현, 각색:김소동**

# "영호야, 너도 아니고 나도 아니야. 억조가 준 그 돈 때문이다."

— 봉수(김승호)

**사채꾼 억조(최현남) 살해사건을 조사하는 과정에서 봉수(김승호)가 자신을 잡아가라고 외치며 하는 말.**

**감독:권영순, 원작:권호, 각본:이청기**

# "앞으로 많이 많이 사랑해 주시구, 아껴 주시구, 지도해 주시구, 편달해 주시구, 때려 주시고. 아, 아니올씨다. 많이 많이 동정해 주시구... 그럼 두었다가 다시 하겠습니다."

— 호(김희갑)

**오부자 중 셋째 호(김희갑)가 형제들과 여성들을 만난 자리에서 자기 소개를 하며.**

감독:양주남, 원작:강노향, 각색:청남

"나는 오늘도 종각에 섰습니다. 종도 없고 종쟁이 아저씨도 안 계시나, 나는 그래도 이 종각이 내 인생의 전부인 양 내 고독한 혼의 안식처로 삼고 서 보고 있는 것입니다. 그리고 괴로운 이 세상을 멀리 피해가며 나는 이 종각에서 새로운 인생의 새벽을 기다려 보겠어요. 오늘과 같은 연속이 아닌 또 하나의 다른 인생의 새벽을 오늘도 내일도 기다려 보겠어요."

— 영실(문정숙)

영실(문정숙)이 영화를 열며 종각에 서서 하는 말.

**종각(1958)**
**감독:양주남, 원작:강노향, 각색:청남**

# "사람에게 혼이 있듯이 종에도 혼이 있는 게야. 종 만드는 사람이 자기의 혼이라도 송두리째 쇠가 끓는 이 더위 속에 부어 넣을 만한 정열과 기선이 없으면 평생 가야 혼 빠진 종밖엔 안 나와."

— 스승(맹만식)

**석승(허장강)의 스승(맹만식)이 종을 만드는 마음에 대해 알려주는 대사.**

# "우리들 사이에 불순이라는 것은 있을 수 없습니다. 사랑한다면 그것만으로 우리들은 순결하지 않아요?"

**— 김상규(김진규)**

**김상규(김진규)가 꿈에서 '미망인'인 이 여사(최은희)를 만나 하는 말.**

# "어머니를 대신해서 빚 갚아 드립니다. 어른들의 세계는 잘 모르지만 생각대로 안 되는 일이 너무 많은 것 같아요."

— 오경희(엄앵란)

오경희(엄앵란)가 김상규(김진규)에게 남기고 간 편지.

# "미스 안, 우리들은 과거를 이야기할 필요는 없습니다. 그것은 모두가 전쟁의 책임이니까요. 우리 두 사람이 있는 이 밖의 세계에는 전쟁이 있고, 살인이 있고 재판이 있소. 그러한 것이 우리와 무슨 상관이 있단 말입니까?"

— 헨리 장(이민)

자신이 타락한 여자라고 말하는 안수미(김지미)를 달래는 헨리 장(이민)의 대사.

# "나는 오로지 안개와 같이 몽롱한 지난날의 온갖 행복스러웠던 추억도, 목마르게 그리던 희망도 모두 저버리고 먼 길을 떠나는 한 사람의 나그네입니다. 내가 너무도 사랑하는 아이의 참된 행복을 위해서는 이 땅에 돌아오지 않았어야 할 이 사람을 영원히, 영원히 잊어 주십시오."

— 박남호(김진규)

**박남호(김진규)가 자신의 아들을 병원에 두고 홀로 떠나며 남긴 편지.**

**감독:신상옥, 원작:김희창, 각색:김희창**

# "제가 로맨스빠빠예요. 이제 겨우 쉰 살밖에 되지 않은 나에게 노망을 부린다고 해서 애들이 붙여준 별명이 '로맨스빠빠'예요. 인생에 낭만을 갖는다는 게 노망이죠."

— 아버지(김승호)

**영화를 시작하며 아버지(김승호)가 화면을 바라보면서 하는 말.**

113    로맨스빠빠(1960)
**감독:신상옥, 원작:김희창, 각색:김희창**

# "나에게 돈과 시간과 자유를 달라."

— 바른(신성일)

아버지(김승호)에게 용돈을 달라고 조르는 바른(신성일)의 대사.

# "범의 입에 날고기란 말이 정확한 판단이야. 여러분, 남자란 나이가 많을수록 젊은 여자를 놓고 생각하는 시간이 많아집니다. 그러니까 여자한테 걸려들기도 쉽고 때에 따라서는 패가망신할 수도 있죠. 선생도 그렇고, 아니라고 고개를 흔드는 선생도 매한가지요."

— 동식(김진규)

동식(김진규)이 영화 속 액자 에피소드가 끝나고 화면을 바라보며 하는 대사.

# "오늘은 엄마가 참 이상하군요. 옛날 옛날 아부지가 돌아가신 후로는 한 번도 피아노 뚜껑을 열어보신 일이 없던 엄마가 참 웬일일까요."

— 옥희(전영선)

**어머니(최은희)가 간만에 피아노를 치자 이를 본 옥희(전영선)의 말.**

**감독:이봉래, 각본:전범성**

# "가족이란 합승 택시에 타고 있는 손님 같은 거야."

**— 구준택(김승호)**

결혼한 지 25년 만에 나선 둘만의 외식 자리에서 준택(김승호)이 부인(황정순)에게 "저마다 심리가 다른 사람들이 타고 있기 때문에 부부라는 운전수와 차장이 무사히 운전해야 한다"고 덧붙이는 말.

# "먹는 자유, 말하는 자유. 이것이 입의 자유야. 입의 자유를 막는 자, 누구냐."

— 영구(박성대)

영구(박성대)가 데이트를 하는 도중 상대가 "입을 가졌다고 못 하는 소리가 없네"라고 하자 하는 대답.

**오발탄(1961)**
**감독:유현목, 원작:이범선, 각색:이종기·이이령**

# "아들 구실, 남편 구실, 애비 구실, 형 구실, 오빠 구실, 또 사무실 서기 구실, 해야 할 일이 너무 많구나. 그래 난 네 말대로 아마 조물주의 오발탄일지도 모른다."

**— 철호(김진규)**

**영화 엔딩, 실성한 듯한 철호(김진규)가 목적지인 중부경찰서에 왔지만 내리지 않고 하는 채근이자, "어쩌다 자기 갈 곳도 모르는 오발탄 같은 손님이 걸렸어"라고 하는 운전수의 불만에 중얼거리는 대사.**

**감독:김기영, 원작:한운사, 각색:김기영**

# "나는 아직 살아 있다. 생명이란 것은 질긴 것을 알았다. 몇 억 년에 한 번 얻은 생명이 쉽게 끊어질 수는 없다. 그렇다. 전능하신 하나님도 사람의 생명을 바랄 권리는 없다."

— 아로운(김운하)

**죽은 줄 알았던 아로운(김운하)이 시체 더미 속에서 일어나며 하는 말.**

## 120  열녀문(1962)
**감독:신상옥, 원작:황순원, 각색:김강윤**

# "난 잡생각이 들 때마다 송곳으로 허벅지를 찔러서 그 피를 닦아낸 솜이 장롱에 하나 가득이다. 너처럼 분단장을 곱게 하고서야 어떻게 수절을 하겠니. 쯧쯧."

**— 시조모(한은진)**

**열녀문을 하사받은 시조모(한은진)가 역시 과부가 된 손부(최은희)를 훈계하는 장면의 말.**

**고려장(1963)**
감독:김기영, 각본:김기영

# "씨를 심으러 가자. 가르쳐 주는 사람만 있으면 몰라도 기를 수 있고 그걸로 먹고살 수도 있다."

— 구령(김진규)

구령(김진규)이 마을의 고목을 잘라낸 데 대해 아들 근(김경태)이 "우리는 어떻게 살지요?"라고 말하자 한 대답.

# "키가 작은 여자를 구해야겠어. 소는 새끼를 한 마리를 낳지만 쥐는 한꺼번에 열 마리를 난대."

— 구령(김진규)

갓난이(김보애)가 아내를 구했냐고 묻자 구령(김진규)이 하는 말.

# "좋으면 절름발이도 춤추는 것처럼 보이는 법이야."

— 이태윤(신성일)

용빈(엄앵란)에게 이태윤(신성일)이 부둣가에서 하는 말.

# "냄새를 피우면 진실성이 감소 돼. 냄새가 나지 않을 때 자연스러워지는 거지. 예수쟁이도 같애."

— 이태윤(신성일)

용빈(엄앵란)에게 이태윤(신성일)이 부둣가에서 하는 말.

**김약국의 딸들(1963)**
감독:유현목, 원작:박경리, 각본:유한철

# "저 친구의 말이 정치는 최고의 예술이구, 혁명은 로맨틱이하단 말이야."

― 이태윤(신성일)

용빈(엄앵란)에게 이태윤(신성일)이 부둣가에서 하는 말.

"저 물 푸는 노파를 보십쇼. 저 노파가 물 푸는 고역이 싫다고 바가지를 내던질 수가 있을까요? 물을 퍼야죠. 안 푸면 배는 가라앉고 생명은 죽는 것입니다. 인간이 사는 곳에 어디 비극이 없는 곳이 있을까요? 미칠 것 같은 슬픔과 괴로움을 극복했을 때, 비로소 인간은 비극을 짓밟고 살 수가 있는 거죠."

— 욱(최성진)

용빈(엄앵란)의 수난사를 들은 욱(최성진)이 하는 위로.

**돌아오지 않는 해병(1963)**
감독:이만희, 각본:장국진, 각색:유한철·한우정

# "전장에도 양지는 있구나."

— 봉구(구봉서)

전장에서 눈이 녹은 땅을 보며 구성지게 감탄하는 봉구(구봉서)의 대사.

**돌아오지 않는 해병(1963)**
감독:이만희, 각본:장국진, 각색:유한철·한우정

# "내가 잘 싸운다면 그건 살기 위해서다."

— 분대장(장동휘)

고립된 참호에서 부하들이 이제 어떻게 해야 하냐고 불만을 표하자, "나도 너희만큼 살고 싶다"면서 덧붙이는 말.

감독:박상호, 원작:김희창, 각본:유일수

# "난 거저먹고 살아온 게 앙이요. 엄마 아바이가 벌이 하느라고 밤낮 나가 있기 때문에 집안일은 내가 다 도맡아 보아왔소. 일고여덟 살부터 손을 호호 불어가면서 밥을 지어 놨구, 학교 다니는 언니의 뒤치닥거릴 해왔소. 식모살이도 월급이 있쟁이오."

— 또순이(도금봉)

또순이(도금봉)가 출가할 때 부모님에게 하는 말.

**감독:김수용, 원작:김영수, 각색:임희재**

# "우리야 아무것도 없는데 팔아먹든 말든 무슨 상관인가."

— 원필(신영균)

'통일운동'을 하는 원철(최무룡)이 "빨갱이 놈들에게 몽땅 팔아먹는 걸 보고만 있으란 말이요?"라고 하자 원필(신영균)이 하는 대답.

**혈맥(1963)**
감독:김수용, 원작:김영수, 각색:임희재

# "애비들은 못나서 이런 데서 헤어나지 못하고 있지만 너희들이야 쭉쭉 뻗어가야지."

— 깡통(최남현)

복순(엄앵란)을 찾아온 갑득(추석양). 복순이 직장에 가고 없자 그에게 깡통 영감(최남현)이 하는 말.

# "돌아와 달라는 건 아니야. 너희들을 벌할려고 하는 것도 아니고, 우리가 처음 만난 곳을 둘이서 가보고 싶어서 왔어."

— 동일(장동휘)

보스 동일(장동휘)이 얼굴에 상처를 입고 쫓겨났던 부인 연실(문정숙)을 다시 찾아가 하는 말.

**빨간 마후라(1964)**
**감독:신상옥, 원작:한운사, 각색:김강윤**

# "항상 비겁하지 말 것. 이것은 전투할 때나 연애할 때나 마찬가지다."

**— 팽운대(박암)**

**팽운대(박암)가 신입 조종사들에게 비행사의 상징인 빨간 마후라를 나눠주며 하는 말.**

**갯마을(1965)**

감독:김수용, 원작:오영수, 각본:신봉승

# "남을 위해 사는교?"

— 해순(고은아)

상수(신영균)는 과부가 된 해순(고은아)을 끈질기게 쫓아다닌다. 이후 해순과 상수는 결국 관계를 맺는다. 여러 차례 관계를 맺은 후 상수가
해순에게 "퍼뜩 옷 입으라. 누가 보면 어야노?"라고 하자 하는 대사.

**갯마을(1965)**
**감독:김수용, 원작:오영수, 각본:신봉승**

# "남의 눈 때문에 수절하재, 하고 싶어서 할까 봬."

— 과부(불명)

**갯마을의 한 과부가 "이래서 수절은 어째 했노?"라고 묻자 하는 대사.**

불나비(1965)

**감독:조해원, 각본:김강윤**

# "카르멘을 아시죠? 남자를 불행하게 만드는 여자. 전 그런 여자랍니다."

— 민화진(김지미)

**화진(김지미)이 자신에게 관심과 호의를 표하며 앞으로도 종종 만나달라고 간청하는 변호사 성훈(신영균)에게.**

**불나비(1965)**
감독:조해원, 각본:김강윤

# "그 여자의 매력 앞에서는 누구나 일종의 정신병자가 되죠. 연애병 환자."

— 한창식(박암)

화진(김지미)을 찾아 헤매는 성훈(신영균)에게 다가가 자신을 그 여자의 숭배자라고 소개하면서.

**불나비(1965)**

**감독:조해원, 각본:김강윤**

# "새끼, 눈깔은 껍질이 모자라서 내놨나?"

— 문인수(박기수)

우연히 화진(김지미)을 발견하고 반색하는 성훈(신영균). 화진이 그를 모른다고 하자 옆에 있던 남자(박기수)가 성훈을 향해 똑똑히 보고 다니라며 쏘아붙이는 말.

# "거지같이 밥을 얻으려 가는 것보다는 힘이 들더라도 껌을 팔아 버는 돈으로 국수를 사다 먹는 게 훨씬 좋습니다."

— 이윤복(김천만)

**동생과 함께 껌을 팔다 단속에 걸려 아동보호소로 실려 가는 길, 윤복(김천만)의 내레이션.**

**140  저 하늘에도 슬픔이(1965)**
감독: 김수용, 원작:이윤복, 각본:신봉승

# "저 하늘에도 슬픔이 있을까요? 우리 집 같은 슬픔이 있을까요?"

— 이윤복(김천만)

껌을 팔아 번 20원을 길거리 거지에게 적선하고 귀가한 윤복(김천만)에게 아버지(장민호)는 "우린 굶으면서 동냥을 주는 기가?" 하며 불같이 화를 낸다. 여동생과 함께 하늘을 바라보며 울 때 들려오는 윤복의 내레이션.

## 141    나운규 일생(1966)
**감독:최무룡, 원작:최성규, 각본:최성규·전범성·김강윤·유열**

# "봐야지! 내가 만든 영화를! 신령님, 한 번만 한 번만 더 약속해요."

**— 나운규(최무룡)**

**병이 든 나운규(최무룡)가 죽기 전 마지막 영화를 촬영하며 하는 대사.**

망향(1966)
**감독:김수용, 원작:김동현, 각본:김강윤**

# "카즈오, 바늘이 가리키는 쪽이 남쪽이다. 남쪽으로 가자."

— 미쯔코(서승희)

**북한의 대외선전 정책에 속아 북한에 도착한 미쯔코(서승희)는 탈출 중에 북한군에 발각되어 총에 맞아 사망한다. 이후 살아남은 아들에게 남쪽으로 가서 자신의 죽음을 고발해 달라고 하며 뱉는 유언.**

**143** **워커힐에서 만납시다(1966)**
감독:한형모, 각본:유일수·강근식

# "젓가락을
# 한 짝밖에 안
# 주는데 어떻게
# 먹지?"

— 양대훈(서영춘)

양대훈(서영춘)은 딸(남정임)을 찾기 위해 서울로 향한다. 길에서 만난 윤삼룡(트위스트 김)과 함께 양대훈은 바에 와서
오렌지 주스를 시켰다. 이때 빨대를 젓가락으로 오인하고 하는 말.

# "내가 아무 곳에도 가지 않고 누구에게도 마음을 뺏기지 않도록 나를 구원해줘요. 나를 도와줘요."

— 지연(문정숙)

어느 비 오는 날 강 기자(김정철)가 찾아와 "당신을 구원하는 길은 당신의 남편으로부터 당신을 빼앗아 오는 겁니다"라고 말하자
지연(문정숙)이 하는 답변.

**145 안개(1967)**

감독:김수용, 원작:김승옥, 각색:김승옥

# "무진에서는 모두들 서로가 서로를 속물이라고 생각하는 것이다. 무진에서는 모두들 다른 사람이 하는 일은 무의미한 것이라고 생각하는 것이다. 속물, 속물, 속물."

— 윤기준(신성일)

조한수(이낙훈)의 집에서 열린 술자리에서 하인숙(윤정희)이 노래를 부르자 그를 좋아하는 박 선생(김정철)은 바깥으로 나간다.
그는 인숙의 그런 모습이 속물 같다고 한다. 이에 윤기준(신성일)이 술자리를 생각하며 하는 평가.

**감독:김수용, 원작:김승옥, 각색:김승옥**

# "미칠 것 같아요, 정말 미칠 것 같아요."

— 하인숙(윤정희)

**윤기준(신성일)이 "정말 무진이 싫은가요?"라고 묻자 인숙(윤정희)이 하는 말.**

# "저런 여자들이 먹는 건 청산가리입니다. 수면제 몇 알 먹고 떠들썩한 연극 같은 건 안 하지요. 그것만은 고마운 일이지만은."

— 순경(추봉)

읍내 술집 여자의 자살 시체 앞에서 순경(추봉)이 윤기준(신성일)에게 "초여름이 되면은 반드시 몇 명씩 죽죠"라고
운을 떼며 무감하게 하는 말.

**안개(1967)**

**감독:김수용, 원작:김승옥, 각색:김승옥**

# "한 번만, 마지막으로 한 번만 이 무진을, 안개를, 외롭게 미쳐가는 것을, 유행가를, 술집 여자의 자살을, 배반을, 무책임을 인정해 주기로 하자. 마지막으로 한 번만이다. 꼭 한 번만."

— 윤기준(신성일)

**윤기준(신성일)이 무진을 떠나가며 버스에서 하는 내레이션.**

감독:김수용, 원작:윤석주, 각본:신봉승

# "아무리 기다림의 예술이라고 하지만 이거 안 됩니다. 신인이 나와야 해요. 신인이 홍수같이 나와야 된다구요."

— 허 사장(허장강)

겹치기 출연 탓에 크랭크인 첫날부터 남자 주인공 한성이 스튜디오에 도착하지 않자 화가 난 허 사장(허장강)이 하는 말.

**어느 여배우의 고백(1967)**
**감독:김수용, 원작:윤석주, 각본:신봉승**

# "빈 맥주병은 엿이나 바꿔 먹지만 인기 없는 스타는 엿도 안 된다."

**— 여고생(불명)**

**전직 배우 김진규(김진규)를 알아본 여고생들이 길을 걸으며 하는 말.**

**감독:이만희, 원작:김지헌, 각본:김지헌, 각색:백결**

# "난 마음이 약하거든. 네 눈을 보면 난 떠나지 못한다."

**— 석구(신성일)**

**최상무(최봉) 일행이 자신을 죽이러 찾아오자 석구(신성일)는 선(문희)을 두고 떠나려고 한다. 이때 인기척을 느낀 선이 인사도 없이 가느냐고 묻자 하는 말.**

원점(1967)

감독:이만희, 원작:김지현, 각본:김지헌, 각색:백결

# "알고 있어요. 그는 날 싫어하지는 않았어요."

― 선(문희)

석구(신성일)가 킬러의 총탄에 맞아 목숨을 거둔다. 총소리를 들은 전직 경찰관이 달려와 석구의 신원을 묻자 선(문희)은 이에 대해 대답할 수 없다. 그러자 그는 "당신은 그에 대해 아무것도 알지 못한단 말입니까?"라고 묻는다. 그에 대한 선의 대답.

## 대원군(1968)

**감독:신상옥, 원작:유주현, 각본:이상현**

# "전하, 명심하십시오. 그때가 오면 잊지 마십시오. 전하 뒤에는 이 흥선이가 있사옵니다. 전하, 하오나 그때가 언제이옵니까 전하. 저는 언제 칼을 벗어야 합니까. 언제까지 그들의 눈을 피해가며 미친 짓을 계속해야 하옵니까 전하. 기필코, 그때가 오긴 올 것입니다."

— 이하응(신영균)

병든 아들 명복(고종의 아명, 이풍구)의 약값을 구하기 위해 김병기 대감(허장강)에게 그림을 팔러 간 이하응(흥선대원군, 신영균)은 무시를 당하는 수모를 겪는다. 그가 아파 잠을 자고 있는 아들을 두고 홀로 하는 말.

감독:정소영, 원작:이성재, 각본:이성재

# "8년을 기다리며 살았습니다. 바람 소리에 대문이 흔들려도, 파도 소리에 인기척이 있어도... 아빠가 왔다고, 우리 아빠가 우리를 데리러 왔다고."

— 혜영(문희)

신호(신영균)와 8년 만에 재회한 혜영(문희)이 그의 아들인 영신(김정훈)이 아빠를 오래 기다려 왔다며 하는 말.

**미워도 다시한번(1968)**
감독:정소영, 원작:이성재, 각본:이성재

# "사내자식 아닌가? 크면 다시 찾아오게 되네, 미워도 다시 한 번 반드시 만나야 할 사람들이 아닌가?"

— 김 교수(박암)

신호(신영균)는 혜영(문희)과 영신(김정훈)을 시골로 보낸다. 이에 슬퍼하는 신호에게 김 교수(박암)가 하는 말.

"그의 구출을 기다리지 않는 사람은 없지만, 그의 불행이 전체의 불행인 듯이 확대한다는 것은 어떻게 생각하나?"

— 서 기자(허장강)

**김창선(장민호)이 유언을 남겼다는 장면 직후에 나오는 시니컬한 서 기자(허장강)의 대사.**

# "나이를 먹어가는 남자의 생식 본능이란 아주 집요한 데가 있거든요. 글쎄 더러는 요상하고 이해 깊은 결혼도 있기는 합니다만."

— 의사(김기영)

진료를 받기 위해 마취를 받은 정아(문희)가 마취에서 깨어날 때 의사(김기영)가 하는 말.

**158** **젊은 느티나무(1968)**
감독:이성구, 원작:강신재, 각색:나한봉

# "일전에 거기 편지를 둔 것도 나 읽으라는 친절인가?"

— 현규(신성일)

자신에게 편지를 남기고 고향 마을로 간 숙희(문희)를 찾아간 현규(신성일)의 말.

"무슨 얘기부터 할까요? 우리들의 현재에 대해서? 미래에 대해서? 결혼식은 교회당에서 올릴까요? 드레스는 뭐로 할까요? 아이는 둘만 낳기로 할까요? 아니, 너무 적겠죠? 역시 셋이 좋겠죠? 집은 빨간 벽돌집. 마당엔 꽃을 심어야죠. 채송화, 백합, 장미. 그리고 또 뭐예요? 뭐예요? 말해 봐요. 왜 아무 말을 하지 않는 거예요? 왜 대답이 없는 거죠?"

— 지연(전지연)

말 없는 지연(전지연)을 보며 허욱(신성일)이 왜 아무 말 하지 않느냐고 하자 지연이 반문하는 대사.

# "여화는 당신 때문에 산 거예요. 무서운 지옥에서 벗어난 거예요. 여화는 번뇌가 없는 세상을 가는 거예요."

— 여화(김지수)

원랑(신영균)의 칼에 맞아 죽는 여화(김지수)가 원랑에게 하는 말.

# "죄송하오. 남은 내 일생은 여화 거요. 나는 여화하고 약속을 했소. 여화의 혼을 지켜주겠다고, 내 손으로 죽인 여화하고 약속을 했소."

— 원랑(신영균)

진성여왕(김혜정)의 구애를 뿌리치고 여화(김지수)의 무덤을 지키기로 결심하는 원랑(신영균)의 대사.
이후 원랑은 같은 자리에서 백골이 될 때까지 무덤을 지킨다.

**쇠사슬을 끊어라(1971)**
감독:이만희, 원작:최관두, 각본:김원태

# "이 연극의 끝은 이렇게 하자. 너희 둘은 죽고, 나는 불상을 가지고 불란서 파리로 정치 망명을 간다. 아, 너희들의 죽음을 생각하면서."

— 허달건(허장강)

허달건(허장강)이 불상을 얻기 위해 태호(장동휘), 김철수(남궁원)와 손을 잡고 하는 잡담.

## 163 화녀(1971)
**감독:김기영, 각본:김기영**

# "닭장에 들어가면 노크 해요. 닭이 놀라면 자궁 파열로 알을 못 낳게 돼요."

**— 정숙(전계현)**

**부인 정숙(전계현)이 식모 명자(윤여정)에게 닭장 일을 가르쳐주며 하는 대사.**

**화녀(1971)**
감독:김기영, 각본:김기영

# "난 결심했다! 이왕 촌을 쫓겨 나온 이상 남자 털어먹는 직업을 갖는다! 다방, 빠, 돈벌이라면 뭐든지 해!"

— 경희(김주미혜)

명자(윤여정)와 함께 서울로 가는 버스 안에서 다짐을 하는 경희(김주미혜)의 대사.

**감독:이만희, 각본:이만희, 각색:이희우**

# "긴장은 네가 하고 있어. 나는 다만 조용할 뿐이야."

— 한 하사(김성옥)

한국전쟁이 발발한 1950년 6월 25일, 사방으로 고립된 최전방 초소에서 "긴장한 거야? 왜 그렇게 말이 없어"라고 묻는 전우에게 한 하사(김성옥)가 무심히 답하는 말.

**감독:이만희, 각본:이만희, 각색:이희우**

# "저 벙커병은 이미 전사했다. 네가 죽을 때는 산 사람을 위해서 죽어라. 전쟁은 화풀이가 아니야."

**— 박 중사(장동휘)**

**북한군이 옆의 벙커를 공격하자 박 중사(장동휘)가 이에 보복하기 위해 총구를 들이민다. 이때 그가 하는 말.**

# "전 명동을 사랑했습니다. 또 명동에서 환멸을 느꼈습니다. 그러면서도 명동을 버리지는 못했습니다. 거기에는 명동을 흘러내리는 말 못할 사연들이 있었기 때문입니다."

**— 허달수(허장강)**

허달수(허장강)가 옴니버스 영화의 시작에 '명동'의 장소성을 설명하는 대사.

**충녀(1972)**
감독:김기영, 각본:김기영

# "청춘이란 기성세대에 도전하는 용기."

— 명자(윤여정)

고교 담임이 명자(윤여정)에게 청춘의 정의를 묻자 명자가 하는 대답.

# "이런 사실은 인정하시죠. 통계적으로 남자가 10년 먼저 죽는다는 사실을. 남자가 빨리 죽는 게 아니라 여자에게 살해당하고 있는 겁니다. 이러한 얘기 들어보셨죠?"

— 이 교수(불명)

**김동식(남궁원)이 들어온 정신병원의 이 교수가 하는 말.**

**충녀(1972)**

감독:김기영, 각본:김기영

# "지독하다. 시어머니 열 개를 한꺼번에 모신 셈이 됐군."

— 명자(윤여정)

동식의 아내 순조(전계현)가 동식(남궁원)을 다루는 법을 알려주자 명자(윤여정)가 하는 말.

**171**    **어제 내린 비(1974)**
감독:이장호, 원작:최인호, 각본:김승옥

# "사랑을 받아 본 적이 없는 사람은 누구도 사랑할 수 없어."

**— 민정(안인숙)**

민정(안인숙)이 영욱(이영호)의 차를 타고 가며 하는 말. 영욱이 형인 영후(김희라)를 다그치자 이에 민정이 하는 말.

**어제 내린 비(1974)**
감독:이장호, 원작:최인호, 각본:김승옥

# "내 형과 네가 결혼한다면 넌 내 형수가 되는 거고 그럼 난 항상 네 곁에 있을 수 있는 거지? 그저 그것만이라도 좋아. 네가 어떻게 되든 널 생각하는 건 똑같애."

— 영욱(이영호)

**민정(안인숙)이 영후(김희라)와 사랑에 빠지게 된 걸 알게 된 영욱(이영호)이 민정에게 하는 말.**

일본인 사사끼(배수천)와 중국인 왕(김문주)은 조선 독립군 군자금으로 쓰일 황금을 두고 싸운다. 이 사이에 태권도(한용철)가 개입해 그들을 물리치고 황금을 차지한다. 이후 석양으로 사라지며 하는 말.

# "이름도 없습니다. 그냥 조선의 아들이라고만 알아 두십시오."

— 태권도(한용철)

감독:이장호, 원작:최인호, 각색:이희우

# "제 입술은 쪼그만 술잔이에요."

— 경아(안인숙)

경아(안인숙)가 남편인 만준(윤일봉)과 입을 맞춘 후 하는 말이다. 이에 만준은 "그래, 이쁜 술잔이야"라고 답한다.

**별들의 고향(1974)**
**감독:이장호, 원작:최인호, 각색:이희우**

# "여자란 참 이상해요. 남자에 의해 잘잘못이 가려져요."

**— 경아(안인숙)**

**동혁(백일섭)이 떠나가고 혼자 남은 경아(안인숙)를 찾아온 문호(신성일)에게 경아가 하는 말.**

**감독:이만희, 각본:김원두**

# "오늘 이 시간 이 장소에는요. 이 세상에서 제일 착한 분들만 모였어요. 왜냐하면요, 모르는 사람들이 모여서 모르는 사람의 생일을 축하하게 됐거든요."

— 인영(문숙)

재수생 인영(문숙)이 고독에 빠진 동수(신성일)를 달래주기 위해 모르는 사람을 초청해 생일 파티를 열고 하는 말.

# "채우긴 뭘 채웁니까. 난 모두가 귀찮아서 빈 그릇이란 빈 그릇은 모두 깨버리겠습니다."

— 도심(정한헌)

도심(정한헌)이 화두를 깨우치며 하는 말.

# "난 먹을 땐 꼭 생각나더라. 무문 스님에게 어떤 승이 와서, 어떠한 것이 부처입니까? 하고 물었더니 똥 치는 막대기라 하셨어."

— 법연(최불암)

법연(최불암)이 동승들과 밥을 나눠 먹으며 하는 말.

# 179 파계(1974)
### 감독:김기영, 원작:고은, 각본:김기영

# "칼!"

— 법연(최불암)

법연(최불암)이 절의 다른 스님들에게 화두를 던질 때 하는 말로 계속 반복된다.

# "빨간 지붕 양옥집을 짓겠습니다. 정원엔 장미도 심고 자가용도 사겠습니다. 난 내 힘으로 돈을 벌겠습니다. 그리고 고래 사냥하러 가겠어요. 동해엔 고래 한 마리가 있어요. 예쁜 고래 한 마리가요."

— 영철(하재영)

철학과 학생 영철(하재영)이 동해 바다에서 자살 직전 하는 대사.

**삼포 가는 길(1975)**
**감독:이만희, 원작:황석영, 각본:유동훈**

# "사실은 나, 남자들 많이 거치지 않았단 말이야. 몇 명 안 돼."

— 백화(문숙)

백화(문숙)는 영달(백일섭)을 잡고 싶지만, 직업도 돈도 없는 영달은 백화를 더 힘들게 할까 봐 떠나보내려고 한다.
영달을 잡고 싶은 마음에 하는 대사.

# "이래 봬도 나 백화란 여자는 순정에 망한 년이라구요. 믿지 않는군요. 할 수 없죠 뭐. 백화란 내 이름도 사실은, 가짜니까요."

— 백화(문숙)

작부 백화(문숙)가 정 씨(김진규), 노영달(백일섭)과 동행하던 중 눈밭에서 하는 대사.

**영자의 전성시대(1975)**
감독:김호선, 원작:조선작, 각본:김호선, 각색:김승옥

# "난 서울에 연애하러 온 게 아니라구요. 돈 벌러 온 거라구요."

— 영자(염복순)

창수(송재호)가 군대를 가기 전에 연애 감정을 표하자 영자(염복순)가 하는 말.

# "하느님, 어디서부터 잘못됐었는지 모르겠어요. 돈 벌겠다고 서울에 온 것이 잘못인지 가난한 집 맏딸로 태어난 게 잘못인지, 버스 차장을 한 게 잘못인지, 식모살이를 한 게 잘못인지, 난 정말 아무것도 모르겠어요."

— 영자(염복순)

식모살이를 하다 강간을 당하고 버스 차장을 하다 팔이 잘린 영자(염복순)가 자신의 인생을 비관하며 하는 말.

"난 말이에요. 마이너스 1이에요. 1 빼기 1 아시죠? 아줌마. 창수 씨가 1이고요. 난 마이너스 1이에요. 창수 씨하고 나하고 붙으면요 0이 돼 버려요. 아무것도 안 남는다고요. 하지만 난 창수 씨를 사랑하거든요. 창수 씨도 나를 사랑하거든요. 그러니까 우린 꼭 함께 살고 말 거예요."

— 영자(염복순)

**영자(염복순)가 단속을 피해 친한 술집 아주머니의 집에 가서 세태를 비판하며 하는 말.**

# "내 이름은 효순이, 효순이란 말야. 신문에 났었어. 왜 사람을 죽였냐고. 그 사람이 미워서 죽인 건 아니야. 남들한테 속고 하도 속아서 나도 모르게 분통이 터졌던 거야."

— 효순(김지미)

교도소로 복귀하는 효순(김지미)이 청년(이정길)과 헤어지며 하는 말.

감독:김기영, 각본:김지헌

"지독히 특징 없는 남자가 어머니 없는 딸을 데리고 역까지 전송해 준다. 그러나 이 남자를 이해할려면은 세상에 대한 능숙한 보는 눈을 가졌던가 평범에 안주하는 인생에 대통해야 할 것 같다. 나는 금년도 나타나지 않는 그 사람을 만나려 남행열차를 타야 했다. 약속이기 때문이다. 어쩌면 세상은 자기가 바라는 남자는 멀어가고 대수롭게 생각 않는 남자는 눈앞에 귀찮게 서성거릴까. 여자란, 자기 배우자를 찾는 걸로 인생이 정해진다. 정해진 남자에게 육체를 제공하고 동화돼서 그 사람의 자손을 이어주는 일로 여자의 전부가 끝나니까 말이다. 그러나 젊은 여자에게 남자의 선택의 자유가 있었던가. 또는 그런 긴 안목이 구비되어 있단 말인가. 어느 시대건 여자는 장님처럼 눈을 못 보고 남자를 골라왔다."

— 효순(김지미)

**효순(김지미)이 기차역으로 가는 이유를 밝히며 하는 내레이션.**

## 188 겨울여자(1977)

**감독: 김호선, 원작: 조해일, 각본: 김승옥**

# "친구 집에서 자지 않았어요. 그렇다고 사람이 자면 안 되는 곳에서 잔 건 아니에요."

**— 이화(장미희)**

처음으로 외박하고 귀가한 이화(장미희). 아버지에게 "물론 나도 네가 친구 집에서 잤으리라고 생각한다"라는 말을 듣자 하는 말.

**감독:석래명, 원작:조흔파, 각색:윤삼육**

# "가난은 결코 수치스러운 게 아냐. 다만 불편할 따름이지. 얄개야, 우리에겐 밝고 희망찬 내일이 있어. 그 풍요한 내일의 세계를 이룩하려면 학생 시절에 열심히 공부하는 거야."

— 호철(김정훈)

**몸을 다쳐 학교에 가지 못하자 집을 찾아온 두수(이승현)에게 호철(김정훈)이 하는 말.**

"평지에서 순탄하게 자라난 오동이
아니라 저 나무처럼 메마른 바위
틈에 뿌리를 박고 자라난 오동이지.
그중에서도 오랜 세월 동안 갖은
시련을 다 겪고 견디다 말라죽은
오동을 자고동이라 하는 게요.
그만큼 이 나무는 그 결 속에 피맺힌
한이 서려 감히 다른 가야금이
따를 수 없는 한스러운 소리를 내는
명기가 되는 게요."

— 가장(노강)

가야금 명인 우단(최불암)을 찾으러 가는 야쯔하시 중(이영하)과 동행한 가장(노강)이 자신의 가야금 소재인 오동에 대해 설명하는 대사.

감독:김기영, 각본:이문웅

"인간은 뱃속에서 나올 때부터 살겠다는 의지가 강하게 작용한다. 그것은 인간이 지구상에 태어난 이백억 년 전에 종족을 길이 보존하겠다는 강한 의지가 뒷받침하는 것이다. 인간은 성장하면서 위험은 급속도로 증가한다. 질병, 전쟁, 수해, 간벌, 지진, 해일, 홍수, 현대에 와서는 교통사고로 순간순간 죽을 고비를 넘기고서도 살겠다는 의지 하나로 인간은 점점 번성하고 있다. 모든 인간이 살겠다는 의지로 버티고 있는데 어째서 자네만은 인류 영원의 삶의 의지를 무시하고 죽음만을 생각하느냐."

— 괴노인(여포)

괴노인(여포)이 삶의 의지를 설파하면서 하는 대사.

## 소나기(1978)

**감독:고영남, 원작:황순원, 각본:이진모, 각색:윤삼육**

# "자기가 죽거든 자기가 입던 흰 윗도리하고 붉은색 짧은 치마를 꼭 그대로 입혀서 묻어 달라고."

— 명호(김민규)

**연이(조윤숙)가 죽었다는 소식을 아내(유명순)에게 전하는 명호(김민규)의 대사**

감독:김기영, 원작:이광수, 각색:김용진

"개처럼 엎드려 궁둥이를 흔들면서 세 번 개소리를 짖어 보이겠는가? 아니면 법정에서 간통죄로 기소되어 10년을 감옥에서 보낼뿐더러 신문에 크게 나서 얼굴에 똥칠을 하겠느냐."

— 허숭(김정철)

간통 현장을 포착한 허숭(김정철)이 갑진(김추련)을 겁박하며 하는 말.

## 병태와 영자(1979)

**감독:하길종, 원작:최인호, 각색:최인호**

# "오랜만이다, 이 멍청아. 너 보고 싶었다. 정말 보고 싶었어. 이 원수야."

**— 병태(손정환)**

3년 만에 면회를 온 영자(이영옥)는 병태(손정환)에게 결혼을 하게 됐다고 전한다. 이에 병태는 간식을 사러 간다며 나갔다가 술집에 가 잔뜩 취해 돌아온다. 그리고 돌아와서 하는 말.

195 **병태와 영자(1979)**
감독:하길종, 원작:최인호, 각색:최인호

# "풀이 자랐어. 3년 동안 아무도 오가는 이 없이 풀만 무성하게 자랐어. 풀만 장발이야. 긴 머리로 자랐어."

— 병태(손정환)

병태(손정환)가 영철의 묘를 찾아가서 울며 하는 말.

# "전 철학과에 다니고 있습니다. 철학과는 아시다시피 졸업하고 나오면 뚜렷하게 좋은 직장을 가질 수 있는 과는 못됩니다. 그런데 저는 며칠 전에 제가 영자를 누구보다 사랑하고 있다는 것을 깨달았습니다."

— 병태(손정환)

영자(이영옥)가 약혼을 한다는 소식을 들은 병태(손정환)가 병태의 작은 아버지를 대뜸 찾아가서 하는 말.

# "자진해서 분량미 2만 석을 나라에 바친 사람이 애국자가 아니라면 누가 애국자입니까? 창씨개명? 그거 안 하면 사람 취급 안 하깁니까?"

— 다니(하명중)

창씨개명을 거부한 설진영(주선태)에 감명을 받은 다니(하명중)가 설진영이 자살한 걸 듣자 총독부의 상사에게 반항하며 하는 대사.

감독:임권택, 원작:가지야마 토시유키, 각본:한운사

# "비 국민이란 것은 관청의 과장으로 있으면서 저녁마다 카페에 가서 여급 궁둥이나 두들기는 그런 민족을 말하는 것입니다."

― 다니(하명중)

창씨개명을 거부한 설진영(주선태)에 감명을 받은 다니(하명중)가 설진영이 자살한 걸 듣자 총독부의 상사에게 반항하며 하는 대사.

감독:이장호, 원작:최일남, 각본:이장호

# "사람들이 어떤 눈으로 보는지 나도 잘 알아. 촌무지렁이 배추장사하던 놈이 부동산 투기로 악랄한 수단을 써서 졸부가 됐다고 헛소리들 하지만 그뿐이야. 올챙이 적 생각 못하고 고리대금으로 없는 사람 가죽 벗긴다고 욕들 하지만 아, 내가 그런 짓 안 한다고 세상이 달라질 것 같애? 어림 없는 소리. 나 대신 그런 짓 할 놈은 세상에 쌔고 쌨다고."

**— 김 회장(최불암)**

**평소 눈여겨보던 미스 유(김보연)와 잠자리를 한 후 김 회장(최불암)이 자신의 삶을 합리화하며 내뱉는 말.**

**감독:이장호, 원작:최일남, 각본:이장호**

# "서울에 와서 2년을 살았는디요, 한마디로 살아볼 만한 뎁디다. 이렇게 맞다 보면 뭔가 알 것 같기도 해라우."

― 덕배(안성기)

**복싱장에서 흠씬 두들겨 맞은 덕배(안성기)가 하는 내레이션.**

**감독:김호선, 원작:이어령, 각본:지상학·홍파·김호선**

# "모자를 자꾸 바꿔 쓴다고 해서 바보가 똑똑해지는 줄 알아?"

**— 김종실(송재호)**

**신박한 효과음을 만들어 백지수표를 받은 날, 만취한 채 실수로 다른 아파트에 들어간 효과맨 종실(송재호)이
낯선 가구를 보자 호통치듯 하는 말.**

**어둠의 자식들(1981)**
감독:이장호, 원작:황석영, 각본:이장호

# "카수야, 손님 받아라!"

— 여자(보이스오버)

가수 지망생으로 '카수'라는 별명으로 불렸으나 홍등가 윤락녀가 돼버린 영애(나영희). 텔레비전 공개 방송에서
가수가 노래하는 장면을 초점 없이 보고 있는 와중에 단속적으로 들리는 여성의 목소리다.

**감독:유현목, 원작:윤흥길, 각본:윤삼육**

# "내사 뭐 암시렁도 않다. 진즉 이럴 줄 알았응께. 내가 새삼 뭐 암시렁도 않다."

— 외할머니(황정순)

외아들의 죽음을 듣고 나서 실성한 듯 반복하는 말.

감독:유현목, 원작:윤흥길, 각본:윤삼육

# "집안일일랑 아무 걱정 마시고 어서 자네 갈 길을 가소. 잘 가소이."

— 외할머니(황정순)

순철(이대근)이 돌아오기로 점쳐진 날 축제를 준비해뒀지만 순철은 돌아오지 않는다. 그날 순철 대신 뱀이 집 안에 들어온다.
이에 외할머니(황정순)가 제사를 지내면서 뱀에게 하는 말.

# "왜 이래요? 당신네 남자들 왜 이러는 거예요. 내 아이를 가지고 무슨 권리로 당신네 맘대로 하는 거예요?"

— 명숙(김보연)

교도소에서 나온 전 남편 주석(안성기)이 핏줄을 찾아 아들 걸을 배회하자 두 남자 사이에서 번뇌하던
명숙(김보연)이 주석에게 따지듯 던지는 대사.

**애마부인(1982)**
감독:정인엽, 각본:이문웅

# "내가 굴욕감을 무릅쓰고 잠자리를 요구할 때마다 당신은 냉정하게 거절했어요. 저도 사람이에요. 당신과 똑같이 하겠어요."

— 애마(안소영)

애마(안소영)가 남편 현우(임동진)에게 하는 말.

적도의 꽃(1983)
### 감독:배창호, 원작:최인호, 각본:최인호

# "당신은 구멍으로 남의 목욕탕 따위를 쳐다보며 지내는 비겁자야!"

— 선영(장미희)

비가 억수같이 내리는 밤 강변, 타락하고 썩어 빠진 몸을 씻으라고 강요하는 미스터 M(안성기)을 달래다 선영(장미희)이 처연히 하는 말.

# "선영은 이 황량한 사막 위에 내가 피워보려 했던 한 송이의 허망한 꽃이었을 뿐이다."

**— 미스터 M(안성기)**

선영(장미희)의 가스 중독 자살이 자신의 추악한 욕망 탓이라고 속죄하는 미스터 M(안성기)의 마지막 내레이션.

**209** **짝코(1983)**

감독:임권택, 원작:김중희, 각본:송길한

# "여기는 염라대왕의 부름만 기다리는 임종 대기실이야."

— 조연(불명)

갱생원에 들어온 송기열(최윤석)에게 갱생원이 어떤 장소인지 알려주는 대사.

# "봤지? 별거 아냐, 컴퓨터는 생명체를 다루듯 하면 되는 거야."

— 장남(신성일)

컴퓨터 회사의 기술개발 실장으로서 회사 직원들을 세워 두고 컴퓨터 조작 솜씨를 능숙하게 선보이면서.

**길소뜸(1986)**
감독:임권택, 각본:송길한

# "우린 다만 강대국들의 대리 전쟁을 치르는 삐에로에 불과했던 거예요."

— 남편(전무송)

화영(김지미)의 남편(전무송)이 한국전쟁에 대한 소회로 하는 말.

# "전 인간적이고 문화적인 것보다는 백 프로의 한 핏줄이기를 바라고 있어요."

— 민화영(김지미)

화영(김지미)은 친자 확인을 위한 혈액검사까지 하고도 석철(한지일)을 아들로 인정하지 못한다. 이산가족을 애타게 찾지만
끝내 이를 받아들일 수 없는 당시 사람들의 복잡한 심경이 드러나는 대사.

감독:이두용, 원작:나도향, 각본:윤삼육

# "어찌 사람들이 저만 나쁘다고 합니까? 손뼉도 마주 쳐야 소리가 난다고, 어찌 저만 나쁩니까요."

— 안협(이미숙)

'화냥년'이란 소리를 하며 동네 어르신을 불러 안협(이미숙)을 쫓아내려고 하는 이들. 이에 안협이 자신의 억울함을 토로하는 말.

# "뽕을 따야
# 임도 따지."

— 삼보(이무정)

길을 나서는 삼보(이무정)에게 마을 사람들은 "뽕도 따고 임도 따라"라고 말한다. 이에 대한 삼보의 대답.

# "핫백이란 거 아세요? 왜 환자 찜질하는 물주머니. 그 물주머니 노릇을 2년 동안 했어요. 특별간호라고 계약서엔 그렇게 적혀 있죠."

— 미세스 최(이보희)

영화의 시작과 끝, 중풍 환자인 회장의 전담 간호사 미세스 최(이보희)가 죽은 아내의 유골을 뿌리러 강원도로 온 남자(김명곤)에게 하는 말.

# "나이 서른에 물가에서 관 셋 짊어진 사내를 반드시 만나. 그 사람이 전생에 니 남편이야."

— 점쟁이(불명)

몇 년 전 점쟁이가 미세스 최(이보희)에게 한 말.

　**미미와 철수의 청춘스케치(1987)**

**감독:이규형, 각본:이규형**

# "영어 단어라곤 러브랑 섹스밖에 몰라요."

— 미미(강수연)

**미미(강수연)를 보고 한눈에 반한 철수(박중훈)는 그에게 자신을 "커피 한 잔에 사라"고 한다. 함께 커피숍에 간 둘.
영문과라는 미미에게 철수가 "영어는 꽉 잡고 있겠다"고 하자 미미가 하는 대답이다.**

**미미와 철수의 청춘스케치(1987)**
**감독:이규형, 각본:이규형**

# "대학은 우리에게 등록금과 학점과 눈물만을 요구합니다."

— 철수(박중훈)

보물섬(김세준)이 대학생활이 어떠냐고 묻자 철수(박중훈)가 하는 대답.

**씨받이(1987)**

감독:임권택, 각본:송길한

# "논문서, 전답 다 필요 없어. 내 새끼 내가 가지고 갈 거야. 내 새끼 내놔."

— 옥녀(강수연)

아이를 낳자마자 빼앗기고 그 값으로 전답을 주겠다고 하자 옥녀(강수연)가 자신의 아이를 돌려달라며 울면서 외치는 외마디의 문장.

# "우리가 어떻게 사람이냐. 육신이 사람 같다고 사람이냐? 사람 대우를 받아야 사람이야."

— 필녀(김형자)

딸인 옥녀(강수연)가 아이를 빼앗기고 인간적인 슬픔에 대해 토로하자 엄마인 필녀(김형자)가 씨받이는 인간이 아니라면서 하는 말.

## 221 개그맨(1988)
### 감독:이명세, 각본:이명세·배창호

# "우리가 보는 모든 것이 한낱 꿈속의 꿈인가 꿈속의 꿈처럼 보이는 것인가."

— 이종세(안성기)

이발소 의자에 누운 종세(안성기)가 눈을 뜨며 하는 말.

# "날이 갈수록 내 너를 새롭게 보게 되는구나."

― 이소사(방희)

'절에서 밥이나 짓던' 사방지(이혜영)가 글을 읽는 것은 물론 탁월한 자수 솜씨를 보이자 감탄하면서 하는 말.

**감독:송경식, 각본:지상학·안태근**

# "난 남자도 여자도 아니지만 짐승도 아니란 말이에요."

— 사방지(이혜영)

무녀 묘화(곽정희)의 사주로 사대부 마님들의 성적 노리개 노릇을 하게 된 사방지(이혜영)가 묘화에게 대들며 항변하는 말.

# "사랑도 팔 수 있을 때 가치가 있는 거야. 팔지 못하는 사랑은 가치가 없어."

— 김판촉(안성기)

김판촉(안성기)이 자신에게 경쟁사 정보를 넘겨주고 신제품 아그마의 모델로 활약한 성소비(이혜영)에게 싸늘하게 하는 말.

감독:배용균, 각본:배용균

# "마음 달이 물 밑에서 차오를 때, 나의 주인공은 어디로 향하는가?"

— 혜곡(이판용)

노승 혜곡(이판용)이 눈먼 노모를 등지고 출가했으나 세속적 번뇌를 끊어내지 못하는 기봉(신원섭)에게 내리는 화두.

감독:박광수, 원작:최인석, 각본:윤대성·김성수·박광수

# "태훈아 조심해라, 조심해."

— 어머니(불명)

영화의 첫 장면, 기차로 이동 중인 기영(문성근)의 얼굴이 보이는 가운데 들리는 어머니의 내레이션.

**그들도 우리처럼(1990)**
감독:박광수, 원작:최인석, 각본:윤대성·김성수·박광수

# "우리들이 오늘을 무어라 부르든 간에 이미 변화는 시작되었다. 사라져야 할 것들은 오늘의 어둠에 절망하지만, 보다 찬란한 내일을 사는 사람들은 오늘의 어둠을 희망이라고 부른다."

— 기영(문성근)

민주화 운동 전과자 신분이 탄로 난 기영(문성근)이 탄광촌을 떠나는 기차에서 하는 내레이션.

# "끝났어..."

— 영민(박중훈)

신혼 첫날밤, 잠자리 초입 장면에서 돌연 침대를 떠나는 영민(박중훈)에게 미영(최진실)이 "영민 씨 화났어?" 하고 묻자 하는 말.

**나의 사랑 나의 신부(1990)**
**감독:이명세, 각본:이명세**

# "아이 루브 유?"

**— 미스터 구(윤문식)**

**출판사 직원 영민(박중훈)은 혼자만 도시락을 싸오는데, 상사들이 새신랑 도시락이 궁금하다며 살펴보다 밥 위에 완두콩으로 심어진 글자를 읽는다.**
**원래는 'I LOVE YOU'인데 'O'의 윗부분만 영민이 골라 먹어 'I LUVE YOU'가 된 걸 놀려먹는 대사.**

# "그대는 나와 운명을 달리하는 까닭에 아직 내 마음은 불타오르나 다만 그대 가슴에 평화만이 있으라."

— 이태(안성기)

**빨치산 태(안성기)와 민자(최진실)는 태의 옆구리 쪽에 총알이 스친 상처를 민자가 치료해 주며 연인 사이로 발전한다. 민자가 다른 곳에 배치받으면서 태는 바이런의 시를 인용해 위의 시구를 쪽지에 적어 선물한다.**

감독:정지영, 원작:이태, 각본:장선우

# "우리가 이렇게 고생하면 이 담에 좋은 세상 되것지라우?"

— 전세용(임창정)

고열로 몸이 좋지 않은 세용(임창정)이 자신을 업은 채 눈 덮인 산을 힘겹게 걷는 태(안성기)에게 하는 말.

**우묵배미의 사랑(1990)**
감독:장선우, 원작:박영한, 각본:장선우·임종재

# "좋은 남자랑 옆에 있는데, 맞아 죽으면 어때요. 그 정도 각오는 했어요"

— 민공례(최명길)

배일도(박중훈)와 함께 들어간 여인숙에서 "오늘 남편이 올지도 모른다면서요?"라는 일도의 말에 괜찮다며 하는 말.

**감독:장선우, 원작:박영한, 각본:장선우·임종재**

# "모든 인생의 샛길은 그 시작이 중요하더라고요. 그 시작을 어떻게 하느냐에 따라서 불행 길이냐, 아니면 행복하게 가느냐, 그게 결판 나더라고요."

— 배일도(박중훈)

일도(박중훈)와 공례(최명길)가 처음 야간열차를 타고 여행을 떠날 때 일도가 하는 말.

감독:장선우, 원작:박영한, 각본:장선우·임종재

# "이 손톱 좀 봐. 미스 민 보고 싶을 때마다 물어 뜯어서 걸레 같잖아요."

— 배일도(박중훈)

헤어진 후 몇 달 만에 다시 만난 비닐하우스에서 일도(박중훈)가 공례(최명길)에게 하는 말.

# "여보게, 두한이가 바로 청산리 대첩의 전설적인 영웅 백야 김좌진 장군의 아들이라네."

— 무명(양택조)

극 중 종로의 원로(양택조)가 김두한(박상민)이 믿고 따르는 엄동욱(김형일)과 술상을 마주할 때 하는 말.

**장군의 아들(1990)**

감독:임권택, 원작:홍성유, 각색:윤삼육·김용옥

# "두한아, 너는 조선의 자존심이야."

— 군중(불명)

김두한(박상민)이 하야시(신현준)의 수하와 결투를 벌일 때 구경하던 무리 중 한 명이 하는 말.

비오는 날 수채화(1990)

**감독:곽재용, 각본:곽재용**

# "신과 아버지를 함께 버렸다."

— 양부(신성일)

**양자로 들인 지수(강석현)가 아버지의 만류에도 불구하고 남매 사이인 지혜(옥소리)와 금지된 사랑을 나누자 혼잣말로 한탄하는 대사.**

**비오는 날 수채화(1990)**
감독:곽재용, 각본:곽재용

# "오빠면 어떻고 아니면 어때. 사랑하면 되지."

— 지혜(옥소리)

**폭력 사건으로 교도소에 수감됐다 출소한 지수(강석현)와 재회한 지혜(옥소리)가 울면서 하는 말.**

**파업전야(1990)**
감독:이은기·이재구·장동홍·장윤현, 각본:공수창·김은채·민경철

# "인간답게 살자는 게 그게 빨갱이라는 거야?"

— 유원기(고동업)

처음 노동조합 설립을 제안했던 유원기(고동업)의 항변.

## 파업전야(1990)

**감독:이은기·이재구·장동홍·장윤현, 각본:공수창·김은채·민경철**

# "나가자! 나가자!"

— 무리(불명)

**영화 엔딩, 각성한 한수(김동범)가 앞장서자 관망하던 동료들까지 집결해 공장 밖으로 나갈 때의 함성.**

# "도대체 한국의 쁘띠 부르주아만큼 귀족 행세를 들려는 족속들이 이 세상에 또 어디 있을라나. 아주 별것도 아닌 것들이 지랄하고 사람을 깔보고 이를 데가 없지."

— R(문성근)

J(강수연)가 계속 섹스를 거부하자 R(문성근)이 J를 찾아가 프랑스에서 동거하며 논문도, 문학평론 글도 대신
써주는 등 그간 자신과 했던 일을 일러바치겠다면서 하는 말.

**242** **베를린 리포트(1991)**
감독:박광수, 각본:박광수, 각색:여균동·주인성·김성수

# "조국은 날 버렸지만 난 조국을 잊은 적이 없소."

— 영철(문성근)

한국인 입양아인 영철(문성근)이 고국인 한국에 대해 하는 말.

**베를린 리포트(1991)**
**감독:박광수, 각본:박광수, 각색:여균동·주인성·김성수**

# "희망, 이상적인 변혁, 아름다운 만남."

**— 영철(문성근)**

파리특파원인 성민(안성기)은 사회주의자 영철(문성근)에게 그가 동생 영희(강수연)를 버리고 베를린으로 가서
얻은 게 뭐냐고 질책하듯 묻는다. 이에 대한 영철의 대답.

**결혼이야기(1992)**
감독:김의석, 각본:박헌수

# "이따 봐용."

— 지혜, 태규(심혜진, 최민수)

신혼을 즐기는 부인 지혜(심혜진)와 남편 태규(최민수)가 방송국 복도에서 상사가 보는 줄도 모르고 서로 엉덩이를 부딪히며
애정 행각을 벌이면서 하는 말.

**그대안의 블루(1992)**
**감독:이현승, 각본:이현승, 각색:여균동·김성수·정정희**

# "블루는 사랑이라는 언어 뒤에 감춰진 악마적 빛깔이다."

— 호석(안성기)

**오프닝에 나오는 호석(안성기)의 내레이션.**

# "그가 나에게 건네주었던 수많은 빛깔들을 그에게 돌려주고 떠났다. 나의 빛깔은 내가 만들어 갈 것이다."

— 유림(강수연)

이탈리아를 떠나는 기차 안에서 유림(강수연)이 내레이션 형태로 하는 다짐.

감독:박종원, 원작:이문열, 각본:장현수·박종원, 각색:노효정

# "너희들은 당연한 너희 몫을 뺏기고도 분한 줄 몰랐고, 또 불의 앞에 굴복하고도 부끄러운 줄 몰랐어. 그런 너희들이 앞으로 어른이 돼서 만들 세상은 상상만 해도 끔찍해."

— 김 선생(최민식)

엄석대(홍경인)의 비행을 체벌로 단죄하고 난 후 김 선생(최민식)의 일갈.

**우리들의 일그러진 영웅(1992)**
감독:박종원, 원작:이문열, 각본:장현수·박종원, 각색:노효정

# "너희들끼리 잘해봐. 개새끼들아!"

― 엄석대(홍경인)

반 아이들에게 절대 권력을 휘둘렀던 석대(홍경인)의 비리가 김 선생(최민식)에 의해 만천하에 드러나자 그제야 아이들은
석대에게 비난을 쏟아낸다. 그러자 교실을 뛰쳐나가며 석대가 하는 욕설.

**"내가 거기서 지켜냈던 것은 월남의 자유와 평화가 아니라 쥐새끼보다 더 초라한 내 목숨이 아니었던가. 내가 거기서 얻은 것은 인간과 역사의 가치에 대한 혼돈뿐이 아니었던가."**

― 한기주(안성기)

동창회 명목으로 룸싸롱에 갔다가 친구들이 월남전에서 사람 죽여봤느냐며 놀리고 야유를 퍼붓자 한기주(안성기)가 하는 독백.

**하얀전쟁(1992)**

**감독:정지영, 원작:안정효, 각색:공수영·조영철·심승보·정지영**

# "이젠 소설을 써야겠다, 정말 좋은 소설을."

— 한기주(안성기)

월남전에서 겪은 일을 배경으로 소설을 쓰던 한기주(안성기)가 피폐한 변진수(이경영) 일병을 총으로
쏘고 난 후 모든 게 선명해졌다는 듯 하는 말.

# "지원 씨 나 죽지 않아요. 나 이렇게 살아 있잖아요. 지원 씨가 날 좋아해 준다면 나 죽지 않아요. 그 사람처럼 지원 씨 두고 나 먼저 죽지 않아요. 나... 죽지 않아요."

— 구영섭(문성근)

지원(김희애)이 결혼식 당일 식장으로 오다 교통사고로 죽은 남자를 잊지 못하자 영섭(문성근)은 트럭 앞으로 달려든다.
그리고 나서 절규하듯 하는 말.

# "전 이제 하늘도, 달도, 별도 영영 못 보게 되나요? 전, 저는 이제 장님이 되었나요?"

— 송화(오정해)

아버지 유봉(김명곤)은 딸 송화(오정해)가 소리에만 집중하게 하려고 눈이 멀게 하는 한약을 몰래 먹인다.
이를 알 리 없는 송화가 아버지에게 하는 말.

**감독:임권택, 원작:이청준, 각색:김명곤**

"이 서편 소리는 말이다, 사람의 가슴을 칼로 저미는 것처럼 한이 사무쳐야 되는디, 니 소리는 이쁘기만 하지 한이 없어. 사람의 한이라는 것은 한평생 살아가면서 이 가슴속에 첩첩이 쌓여서 응어리지는 것이다. 살아가는 일이 한을 쌓는 일이고 한을 쌓는 일이 살아가는 일이 된단 말이여."

— 유봉(김명곤)

**아버지 유봉(김명곤)이 딸 송화(오정해)에게 하는 말.**

**감독:이명세, 각본:이명세·양선희**

# "선생님, 사랑해요. 사랑해요 선생님, 사랑해요!"

— 영신(김혜수)

**대학 새내기 영신(김혜수)은 짝사랑하는 연극연출가 창욱(송영창)이 머무는 방에 들어가는 상상을 한다. 그리고 각본 쓰는 그의 옆에서 그동안 마음속에만 담아뒀던 고백을 해보인다. 들릴 리 없지만, 꼭 들었으면 하는 마음에 마지막 "사랑해요"는 고함치듯 외친다.**

# "웬일일까, 나를 속인 사람은 아무도 없는데 웬일일까, 나는 왜 이렇게 슬픈 것일까. 곰곰이 생각해 보자 영신아. 무엇이 오고 무엇이 갔는가를. 무엇이 눈앞에서 신기루처럼 나타났다 사라졌는가를."

— 영신(김혜수)

솔로인 줄 알았는데 아내는 물론 아기까지 있는 창욱(송영창). 한바탕 눈물을 쏟은 영신이 마음속으로 자문하는 말.

**투캅스(1993)**
감독:강우석, 각본:김성홍

# "으아악! 이 자식이 경찰을 때린다. 으아아아! 아니 이놈이 경찰을 쳐."

— 조 형사(안성기)

**취조실에서 끌통(권용운)이 자해하자 조 형사(안성기)가 타자기에 머리를 박으며 지르는 비명 섞인 대사.**

감독:장현수, 각본:강제규·장현수

# "그 담에 싹 싸이판으로 뜨는 거야... 한 방에 크는 거야, 제대로 한 방에. 야, 우리도 폼나게 한번 살아보자 씨발, 벤츠 딱 끌고. 이게 진짜 싸나이 사는 길야."

— 이용대(박중훈)

조직의 명을 받아 실행에 나서기 전 "오빠 죽으면, 나도 죽는 거야"라며 애원하는 태숙(오연수)에게
"이용대 안 죽는다"고 장담하며 하는 말.

감독: 장선우, 원작: 장정일, 각본:장선우·구성주

"친구, 난 드디어 이 시대 최고의 배우 정선경의 가방모찌가 됐어. 행여 한때의 소설가가 영화배우의 가방이나 들어주고 다닌다고 욕하지 마라. 실은 나는 그녀가 배우가 되기 훨씬 이전에 이미 그녀의 가방을 들어준 적이 있거든. 하니까, 내가 그녀의 가방모찌가 된 것은 예정된 운명이야. 하, 얼마나 다행인지 몰라."

— 나(문성근)

영화 말미, 자신과 동거하다 나중에 영화배우가 된 '바지 입은 여자'(정선경)의 운전기사인 '나'(문성근)가 친구(여균동)에게 전하는 근황 형식의 내레이션.

**259 너에게 나를 보낸다(1994)**

감독: 장선우, 원작: 장정일, 각본:장선우·구성주

# "아직... 그게 안 서요?"

— 바지(정선경)

발기 부전을 겪던 은행원에서 베스트셀러 작가가 된 남자(여균동)에게, 밑바닥 인생에서 영화배우로 변신한 '바지 입은 여자'(정선경)가 궁금한 표정으로 묻는 말.

# 260    마누라 죽이기(1994)

### 감독:강우석, 원작:김성홍, 각본:김상진·오시욱

# "뭐 마누라가
# 남편을 죽여?"

— 박봉수(박중훈)

영화 시사 후 영화사 사장인 박봉수(박중훈)가 부인이 바람난 남편을 용서하는 라스트로 바꾸자고 하자 기획실장이자 그의 부인인 장소영(최진실)은
부인이 남편을 죽이는 영화로 가자고 목소리를 높인다. 이에 박봉수가 놀라서 하는 말.

## 261 마누라 죽이기(1994)

**감독:강우석, 원작:김성홍, 각본:김상진·오시욱**

# "이 사람이 킬러야, 에프킬러야!"

— 박봉수(박중훈)

고용한 킬러(최종원)에게 마누라 소영(최진실)을 죽였다는 소식이 없자 봉수(박중훈)가 답답해하며 하는 말.

**세상밖으로(1994)**
감독:여균동, 각본:여균동, 각색:이상우·김성수·정윤수

# "좋아 씨발! 갈 데까지 가보자고."

— 양마동(문성근)

의도하지 않게 탈옥한 양마동(문성근)이 시위하듯 하는 말.

**장미빛 인생(1994)**
**감독:김홍준, 각본:육상효**

# "꼭 그런 특별한 얘기만 소설거리가 되나요?"

— 미스 오(황미선)

소설 소재를 찾기 위해 가리봉동에 와서 밑바닥 사람들을 관찰 중이라는 유진(이지형)에게 미스 오(황미선)가 하는 말.

"저길 봐요. 저 다닥다닥 붙은
집들. 악다구니 쓰며 하루하루 사는
사람들. 왜 그렇게 이 동네가 지겹고
미웠는지. 할 수만 있다면 여길 뜨고
싶었는데 난 남고 다들 나보다 먼저
떠나네요. 하지만 난 안 가. 여기서
단속 피해 삐짜 비디오 틀고 노다가
아저씨들이랑 소주 까면서 살 거야.
이제야 알았어요. 내가 바로 그
사람들이란 거."

— 마담(최명길)

동팔(최재성)이 떠날 것을 예감한 마담(최명길)이 동팔에게 하는 말.

**감독:배창호, 각본:배병호·배창호**

# "이봐 이한, 내가 뭐라 그랬나? 자넨 꼭 될 거라고 그랬잖아. 내 말 잘 들어. 이제 지난 일 따위는 잊어버려. 그저 잠시 꿈꾼 거라고 생각하면 돼. 알았나, 이한? '두 유 언더스탠드?' 자, 이제부터 시작이야. 이제껏 널 알아주지 않았던 사람들에게 당당히 널 보여줘야지. 어?"

— 이한(이정재)

상류층 여성들에 자신의 젊음을 팔고 사람까지 죽여가며 기어코 모델로 성공하는 길이 열리는 순간, 이한(이정재)이
혼자 카페에 앉아 환상에 빠진 듯 스스로에게 거는 주문.

"강한 자를 억누르고 약한 자를 부축하여 탕탕평평한 땅의 이치를 좇아야 하느니라. 그러기 위해 구악을 갈아엎고 끊임없이 유신을 해갈 때에 비로소 우리는 이제껏 꿈꿔왔던 이상의 나라, 그것을 이룰 수 있느니라."

— 정조(안성기)

참된 질서를 위해서는 어떻게 해야 하느냐는 세자(홍경인)의 물음에 대한 정조(안성기)의 대답.

**감독:정지영, 원작:안정효, 각색:유지형·심승보·이원근·정지영**

# "뭐 오손 웰즈? 네오 리얼리즘? 도전의식 좋아하네. 여학생 자빠뜨리는 게 도전이냐, 새꺄!"

**— 고교생 명길(홍경인)**

학생 영화를 찍던 중 현숙(정순례)이 나오지 않자 현숙과 병석(김정현)의 관계를 질투한 명길(홍경인)이 병석에게 주먹을 날리며 하는 말.

# "난 널 속이려 한 게 아니야. 정말이야. 나도 내 자신한테 속은 거야."

— 임병석(최민수)

병석(최민수)이 명길(독고영재)에게 하는 말.

**301 302(1995)**

감독:박철수, 각본:이서군

# "먹어, 어서 먹어, 다 먹어야 돼. 내 요리야. 내가 만든 거야!"

— 송희(방은진)

301호에 사는 송희(방은진)가 자신이 만든 음식을 302호 윤희(황신혜)가 먹지 않고 버리려 하자 하는 말.

**감독:박철수, 각본:이서군**

# "내 몸속이 더러운 걸로 가득한데 근데 어떻게 내 몸 안에다 남자를, 음식을 처넣겠어요? 이대로 없어지고 싶어요."

— 윤희(황신혜)

먹는 것도, 섹스도 거부하는 윤희(황신혜)가 송희(방은진)에게 정육점을 운영하던 아버지에게 지속적으로 성폭력을 당했던
과거를 고백하며 자책하는 말.

# "어때요, 이렇게 나 아직 살아 있어요. 왜요, 맛이 없을 거 같아 보여요?"

— 윤희(황신혜)

윤희(황신혜)가 자신을 요리 재료로 삼으면 어떠냐고 송희(방은진)에게 제안하는 말.

**개같은 날의 오후(1995)**

**감독:이민용, 원작:송재희, 각본:이경식·조민호·장진·이민용**

# "뭐? 내가 걸레 같은지, 수건 같은지, 니가 봤냐, 봤어?"

— 윤희(정선경)

윤희(정선경)가 이웃집 아내를 패는 남자에게 대들자 남자는 걸레 운운하는 욕을 퍼붓는다. 이에 지지 않고 따져 묻는 윤희의 말.

**감독:이민용, 원작:송재희, 각본:이경식·조민호·장진·이민용**

# "여자들은 늘 행복을 꿈꾸면서 살아가잖아요. 하지만 결혼에 실패하게 되면 인생에도 실패하게 되고 또 자기 자신에게도 실패하게 되죠. 왜 우리 여자들이 꿈꾸는 행복이라는 건 자기 자신을 포기하는 그 순간부터 시작돼야 하는지 정말 모르겠어요."

— 경숙(손숙)

**아파트 주민 여자들은 아내를 패는 남자를 응징했다가 살인자로 몰려 옥상에 피신한다. 이를 취재하러 온 방송국 기자에게 경숙(손숙)이 하는 인터뷰.**

**금홍아 금홍아(1995)**
감독:김유진, 각본:유지형, 각색:육상효

# "모든 예술을 사랑하는 인간이외다."

― 이상(김갑수)

길에서 만난 이화여전 학생을 집으로 데려와 잠자리를 하기 위해 유혹하며 하는 이상(김갑수)의 말.

감독:김유진, 각본:유지형, 각색:육상효

# "이래저래 우린 병신과 머저리란 말인가. 이 척박한 시대에 우리가 할 일은 무엇이란 말인가."

— 구본웅(김수철)

거나한 술자리에서 구본웅(김수철)이 이상(김갑수)에게 하는 말.

감독:이광훈, 각본:육정원, 각색:이광훈

# "차 돌려, 차 돌리라고! 사랑을 찾았으면 놓치지 말아야지. 시간이 흐르면 사랑도 가버리고 인생도 가버리는 거란 말야."

— 훈이(최정)

아들 훈이(최정)가 여자친구가 좋아하는 영화 대사라고 하면서 아빠 준수(한석규)에게 하는 조언.

**감독:박광수, 각본:이창동·김정환·이효인·허진호·박광수**

# "우리는 기계가 아니다! 근로기준법을 준수하라!"

— 전태일(홍경인)

전태일(홍경인)이 자신의 몸과 근로기준법 책에 휘발유를 붓고 불을 붙이면서 사람들을 향해 외치는 구호.

**테러리스트(1995)**
감독:김영빈, 원작:이현세, 각본:김영빈

# "잘 들어둬라, 수현아. 앞으로 그 잔에 술을 채워줄 수 없을 거다. 누구도 그 잔을 채워주지 않을지도 모른다. 오직 너만이 채울 수가 있다. 니 앞에 놓인 인생처럼."

— 사현(이경영)

경찰대학을 수석 졸업한 동생 수현(최민수)이 업무 중 조폭을 총으로 쏴 죽여 체포된다. 형이자 경찰 선배인 사현(이경영)이 수현을 12시간만 맡겠다며 상부에 허락을 받은 후, 수현에게 징역형을 받을 건지 아니면 도망갈 건지 선택하라라며 하는 말.

**테러리스트(1995)**
**감독:김영빈, 원작:이현세, 각본:김영빈**

# "남은 인생은 개백정으로 살아라."

— 수현(최민수)

대낮 도심에서 칼로 옆구리를 찔린 수현(최민수)이 개도살장에서 춘우(이기영)를 찾아 그대로 앙갚음한 후 던지는 대사.

"나라가 독재 정치라
우리 아버지도 똑같은
스타일로 가족을
다스린다고 믿던 가족들은
그해 초겨울 뇌출혈로
돌아가신 아버지에 대해서
슬퍼하기보다 모두가
해방감을 느꼈다."

— 정인(이대연)

아버지의 죽음에 관한, 네 번째 부인이 낳은 막내 아들 정인(이대연)의 내레이션.

**돼지가 우물에 빠진 날(1996)**
감독:홍상수, 원작:구효서, 각색:홍상수·정대성·여혜영·김알아·서신혜

# "내가 뭐 하나 물어봐도 돼? 너 남편이랑 섹스하니? 하지 말라는 얘기가 아니고."

— 효섭(김의성)

유부녀 보경(이응경)과 여관에 들어와 과일을 먹던 중 효섭(김의성)이 하는 말.

**돼지가 우물에 빠진 날(1996)**

감독:홍상수, 원작:구효서, 각색:홍상수·정대성·여혜영·김알아·서신혜

# "내 몸 가지니까, 좋니?"

— 민재(조은숙)

효섭(김의성)에게 차인 후 자신을 따라다니는 극장 동료 민수(손민석)와 홧김에 섹스를 나누며 민재(조은숙)가 독기 어리게 던지는 질문.

미지왕(1996)
### 감독:김용태, 각본:김용태

# "그럼 이제부터 유방을 빨겠습니다."

**— 왕창한(조상기)**

**엄청난(김현희)이 왕창한(조상기)을 처음 만나 마음에 든다며 가슴을 공개하고 "그럼 한 번 빨아봐"라고 하자 왕창한이 보이는 반응.**

**세친구(1996)**
감독:임순례, 각본:임순례, 각색:박경희

# "남들 다 안 가려고 하는 군대를 가려고 하는 이유가 뭐야?"

— 정신과 군의관(류다무현)

정신과에 다닌 전력 때문에 군 면제를 받은 섬세(정희석)에게 정신과 군의관(류다무현)이 별일 다 있다는 투로 하는 질문.

**은행나무 침대(1996)**
감독:강제규, 각본:강제규

# "영원히 당신을 사모하니 죽음을 택하네. 내 죽어 그대 그림자 되리니. 다시는, 다시는 이별하지 않으리."

— 수현(한석규)

전생에 궁중 악사였던 수현(한석규)은 신분 차이가 나는 미단 공주(진희경)와 몰래 사랑을 나누다 그녀를 바라는 황 장군(신현준)의 노여움을 산다.
그 때문에 궁에서 쫓겨나 걸인처럼 살던 수현은 스스로 목숨을 끊기 전 미단을 향해 이렇게 고백한다.

# 은행나무 침대(1996)

**감독:강제규, 각본:강제규**

# "그 심장을
# 도려내 주지."

— 황 장군(신현준)

월식 동안만 미단(진희경)과 만나라는 약속을 깬 수현(한석규)을 죽이겠다고 황 장군(신현준)이 작업실로 찾아온다. 황 장군은 수현과의 만남을
마치고 미단이 들어간 침대를 가져가겠다고 하고, 수현은 미단이 자기 심장에 있다고 도발한다. 이에 대한 황 장군의 반응.

**축제(1996)**

**감독:임권택, 원작:이청준, 각색:육상효**

# "야, 이준섭. 우리는 못 웃지만 너는 웃어라, 웃어. 아, 무슨 초상 났냐?"

**— 친구 무리(불명)**

**노모(한은진)의 장례을 마친 후 가족과 친지들이 모두 모여 카메라 앞에서 뚱한 표정으로 포즈를 취하자 이를 구경하던 준섭(안성기)의 친구들과 마을 사람들이 장난스럽게 하는 말.**

"유교는 다분히 현세적인 종교야. 아니 종교라기보다 말이야 하나의 생활 계율이자 학문인 셈이지. 그 유교적인 세계관에서 유일하게 인정되는 신이 죽은 조상이야. 살아서의 효는 계율이지만, 죽어서의 효는 종교적 개념이 되는 거지. 그러니까, 그 효가 얼마나 크고 엄숙한 것이야. 유교가 종교가 될 수 있는 것도 그 점 때문이야."

— 상여꾼(불명)

준섭(안성기)의 시골집에서 노모의 시신을 명당자리에 모시려는 논의가 한창인 가운데 준섭이 데려온 상여꾼 친구들이 하는 말.

**3인조(1997)**

**감독:박찬욱, 각본:이무영·박찬욱**

# "둘이서 무슨 3인조야!"

**— 전당포 노파(도금봉)**

안(이경영)이 문(김민종)과 함께 전당포에 맡겼던 색소폰을 무력으로 찾으러 왔다가 가스총을 든 노파(도금봉)의 저항에 부딪힌다.
이에 문이 총을 든 3인조 뉴스를 듣지 못했느냐고 협박하자 노파가 하는 소리.

**감독:박찬욱, 각본:이무영·박찬욱**

# "소년체전에 나갈 나이에 말이야, 그래도 되냐 말이야!"

— 문(김민종)

마리아(정선경)의 꾀임에 빠져 문(김민종)과 안(이경영)은 그녀 아버지의 저택에 침입한다. 그러다가 마리아의 아버지가
열일곱 소녀와 이상한 비디오를 찍고 있는 현장을 목격하고 소녀에게 하는 말.

꽃잎(1997)
**감독:장선우, 원작:최윤, 각색:장문일·장선우**

# "당신은 무덤가를 지날 때, 아니면 강가에서나 어느 거리 모퉁이에서 어쩌면 이 소녀를 만날지도 모릅니다. 찢어지고 때 묻은 치마폭 사이로 맨살이 눈에 띄어도 못 본 척 그냥 지나쳐 주십시오. 어느 날 그녀가 당신을 쫓아오거든 그녀를 무서워하지도 말고 무섭게 하지도 마십시오. 그저 잠시 관심 있게 봐주면 됩니다."

**— 우리들(설경구)**

**소녀(이정현)를 찾는 것을 포기하고 상경하는 버스 안에서 침통한 표정을 짓고 있던 무리 중 한 명의 목소리로 전달되는 결말의 내레이션.**

**감독:송능한, 각본:송능한**

# "씨발 세상에 넘버 원이 어됬냐? 다 삼류지. 너나 내나 마동팔이, 응 그리고 세상도, 인간도 다 넘버 쓰리야."

— 태주(한석규)

마동팔 검사(최민식)와 짜고 조직 넘버원을 넘긴 태주(한석규)에게 현지(이미연)는 넘버원이 되지 못한 걸 후회하지 않느냐고 묻는다.
이에 대한 태주의 답변.

# "내 말에 토, 토, 토... 토 다는 새끼는 전부 배반형이야, 배반형. 배신! 무슨 말인지 알겠어? 앞으로 직사시켜 버리겠어. 직사!"

— 조필(송강호)

조필(송강호)이 조직 부하들을 대상으로 일장연설을 하던 중 한 명이 오류를 지적하자 화가 나 더듬으며 하는 말.

**감독:김성수, 원작:허영만·박하, 각본:심산**

# "속도감이 최고에 다다르면 세상은 고요해지고 하나의 점속으로 빨려 들어가. 하지만 저 소실점을 통과할 수는 없어. 다가갈수록 더 멀어지지. 로미야, 넌 지금 어디 있니?"

— 민(정우성)

**민(정우성)이 터널 속을 오토바이로 질주하면서 하는 대사. 로미(고소영)를 떠올리며 하는 혼잣말이다.**

## 295    올가미(1997)
**감독:김성홍, 각본:여혜영**

# "내가 언제 니가 원하는 장난감 안 사준 적 있니?"

— 진숙(윤소정)

**그동안 엄마가 아내 수진(최지우)을 괴롭혀 온 걸 알고 아들 동우(박용우)가 "왜 결혼시키셨어요?"라고 묻자 진숙(윤소정)이 하는 답변.**

## 접속(1997)
감독:장윤현, 각본:조명주·장윤현·김은정

# "친구로 만나는 게 무슨 의미가 있죠? 사랑받길 원한 거 아닌가요?"

— 동현(한석규)

수현(전도연)이 다른 남자와의 실패한 사랑에 대해 말하며 "이젠 친구로도 만날 수 없게 됐잖아요"라고 하자 동현(한석규)이 하는 말.

# "더 이상 기다리지 말아요. 잊든가, 잊을 수 없다면 가서 당신을 보여줘요."

— 동현(한석규)

동현(한석규)이 수현(전도연)에게 채팅으로 하는 충고.

# "개새끼 중에는 말이야, 지가 똥개 새낀지 세파트인지 모르는 놈이 있어요. 주제도 모르면서 세파트 행세를 하는 거야. 그런 놈은 방법이 없어. 빨리 지가 똥개 새끼란 걸 알려줘야 돼."

— 김양길(명계남)

부하들이 서로 싸운 일을 가지고 사과를 하는 배태곤(문성근)에게 김양길(명계남)이 하는 충고.

**초록 물고기(1997)**
감독:이창동, 각본:이창동·오승욱

# "그럼 자주 좀 오세요. 잘해드릴게요."

— 둘째 처(차유경)

**막동이(한석규)를 죽음으로 몰아넣은 배태곤(문성근)의 존재를 알 리 없는 둘째 처가 삼계탕 값을 치르는 배태곤에게 하는 인사.**

# "사랑이란 언제나 이별의 시간이 다가오기 전까지는 그 깊이를 알지 못하는 것이라고 했다."

— 정인(최진실)

감독:이정국, 각본:조환유·이정국·김무령, 각색:신철·한진·최수영

악성 뇌종양으로 사망한 남편 환유(박신양)의 장례식을 치른 후 집에서 혼자만의 시간을 보내던 정인(최진실)이
남편을 생각하며 남긴 메모.

**감독:이정국, 각본:조환유·이정국·김무령, 각색:신철·한진·최수영**

"언젠가 남편이 그랬다. 사람은 누구나 자신이 건너야 할 사막을 가지고 있는 거라고. 사막을 건너는 길에 난 짧은 오아시스를 만났었다. 푸르고 넘치는 물, 풍요로움으로 가득한 오아시스를 지나 나는 이제 그 사막을 건너는 법을 안다. 한때 절망으로 울며 건너던 그 사막을 나는 이제 사랑으로 건너려 한다. 어린 새 깃털보다 더 보드럽고 더 강한 사랑으로."

— 정인(최진실)

**환유(박신양)의 죽음 이후 남편 없는 삶에 익숙해진 정인(최진실)의 심정이 담긴 내레이션.**

**8월의 크리스마스(1998)**

**감독:허진호, 각본:오승욱·신동환·허진호**

# "전원 켜신 다음에 TV로 올리시고 4번요! 해보세요!"

— 정원(한석규)

**아버지(신구)에게 비디오 작동법을 알려주던 중 잘 따라 하지 못하자 정원(한석규)이 화를 내며 하는 말.**

# "내 기억 속에 무수한 사진들처럼 사랑도 언젠가 추억으로 그친다는 걸 난 알고 있었습니다. 하지만 당신만은 추억이 되질 않았습니다. 사랑을 간직한 채 떠날 수 있게 해준 당신께 고맙단 말을 남깁니다."

— 정원(한석규)

죽기 전 정원(한석규)이 다림(심은하)에게 남긴 마지막 인사.

**강원도의 힘(1998)**

감독:홍상수, 각본:홍상수

# "나도 좀 살아야 되겠어요."

— 지숙(오윤홍)

상권(백종학)과 여관에 들어간 지숙(오윤홍)이 얼마 전 임신 중절 수술을 받았다며 하는 말.

**감독:홍상수, 각본:홍상수**

# "너! 하나도 특별한 거 없어. 다른 사람들하고 다 똑같아. 엄청 상투적이란 말야. 너무너무."

**— 미선(임선영)**

**강원도에 놀러가 가진 술자리에서 미선(임선영)은 지숙(오윤홍)이 유부남과 사귀는 일에 대해 비난한다.**
**이에 지숙이 "너, 나에 대해서 아무것도 모르잖아, 근데 왜 아는 척해?"라며 화를 내자 미선이 반격하는 말.**

**기막힌 사내들(1998)**

감독:장진, 각본:장진

# "이름은 소팔호고, 직업은 차 팔어?"

― 한가닥2(최학락)

연쇄 살인 피의자인 서팔호(손현주)의 이름을 '소팔호'로 오인한 형사가 그의 직업이 자동차 외판원이라는 사실을 알고 비웃는 말.

**감독:장진, 각본:장진**

# "제가 왜 늘 자살하려고 하는 줄 알고 있습니까? 바로 이런 것들 때문이죠. 진실이 상실당했기 때문에, 믿음은 없어지고 의심과 타협만이 남아서 더 이상 살고 싶은 마음이 없는 세상이 되었기 때문이죠."

— 김추락(신하균)

장덕배(최종원), 유달수(양택조), 서팔호(손현주)와 살인 혐의로 잡혀 온 김추락(신하균)은 이번이 초범이라 사실을 말하면
풀려날 수 있다는 한가닥2(최학락) 형사의 회유에 대해 이렇게 대답한다.

감독:이정향, 각본:이정향, 각색:김진·이택용

# "사랑이란 게 처음부터 풍덩 빠지는 건 줄만 알았지, 이렇게 서서히 물들어 버릴 수 있는 건지는 몰랐어."

— 춘희(심은하)

언젠가부터 철수(이성재)가 달리 보이기 시작한 춘희(심은하)의 대사.

**미술관 옆 동물원(1998)**
감독:이정향, 각본:이정향, 각색:김진·이택용

# "해보고 나서 후회하는 게 시작도 안 하고 아쉬워하는 것보다 나아."

— 철수(이성재)

후회보다 미련이 훨씬 오래가는 법이라며 춘희(심은하)에게 하는 철수의 조언(이성재).

**아름다운 시절(1998)**
감독:이광모, 각본:이광모

# "모두들 미쳤어, 미쳤다고."

— 선생님(불명)

거제도의 어느 마을. 한국전쟁 중 빨갱이로 낙인찍힌 동네 사람을 이웃들이 폭행하자 이를 말리던 선생님까지 모욕당하고
위험받는다. 그러자 선생님은 그 자리를 빠져나오며 혼잣말로 한탄한다.

**감독:박기형, 각본:인정옥·박기형**

# "걘 틀림없이 죽었지. 근데 여기 있어. 계속 학교를 다니고 있었어."

― 박기숙(이용녀)

**박기숙 선생(이용녀)이 학교 졸업생이자 선생으로 부임한 은영(이미연)에게 전화를 걸어 하는 말.**

# "행복하십니까?"

― 우인(이정재)

서현 남편(송영창)의 초대로 집을 방문한 우인(이정재)이 서현 남편에게 던지는 질문.

**감독:이재용, 각본:김대우**

# "바보처럼 왜 나 같은 사람을 좋아해요? 난 나이도 많고 아이도 있고..."

— 서현(이미숙)

**서현(이미숙)이 우인(이정재)에게 하는 말.**

## 조용한 가족(1998)
### 감독:김지운, 각본:김지운

# "난 학생
# 아닌데요?"

— 영민(송강호)

**산장의 첫 손님(기주봉)이 맥주를 배달하러 방에 온 영민(송강호)에게 "학생, 학생은 고독이 뭔 줄 알아?"라고 묻는다.
이 상황을 전해 듣던 삼촌(최민식)이 "뭐라 그랬는데?" 궁금해하자 영민이 한다는 소리.**

**감독:김지운, 각본:김지운**

# "아 그래도 땅 파고 묻는 데 이력이 붙어 가지고 말이야, 이제 모두 선수들 다 됐어. 처음에 하나 묻는 데 대여섯 시간 걸렸잖아. 영민이 이 자식 말이야, 구덩이 하나 파는 데 30분도 안 걸려. 그냥 깊이랑 넓이랑 귀신같이 맞추더라니까."

— 아버지(박인환)

안개 산장 주변 도로 공사 때문에 땅에 묻은 시체들이 발각될 것이 염려된 아버지(박인환)와 일행은 시체를 다른 곳에 옮긴 뒤 저녁 식사 자리에 합류한다. 그때 아버지가 어머니(나문희)와 미수(이윤성), 미나(고호경)에게 무용담을 늘어놓듯 하는 말이다.

**처녀들의 저녁식사(1998)**

감독:임상수, 각본:임상수

# "이건 망명이야 망명, 정치적 망명."

— 순이(김여진)

**간통죄로 피소됐다 풀려난 호정(강수연)이 이민을 결심한 것에 대한 순이(김여진)의 논평.**

**간첩 리철진(1999)**

감독:장진, 원작:정진안, 각본:장진

# "간첩이 택시 강도당한 거지, 지금?"

— 오 선생(박인환)

서울로 들어오던 중 강도를 당한 사연을 들려주자 한심해 하는 투로 되묻는 오 선생의 말.

**간첩 리철진(1999)**
감독:장진, 원작:정진안, 각본:장진

# "간첩이십니다."

— 우열(신하균)

"아버지는 뭐 하시니?"라는 선생의 질문에 숨김 없이 말하는 우열(신하균)의 대사.

**간첩 리철진(1999)**
**감독:장진, 원작:정진완, 각본:장진**

# "이놈의 나라가 좋은 게 있지, 그 어떤 것이든 뭐든 쓰면 없어진다는 거야. 투쟁도, 그것이 분명했던 시절도, 이념도 다 써버렸다. 쓰니까 다 없어지더라고."

— 오 선생(박인환)

오 선생(박인환)은 슈퍼 돼지 유전자를 탈취하는 데 성공한 리철진(유오성)이 북으로 돌아갈 수 있게 함께
차를 타고 강원도로 향한다. 작별의 순간에 철진에게 고백하는 말.

# "영화판이 언제부터 이렇게 개판이 됐는지 모르겠어. 문화 양아치들이 차고 넘쳐. 개나 소나 함부로 별을 주고 평을 하고 점수 매기고. 그런 게 다 거품이지."

— 최두섭(김갑수)

시나리오 작가 최두섭(김갑수)이 평론가와 기자 무리를 만난 자리에서 20자평 얘기가 나오자 소주잔을 내던지며 하는 말.

**세기말(1999)**
감독:송능한, 각본:송능한

# "도덕, 돈 되나? 없는 놈들이나 실컷 지키면서 살라캐라."

— 천(이호재)

이 영화의 두 번째 에피소드 '무도덕'의 주인공 중 한 명인 천(이호재)의 대사.

감독:송능한, 각본:송능한

# "사실 한국 사회는 늘 세기말이지. 늘 희망 없고, 미래 없고, 충동적이고."

— 상우(차승원)

대학 강사 상우(차승원)가 세기말을 주제로 강연하던 중 나온 내용.

**송어(1999)**
**감독:박종원, 각본:김대우·박종원**

# "근데 신경이 굉장히 예민해요. 모르는 사람이 자주 지나가거나 진동 소리가 있으면 안 믿어지겠지만, 자살해 버려요."

— 창현(황인성)

양어장을 운영하는 창현(황인성)의 송어의 특성에 관한 설명.

"우리의 소원은 통일, 꿈에도 소원은 통일. 니들이 한가롭게 그 노래를 부르고 있을 이 순간에도 우리 북녘의 인민들은 못 먹고 병들어서 길바닥에 쓰러져 죽어가고 있어. 나무 껍데기에 풀뿌리도 모자라서 이젠 흙까지 파헤쳐 먹고 있어... 축구로 남북한이 하나가 되자고? 개수작 떨지 마라. 지난 50년 동안 속고 기다린 거로 족해. 이제 조선의 새 역사는 우리가 다시 연다."

— 박무영(최민식)

유중원(한석규)은 남북한 축구 경기가 열리는 상암운동장에서 CTX 폭탄을 찾던 중 박무영(최민식) 일행에게 잡힌다.
유중원이 왜 다시 전쟁을 일으키려 하냐며 묻자 박무영이 하는 일장연설.

# "부탁이 있어, 중원 씨. 내 앞에 나타나지 마. 다른 사람 보내. 중원 씨와 같이 있었던 지난 1년, 그게 내 삶의 전부야. 그 순간만큼은 이명현도, 이방희도 아닌 그냥 나였어. 나 이해해달란 말 안 할게. 중원 씨, 지금 중원 씨 너무 보고 싶어."

— 이명현(김윤진)

정보 요원 유중원(한석규)의 아내로 살아온 남파 간첩 이명현(김윤진)은 공작 과정에서 중원에 의해 숨진다.
이 대사는 중원이 나중에 듣게 되는 삐삐에 저장된 명현의 음성 메시지다.

감독:김태용·민규동, 각본:김태용·민규동

# "들리니? 세상엔 음이 있어. 사람마다 다른 음을 내는 거야. 그래서 화음이 되기도 하고, 불협화음이 되기도 하고. 너와 난 아주 조화로운 화음이 되는 거지."

— 효신(박예진)

**시은(이영진)은 효신(박예진)이 자신과의 관계 때문에 학교에서 반 친구들과 갈등을 보이고 이상 행동을 하자 불안하다. 이를 감지한 효신은 시은과 함께 있던 음악실에서 피아노의 건반 줄을 튕기며 둘의 관계가 더 잘됐으면 하는 마음을 드러내 보인다.**

여고괴담 두번째 이야기(1999)
감독:김태용·민규동, 각본:김태용·민규동

# "몸무게 몇 키로, 키 몇 센치, 그런 숫자들이 내 성장을 설명해줄 수 있을까?"

— 효신(박예진)

효신(박예진)은 시은(이영진)과 남다른 감정을 나누고 있고 동시에 국어 선생님(백종학)과도 사제지간 이상의 관계를 맺고 있다.
그 때문에 효신은 학교 친구들보다 감정적으로 더 고양된 느낌이 있다. 신체 검사만으로 성장이 공식화되는 것에 대한 효신의 의문.

감독:민병천, 원작:차승재(원안), 각본:장준환·봉준호·김종훈, 각색:구성주·민병천

# "군인이 생각이 많으면 나라가 어지러워지지."

— 함장(윤주상)

항로가 변경된 것에 대해 부함장 202(최민수)가 의문을 제기하자 함장(윤주상)이 하는 대답.

# 유령(1999)

**감독:민병천, 원작:차승재(원안), 각본:장준환·봉준호·김종훈, 각색:구성주·민병천**

# "제 생각에 부함장님께서는 미치신 거 같습니다."

**— 이찬석(정우성)**

**잠수함 유령호에 핵탄두가 탑재돼 있다고 확신한 202(최민수)가 이를 일본 영토에 쏠 목적으로 반란을 일으키자 이찬석(정우성)이 하는 말.**

# "쓸데없는 일의 반복이 형사 일이야."

― 우 형사(박중훈)

40계단 살인사건의 유력한 용의자 장성민(안성기)에 관한 단서를 얻으려 잠복 중 김 형사(장동건)가 쓸데없이
시간 낭비하지 말고 철수하자고 하자 우 형사(박중훈)가 하는 대꾸.

# 331　주유소 습격사건(1999)

**감독:김상진, 원작:고수복, 각본:박정우**

# "전부 대가리 박아!"

## ― 무대포(유오성)

**주유소 인질들에게 무대포(유오성)가 하는 말.**

## 주유소 습격사건(1999)
### 감독:김상진, 원작:고수복, 각본:박정우

# "백 명이든 천 명이든, 난 한 놈만 패!"

— 무대포(유오성)

**여럿이서 한꺼번에 붙으면 어떻게 해야 하느냐는 질문에 대한 무대포(유오성)의 대답.**

**333    태양은 없다(1999)**
감독:김성수, 각본:심산·김성수

# "하고 싶은 것만 하면서 살 수 없다는 거, 이제 알았어. 나 이제 권투 그만둘 거다."

— 도철(정우성)

도철(정우성)은 권투를 그만두고 홍기(이정재)와 함께 마지막으로 흥신소에서 제안한 건을 하려 한다. 그때 나오는 대사.

# "나 바다에서 해 뜨는 거 처음 봐."

— 도철(정우성)

보석상을 털다 도망자 신세가 돼 바다로 피신한 도철(정우성)이 하는 말.

## 텔미썸딩(1999)

**감독:장윤현, 원작:구본한, 각본:공수창·인은아·심혜원·김은정·장윤현**

# "고마워요, 남아줘서."

**— 채수연(심은하)**

**자신의 정체를 감추는 데 성공한 수연(심은하)이 한국을 떠나기 전에 자신을 의심하던 조 형사(한석규)에게 하는 말.**

**해피엔드(1999)**

**감독:정지우, 각본:정지우**

# "최보라 씨?
# 최보라 씨는
# 사는 게
# 재밌어?"

**— 서민기(최민식)**

**아내의 불륜 사실을 눈치 챈 민기(최민식)가 집에서 밥을 먹고 있는 아내 보라(전도연)에게 하는 말.**

해피엔드(1999)
**감독:정지우, 각본:정지우**

# "당신, 남의 취미 생활에 대해 그렇게 함부로 말하지 마. 그리고 파고다 공원이 아니라 탑골 공원이야."

**— 서민기(최민식)**

**"도대체 왜 그러는 건데! 헌책이나 사 모으고 파고다 공원이나 가고!" 라는 보라(전도연)의 짜증을 듣고 민기(최민식)가 하는 말.**

# "실전에서는 말이야. 뽑는 속도 같은 건 중요하지 않아. 전투 기술? 기런 거 없어. 얼마나 침착한가. 얼마나 빨리 판단하고 대담하게 행동하느냐. 기게 다야, 기게."

— 오경필(송강호)

이수혁(이병헌)이 자신의 총 뽑는 속도를 자랑하며 장난 삼아 총을 겨누자 오경필(송강호)이 "실제 사람 죽여봤냐"고 물으면서 하는 말.

**감독:박찬욱, 원작:박상연, 각본:김현석·이무영·정성산·박찬욱**

# "그런데 광석인 왜 그렇게 일찍 죽었대니? 야! 야! 우리 광석이를 위해서 딱 한 잔만 하자우."

— 오경필(송강호)

**김광석의 '이등병의 편지'를 들으며 감성에 젖은 오경필(송강호)이 하는 말.**

# "오늘 네놈한테 오동나무 코트를 입혀주마!"

— 양아치(안길강)

양아치들의 대부, 동방의 무적자(안길강)가 오만 허세를 떨며 다찌마와 리를 향해 내뱉는 최후의 선전 포고.

동감(2000)
감독:김정권, 각본:장진·허인화, 각색:김정권

# "거기선 누군가를 열심히 사랑하면 이룰 수 있는 방법도 있나요?"

— 윤소은(김하늘)

1979년에 사는 소은(김하늘)이 지인(유지태)이 2000년에 산다는 걸 안 후
2000년의 세상에 대해 묻는 와중에 하는 질문.

동감(2000)
**감독:김정권, 각본:장진·허인화, 각색:김정권**

# "인연이란 말은 시작할 때 하는 말이 아니라 모든 게 끝날 때 하는 말이에요."

— 지인(유지태)

**소은(김하늘)이 자신이 짝사랑하는 동희(박용우)가 "어쩌면 인연이 아닐지도 모른다는 생각"을 했다고 하자
지인(유지태)이 끝까지 해보지 않으면 모른다는 의미로 하는 말.**

**박하사탕(2000)**
**감독:이창동, 각본:이창동**

# "영호 씨, 그 꿈이요. 좋은 꿈이면 좋겠어요."

— 윤순임(문소리)

처음 온 야유회 장소가 예전에 와본 곳처럼 느껴진다고 하는 영호(설경구). 꿈을 꾼 것만 같다는 그에게 순임(문소리)이 보내는 말.

# "빠져나와 봐, 못 빠져나오겠지? 세상이 이래. 정글이야 정글. 힘 없으면 못 빠져나와, 알았어?"

— 부지점장(송영창)

은행 부지점장(송영창)이 허구한 날 헤드록을 걸며 말단 은행원 대호(송강호)에게 하는 말.

## 345 시월애(2000)

**감독:이현승, 각본:여지나, 각색:김은정**

# "지금부터 아주 긴 이야기를 시작할 텐데, 믿어줄 수 있어요?"

**— 성현(이정재)**

**'시작'을 이야기하는 영화의 마지막 대사.**

감독:봉준호, 각본:송지호·손태웅·봉준호

# "정말 개 같은 경우죠."

— 고윤주(이성재)

윤주(이성재)가 잃어버린 개를 찾기 위해 현남(배두나)과 같이 벽보를 붙이다 개를 찾지 못하면 끝장이라고 하면서 덧붙인 말.

**고양이를 부탁해(2001)**
**감독:정재은, 각본:정재은·박지성**

# "계속 배를 타고 그 어디서도 멈추지 않고, 물처럼 흘러 다니면서 사는 거야."

— 태희(배두나)

넓은 세상으로 나가고 싶은 태희(배두나)가 배에 누워 떠다니는 상상을 하며.

**달마야 놀자(2001)**
감독:박철관, 원작:이명석(원안), 각본:박규태

# "칼은 사람을 살리는 칼과 죽이는 칼이 있답니다. 처사님도 아시죠?"

— 현각(이원종)

현각 스님(이원종)이 건달 날치(강성진)와 헤어지며 하는 말.

# 349 두사부일체(2001)

### 감독:윤제균, 각본:윤제균, 각색:하원준

# "이 새끼 존나게 사람 무시하고 천시하고 괄시하고 멸시하고 경시하고 등한시까지 하네."

**— 반 학생(불명)**

**상춘고 문제아가 두식(정준호)에게 삥을 뜯으며 하는 말.**

## 번지점프를 하다(2001)

감독:김대승, 각본:고은님

# "사랑하기 때문에 사랑하는 것이 아니라 사랑할 수밖에 없기 때문에 당신을 사랑합니다."

— 서인우(이병헌)

둘이 손 잡고 번지점프를 하고 난 후 이어진 인우(이병헌)의 마지막 내레이션.

# 봄날은 간다(2001)

**감독:허진호, 각본:류장하·이숙연·신준호·허진호**

자신을 집으로 데려다 준 상우(유지태)에게 은수(이영애)가 하는 말.

# "라면 먹을래요?"

**— 은수(이영애)**

자신을 집으로 데려다 준 상우(유지태)에게 은수(이영애)가 하는 말.

"난, 당신이 어려움이 있는 사람들에게도 따뜻한 웃음을 주는 사람이었으면 좋겠어. 근데 그러려면 눈물을 먼저 알아야 한대. 내가 용기 씨 두고 가는 거 야속하겠지만 이런 아픔까지도 당신 웃음을 위한 선물이었으면 좋겠다. 이 세상이 내게 준 가장 큰 선물이 당신인 것처럼."

— 정연(이영애)

얼마 전 세상을 떠난 정연(이영애)이 남편 용기(이정재)에게 생전에 남긴, 당부의 말을 적은 편지에서.

## 엽기적인 그녀(2001)

**감독:곽재용, 원작:김호식, 각본:곽재용**

# "운명이란 말이야. 노력하는 사람한테는 우연이란 다리를 놓아주는 거야."

**— 노인(유순철)**

**언덕 위 나무 아래, 노인(유순철)이 "우리가 정말 만날 운명이라면 어디선가 우연히 마주치게 되지 않을까"라고 회한하는 그녀(전지현)에게 들려준 말.**

**감독:곽재용, 원작:김호식, 각본:곽재용**

# "술은 절대 세 잔 이상 먹이면 안 되구요, 아무나 패거든요... 가끔 때리면, 안 아파도 아픈 척하거나, 아파도 안 아픈 척하는 거 좋아해요."

**— 견우(차태현)**

**그녀(전지현)의 새로운 남자친구에게 견우(차태현)가 당부하는 말.**

엽기적인 그녀(2001)
감독:곽재용, 원작:김호식, 각본:곽재용

# "사랑이 뭔지 더 알려면 우리 모두 더 살아봐야 된다구요."

— 그녀(전지현)

애인의 변심에 탈영한 군인이 견우(차태현)를 인질로 잡고 위협하자, 그녀(전지현)가 오열하며 병사에게 하는 말이다.

"서로 눈을 보고… 진심을 얘기하는 게… 중요하다는 걸 알았어. 사람 마음, 참 알기 어렵잖아."

— 와니(김희선)

함께 살다 따로 떨어져 지내게 된 준하(주진모)에게 와니(김희선)가 사과의 마음을 담아 보낸 음성 편지 중 한 대목.

**친구(2001)**
**감독:곽경택, 각본:곽경택**

# "마이 묵었다 아이가, 고마해라."

— 동수(장동건)

자신을 칼로 찌르는 이에게 동수(장동건)가 충분히 찌를 만큼 찌르지 않았냐는 뜻에서 하는 말.

## 친구(2001)
**감독:곽경택, 각본:곽경택**

# "아부지 뭐 하시노?"

— 선생(김광규)

**성적이 뒤처진 아들을 체벌하기 전에 선생(김광규)이 반복적으로 묻는 말.**

# "사랑이란 그런 거야. 하염없이 영롱하고 투명한 거야. 그 투명함은 어떤 시기와 질투, 미움과 분노도 다 이길 수 있는 거야. 사랑하는 사람에겐 그 누구도 뭐라 말할 수 없는 거야. 그게 바로 위대한 사랑의 힘이야."

— 하연(원빈)

정우(신하균)가 죽여야 할 여인을 사랑한다고 믿는 하연(원빈)이 형들에게 늘어놓는 사랑 예찬.

# "모두 친절하지만 강재 씨가 제일 친절합니다. 나와 결혼해 주셨으니까요."

— 파이란(장백지)

**파이란(장백지)이 강재(최민식)에게 보낸 편지의 한 대목.**

# "그래, 나 호구야. 옛날에도 호구고, 지금도 호구고, 국가대표 호구다, 이 씨발놈아. 근데 병원에서 나자빠져 죽은 년, 근데 그 년은 내가 세상에서 제일로 친절하고 고맙댄다. 나 보고 어떡하라고! 송장으로 나타나서 나 보고 어떡하라고!"

— 강재(최민식)

경수(공형진)와의 술자리에서 경수가 "내가 형처럼 호구로 사느니 이미 난 죽어"라고 조롱하자
술 취한 강재(최민식)가 횡설수설 내뱉는 말.

**YMCA야구단(2002)**
감독:김현석, 각본:김현석

# "나 4번 하기 싫소. 재수 없소. 죽을 사." "제일루 잘 치는 이가 4번을 맡는 거랍니다." "선비 사."

— 호창, 정림(송강호, 김혜수)

4번 타자 자리를 배정받은 호창(송강호)은 '4'라는 숫자가 영 마음에 들지 않는다. 그러나 자신이 좋아하는 정림(김혜수)이 제일 잘하는 선수에게
주어지는 번호라고 설명하자 곧장 태도를 바꿔 '죽을 사' 자를 '선비 사' 자로 둔갑시킨다.

"아버지, 이런 말씀 드리기 외람되옵니다만. 제 비록 유생으로는 이름을 널리 알리지 못한 뜨내기 선비일 뿐이오나 베쓰볼 선수로서는 조선에서 몇 손가락 안에 듭니다. 그 유생으로 치면 퇴계 이황 선생이나 서애 유성룡 선생급 정도 된다고..."

— 호창(송강호)

호창의 아버지(신구)는 아들이 서양 스포츠인 야구를 하는 것이 영 못마땅하다. 그런 아버지를 설득하기 위해
아버지의 눈높이에 맞춰 이황, 유성룡 등을 들어 설명하는 호창(송강호)의 말.

**결혼은, 미친짓이다(2002)**
감독:유하, 원작:이만교, 각본:유하

# "난 자신 있어. 절대로 틀키지 않을 자신."

— 연희(엄정화)

준영(감우성)이 "너 같은 사람이 결혼하면 평생 신랑 하나만 보고 살 수 있을 것 같아?"라고 묻자 단호하게 답하는 말.

# "결혼한 친구들 보면 다 비슷하더라. 걱정도 고만고만, 행복도 고만고만. 무슨 체인점 차린 것 같아."

— 연희(엄정화)

결혼과 연애를 고민하는 연희(엄정화)가 준영(감우성)에게 하는 말.

**감독:강우석, 원작:구본한, 각본:백승재·정윤섭·김현정·채윤석**

# "깍두기는 깍두기 세계에서 산다. 깍두기는 민간인들의 세계로 절대 넘어오지 않는다."

**— 강철중(설경구)**

강력계에서 교통과로 옮겨간 강철중(설경구)이 사채 관련 조폭들을 혼자 제압하고 이들을 무릎 꿇린 후 제창하게 하는 문구.

**감독:강우석, 원작:구본한, 각본:백승재·정윤섭·김현정·채윤석**

# "계속 반말이시네요, 이 씨발놈아! '수사반장' 75회 봤어? 살인자 비호하다가 쇠고랑 찰 수 있어, 알아? 너 이제 좆 됐어, 이 좆만 한 새끼야. 알아들어, 이 개자식아!"

**— 엄 반장(강신일)**

강철중(설경구)이 수사하는 걸 계속해서 방해하는 검사에게 엄 반장(강신일)이 분노해 외치는 소리.

**368** **광복절 특사(2002)**
감독:김상진, 원작:김형준(원안), 각본:박정우

# "우리가 돌아왔다!"

— 무석(차승원)

광복절 특사가 된 줄 모르고 탈옥했던 무석(차승원)과 재필(설경구). 천신만고 끝에 특사 단행 하루 전
감옥으로 돌아온 무석이 기쁨에 겨워 외치는 소리다.

# "한 번만이라도... 단 한 번만이라도 제대로 살아봐야지. 보란 듯이. 씨발, 보란 듯이!"

— 재필(설경구)

교도소 안에서 무장을 하고 난동을 부리는 동료 죄수들에게 재필(설경구)이 그만하라고 말하며 울분에 차 외치며 설득하는 말.

"같은 돈이라도 그 인간한테는 껌값이지만 우리한테는 목숨이 달린 거야. 그런 자본의 이동은 화폐의 가치를 존나게 극대화하는 길이고 그건 좆도 죄 아니야, 안 그래?"

— 영미(배두나)

누나의 신장 이식 수술을 위해 돈이 필요한 류(신하균). 애인 영미(배두나)는 류가 다니던 회사 사장의 딸을 납치하자고 한다.
이것이 왜 합리적인 생각인지 설명하는 영미의 말.

**복수는 나의 것(2002)**
감독:박찬욱, 각본:이종용·이재순·박리다매

# "세상에는 말이야. 좋은 유괴가 있고 나쁜 유괴가 있어."

— 영미(배두나)

유아 납치에 여전히 동의하지 못하는 류(신하균)에게 영미(배두나)가 하는 설득의 말.

# "너... 착한 놈인 거 안다. 그러니까 내가 너 죽이는 거... 이해하지? 그렇지?"

— 동진(송강호)

딸에 대한 복수로 류(신하균)를 죽이기로 결심한 동진(송강호). 그를 죽이기 전에 동진이 하는 말이다.

**생활의 발견(2002)**
**감독:홍상수, 각본:홍상수**

# "캔 유 스피크 잉글리시?"

**— 경수(김상경)**

**선영(추상미)의 집 앞에서 어슬렁거릴 때, 골목으로 들어온 선영의 남편이 경수(김상경)에게 아저씨 뭐하냐고 묻자 자리를 피하며.**

# "섹스는 장난이 아니야."

— 노의사(기주봉)

은효(하지원)의 보호자로 산부인과에 간 은식(임창정)에게 산부인과 노의사가 엄하게 꾸중하며 하는 말.

**375**  **성냥팔이 소녀의 재림(2002)**
감독:장선우, 각본:장선우·인진미

# "짜장면으로 맞아 볼래?"

— 주(현성)

중국집 배달원 주(현성)가 장난 전화에 낚여 배달을 갔으나 안내데스크 여자에게 참을 수 없는 면박을 당하자,
배달통에서 총기를 꺼내면서 하는 말.

**연애소설(2002)**

감독:이한, 각본:이한, 각색:문성호

# "넌 전에도 사랑했고 지금도 사랑해."

— 경희(이은주)

자신의 장례식을 생각해야 할 만큼 몸이 좋지 않은 경희(이은주)가 지환(차태현)에게 보내는 편지의 한 대목.

**오아시스(2002)**
감독:이창동, 각본:이창동

# "아버지 하나님, 불쌍한 어린양이 있습니다. 아버지 하나님 불쌍한, 불쌍한 어린양을, 어린양을 구하러 와!"

— 홍종두(설경구)

공주(문소리)를 간강했다는 이유로 경찰에 붙잡힌 종두(설경구). 그는 목사가 방문해 어수선한 틈을 타 경찰서에서
도망을 친다. 공주의 집으로 향하며 종두가 외치는 말.

**집으로...(2002)**
감독:이정향, 각본:이정향

# "내가 켄터키 치킨, 치킨이라고 했잖아. 프라이드. 누가 물에 빠뜨리래? 어? 그것도 모르면서... 몰라! 켄터키 치킨."

— 상우(유승호)

도시 소년 상우(유승호)가 치킨이 먹고 싶다고 하자 외할머니는 닭을 잡아 삶는다. 손주를 생각해 정성스레 음식을 차리지만
상우는 자신이 기대한 프라이드 치킨이 아니어서 짜증나고 슬프다.

# "할머니, 많이 아프면 그냥 아무것도 쓰지 말고 보내. 그럼 상우가 할머니가 보낸 줄 알고 금방 달려올게. 응? 알았지?"

— 상우(유승호)

외할머니 집에서 생활하는 것이 싫었지만 막상 이곳을 떠나려니 슬픈 상우(유승호). 글을 쓰지 못하는 할머니에게
자기에게 엽서를 쓰는 방법을 알려준다.

**감독:안병기, 각본:안병기·이유진**

# "흔들리는 건 반드시 멈춰. 난 우리의 사랑을 믿어."

— 박진희(최지연)

장훈(최우제)이 아내 호정(김유미)을 들먹이며 멀어지려 하자 분노에 찬 진희(최지연)가 내뱉는 말. 이는 훗날 진희로 빙의한 우제의 딸 영주(은서우)가 똑같이 하는 대사이기도 하다.

# 381  품행제로(2002)

**감독:조근식, 원작:이지형·조근식(원안), 각본:정진완·이지형·이해영·이해준**

# "첫 키스를 하면 귀에서 종소리가 울린대."

**— 민희(임은경)**

**모범생 민희(임은경)가 양아치 종필(류승범)에게 자신의 마음을 슬쩍 고백하는 말.**

**382** **동갑내기 과외하기(2003)**
감독:김경형, 각본:박언선, 각색:김경형

# "난 선생이고
# 넌 제자야."

— 수완(김하늘)

대학생 수완(김하늘)은 고등학교를 2년 꿇은 동갑내기 지훈(권상우)의 과외를 맡게 된다. 첫 만남부터
반말을 툭툭 하는 지훈에게 수완이 외치는 한마디.

**바람난 가족(2003)**
감독:임상수, 각본:임상수

# "내가 맘 변했단 얘기는 수없이 들었어도 몸 변했단 얘긴 처음이다."

— 은호정(문소리)

성감대가 없어진 것 같다는 호정(문소리)에게 남편 영작(황정민)이 몸이니까 변할 수 있다고 하자 호정이 되받아 하는 말.

**바람난 가족(2003)**
감독:임상수, 각본:임상수

# "아무리 여자 인생이 팽팽한 가슴으로 왔다가 쭈그러진 가슴으로 가는 거라지만, 나는 지금 이런 내가 아주 좋아. 아주 뿌듯해."

— 홍병한(윤여정)

노년에 접어들었지만 자기 감정에 솔직하고 충실한 지금이 행복하다고 말하는 병한(윤여정).

**385** **바람난 가족(2003)**
감독:임상수, 각본:임상수

# "한번 보죠.
# 교육적으로다."

— 지운(봉태규)

여자의 '거기'를 본 적이 없다는 고등학생 지운(봉태규)이 호정(문소리)에게 거기를 한 번만 보여달라고 떼쓰는 장면.

# "여기가 콩밭이냐, 어? 여기 강간의 왕국이야?"

— 박두만(송강호)

부녀자 연쇄 살인을 조사하기 위해 서울 시경에서 자원해 내려오는 서태윤(김상경)을 강간범으로 오인한 박두만(송강호)의 멘트.

**감독:봉준호, 원작:김광림, 각본:봉준호·심성보**

# "이건 단순 실종이 아닙니다, 반장님. 서류들만 자세히 훑어봐도 알 수 있죠. 서류는 절대 거짓말 안 하거든."

— 서태윤(김상경)

과학 수사의 신봉자 서태윤(김상경)이 하는 말.

# "비겁한 변명입니다!"

— 강인찬(설경구)

684부대 해체를 위해 부대원들을 모두 사살할 거라는 정보를 인찬(설경구)이 일부러 알도록 한 최재현 준위(안성기)가
군인의 의무를 변명의 도구로 삼자 인찬이 분노에 차 지르는 말.

## 389 실미도(2003)

**감독:강우석, 각본:김희재**

# "날 쏘고 가라."

― 최재현(안성기)

국가의 명령과 본인이 만든 부대원들의 생명 사이에서 고민하는 최재현 준위(안성기)가 인찬(설경구)에게 하는 말.

# "하지만 한 가지 분명한 건 아직 아무 일도 안 일어났다는 것이며 일어나 봤자 지가 문제일 것이고 문제엔 반드시 해답이 있기 마련이라는 것이다."

— 나난(장진영)

영화 결말부, 나난(장진영)이 공항에서 애인을 떠나보내고 앞으로 잘해낼 수 있을지 반문할 때 스스로에게 던지는 다짐의 내레이션.

# 올드보이(2003)

**감독:박찬욱, 원작:츠이야 가롱·미네기시 노부야키, 각본:황조윤·임준형·박찬욱**

# "웃어라, 온 세상이 너와 함께 웃을 것이다. 울어라, 너 혼자만 울게 될 것이다."

**— 오대수(최민식)**

**감금된 오대수(최민식)의 방에 걸려 있던 글귀. 엘라 휠러 윌콕스의 시 「고독」의 한 부분이다.**

# 올드보이(2003)

**감독:박찬욱, 원작:츠이야 가롱·미네기시 노부야키, 각본:황조윤·임준형·박찬욱**

# "명심해요. 모래알이든 바위덩어리든 가라앉기는 마찬가지예요."

— 이우진(유지태)

**이우진(유지태)이 "누구냐, 너?"라고 묻는 오대수(최민식)에게 하는 말.**

**감독:박찬욱, 원작:츠이야 가롱·미네기시 노부야키, 각본:황조윤·임준형·박찬욱**

# "있잖아. 사람은 말이야. 상상력이 있어서 비겁해지는 거래. 그러니까 상상을 하지 말아봐. 존나 용감해질 수 있어."

**— 철웅(오달수)**

**철웅(오달수)이 오대수(최민식)를 고문하기 전에 하는 말.**

**지구를 지켜라!(2003)**
감독:장준환, 각본:장준환

# "저, 혹시 고향이 안드로메다 아니십니까?"

— 이병구(신하균)

병구(신하균)가 강 사장(백윤식)을 납치하기 전에 하는 말.

**395** **지구를 지켜라!(2003)**
감독:장준환, 각본:장준환

# "하크 크산 하지지크 파키."

— 강 사장(백윤식)

"저 푸른 행성은 어떻게 할까요?"라고 묻는 신하에게 왕자(백윤식)가 하는 말로 "저 행성엔 희망이 없어"라는 뜻.

# "사실, 난 한 여자만 좋아하자는 주의는 아니지만 그 애한텐 잘해볼 작정이다."

— 태수(이기우)

태수(이기우)가 버릇처럼 여러 번 하는 말. 집안끼리 맺은 약속으로 만나게 된 주희(손예진)에게 최선을 다하겠다는 의지를 담은 대사.

**감독:곽재용, 각본:곽재용**

# "우산 있는데 비를 맞는 사람이 어디 저 하나뿐이에요?"

— 지혜(손예진)

상민(조인성)이 자신을 좋아한다는 걸 알게 된 지혜(손예진)가 상민을 찾아가 하는 말. 비 내리는 날,
우산이 없는 척하며 지혜와 함께 비를 피해 달린 상민을 염두에 둔 말이다.

# "너거들 대갈빡에 깃발을 확 꼽아버려. 그러면 시뻘건 선지하고 새하얀 골수들이 워매 좋은 거 하며 팍팍 튀어불 것이여, 이 씨벌넘들아."

— 백제 병사(김탄현)

백제 병사와 신라 병사의 욕 배틀 시퀀스의 한 장면.

**399**    **그녀를 믿지 마세요(2004)**
감독:배형준, 각본:최희대, 각색:박연선

# "거짓말이 쉬워? 거짓말은 고도의 두뇌 게임이야. 앞 얘기 뒷 얘기 다 받쳐줘야 하고, 기억력 좋아야지 순발력 있어야지. 게다가 창작의 고통까지."

— 주영주(김하늘)

좋아하는 여자에게 거짓으로라도 일단 맞춰주라는 영주(김하늘)에게 희철(강동원)이 "거짓말은 쉽겠지"라고 하자
영주가 어이없어 하며 하는 말.

## 그녀를 믿지 마세요(2004)

**감독:배형준, 각본:최희대, 각색:박연선**

# "우리, 이렇게 시작하면 되는 건가요?"

**— 최희철(강동원)**

두 사람이 어떻게 만나게 됐는지 묻는 수미(이영은)에게 영주(김하늘)는 거짓말을 한다. 이후 희철(강동원)은 영주에게 고백을 하며 영주가 했던 거짓말 그대로 재현하는데... 이때 그가 사랑을 고백하며 하는 대사다.

**401**  **내 머리 속의 지우개(2004)**
감독:이재한, 각본:이재한, 각색:김영하

# "이거 마시면 우리 사귀는 거다."

— 철수(정우성)

포장마차에서 철수(정우성)가 수진(손예진)에게 하는 말.

## 402    늑대의 유혹(2004)

**감독:김태균, 원작:귀여니, 각본:김태균, 각색:김정곤·강건향·김인성·강유선·이인성**

# "여기서 너희 집까지 딱 5분 걸린다. 그 안에 대답해라. 나랑 사귈래, 안 사귈래?"

— 반해원(조한선)

**해원(조한선)이 한경(이청아)에게 밀어붙이듯 사귀자고 하는 대사.**

**말죽거리 잔혹사(2004)**
감독:유하, 각본:유하

# "그래, 꼭 고등학교 나와야 대학 가냐? 근데 이소룡이는 대학 나왔냐?"

— 아버지(천호진)

현수 아버지(천호진)가 현수(권상우)에게 맞아 입원한 종훈(이종혁)의 병문안을 가 사죄하고 돌아오는 길에 아들에게 하는 말.

# "쉭쉭, 이것은 입에서 나는 소리가 아니여. 쉭~ 입은 가만 있잖녀~"

― 가오리(박철민)

가오리(박철민)가 복싱 자세를 하며 하는 입버릇.

# "사기라는 게 털어먹을 놈이 테이블에 앉아 있다? 그럼 끝난 거예요. 문제는 테이블에 앉히기 위해서 우리가 얼매나 공을 들이느냐."

— 얼매(이문식)

사기가 무엇인가에 대한 얼매(이문식)의 장광설.

감독:최동훈, 각본:최동훈

# "청진기 대보니까 진단이 딱 나온다. 시추에이션이 좋아."

— 김 선생(백윤식)

**사기꾼들의 '대부' 김 선생(백윤식)이 입버릇처럼 하는 말.**

# "난 오늘 남들에겐 다 있는데 내게 없던 세 가지가 생겼다. 난 내년이 생겼고, 난 주사가 생겼고, 난.... 첫사랑이 생겼다."

**— 동치성(정재영)**

시한부 판정을 받은 야구 선수 동치성(정재영)이 오진이었음을 알고 난 후, 자기 주변을 맴돌던 한이연(이나영)과
교제를 시작할 때 내레이션으로 하는 대사.

**알포인트(2004)**
**감독:공수창, 각본:공수창·필영우, 각색:최강혁·공수창**

# "네가 있는 그 자리에 내가 있다. 손에 피를 묻힌 자는..."

**— 조병훈(김병철)**

**알포인트 근처에 세워진 비석의 문구 중 일부.**

**효자동 이발사(2004)**
감독:임찬상, 각본:임찬상, 각색:장민석

# "각하께서도 참 오래 하십니다."

— 성한모(송강호)

대통령이 성한모(송강호)에게 자신의 이발사로 일한 지 얼마나 됐냐고 묻는다. 12년이라고 하니
대통령이 "임자도 참 이 일 오래 하는구만"이라 말한다. 여기에 대한 성한모의 대답.

# "상황은 변하는 거야. 인생도 세상도 다 변해. 오늘 변한다."

— 김 부장(백윤식)

중앙정보부 김 부장(백윤식)이 주 과장(한석규)에게 하는 말.

**극장전(2005)**
**감독:홍상수, 각본:홍상수**

# "자기는 이제 재미 봤죠? 그럼 이제 그만, 뚝!"

**— 최영실(엄지원)**

**하룻밤을 같이 보낸 후, 병원 앞에서 다시 조우한 동수(김상경)가 영실(엄지원)에게 좀 더 시간을 내달라고 애원하자
영실이 혼내듯 하는 말.**

# "생각을 더 해야 돼. 생각만이 나를 살릴 수 있어. 죽지 않게 오래 살 수 있도록."

— 김동수(김상경)

"더 살고 싶다"고 울부짖는 이 감독(김명수)을 병문안 하고 돌아오는 길에 동수(김상경)가 하는 혼잣말.

# "그래 봤자 눈과 얼음이야. 달겨 들면 녹여서 마셔 버리면 돼."

— 최도형(송강호)

탐험길에 동료 둘을 잃은 후 겁먹은 대원들에게 최도형 대장(송강호)이 하는 말.

**남극일기(2005)**
감독:임필성, 각본:임필성·봉준호·이해준

# "그게 기적이 아니라 저주란 생각은 안 해보셨어요?"

— 이영민(박희순)

계속되는 의문의 사건과 대원들의 희생에도 최도형 대장(송강호)은 목표점으로 가겠다는 뜻을 꺾지 않는다. 그가 "도달불능점에 갈 수 있다면,
남극을 이길 수만 있다면 앞으로 어떤 기적도 만들 수 있어"라고 말하자 영민(박희순)이 하는 말.

**415**   달콤한 인생(2005)
감독:김지운, 원작:김지운, 각본:김지운

# "인생은 고통이야. 몰랐어?"

— 백 사장(황정민)

선우(이병헌)에게 칼침을 놓은 후 백 사장(황정민)이 하는 일장연설.

"어느 깊은 가을밤, 잠에서 깨어난 제자가 울고 있었다. 그 모습을 본 스승이 기이하게 여겨 제자에게 물었다. 무서운 꿈을 꾸었느냐? 아닙니다. 슬픈 꿈을 꾸었느냐? 아닙니다. 달콤한 꿈을 꾸었습니다. 그런데 왜 그리 슬피 우느냐? 제자는 흐르는 눈물을 닦아내며 나지막이 말했다. 그 꿈은 이루어질 수 없기 때문입니다."

— 선우(이병헌)

영화 맨 마지막에 나오는 선우(이병헌)의 내레이션. "어느 맑은 봄날, 바람에 이리저리 휘날리는 나뭇가지를 바라보며 제자가 물었다"로 시작하는 영화는 이렇듯 대구법을 이루는 것처럼 막을 내린다.

**말아톤(2005)**

감독:정윤철, 각본:윤진호·송예진·정윤철

# "초원이 다리는" "백만 불짜리 다리."

— 초원 엄마, 윤초원(김미숙, 조승우)

달리기를 시작하기 전 엄마 경숙(김미숙)이 "초원이 다리는"을 선창하면 초원이 "백만 불짜리 다리"라고 외친다.

# "니 누이, 죽기 전에 울고 있었다더라. 박수 받으며 가고 싶어 했겠지만 그 여잔 울다가 죽었다더라. 운이 없는 남매야, 불쌍한 남매지. 죽으면서 울고, 죽이지 못해 또 울고."

**— 최연기(차승원)**

방 번호를 착각해 (죽기 전) 정유정(김지수)과 조우한 맹인 안마사의 진술을 인용해, 정유정의 동생으로 밝혀진
용의자 김영훈(신하균)에게 수사 검사 최연기(차승원)가 하는 말.

**왕의 남자(2005)**

감독:이준익, 원작:김태웅, 각본:최석환

# "아, 나 여기 있고 너 거기 있지."

— 공길(이준기)

남사당패 광대 장생(감우성)과 공길(이준기)이 몸담고 있던 조직을 떠나 한양으로 올라오며 하는 놀이극 대사 중 일부.

# 웰컴 투 동막골(2005)

**감독:박광현, 원작:장진, 각본:장진·박광현·김중**

# "여가 뜨거와.
# 여 배가 뜨거와.
# 마이 아파."

— 여일(강혜정)

연합군 군인의 총에 맞은 여일(강혜정)이 마지막 숨을 토하며 하는 말.

# "근데요, 우리도! 연합군입니까? 지금 우리도 북남 합작 부대 아입니까? 내 말이 틀리오?"

— 택기(류덕환)

연합군의 공격으로부터 동막골을 지키기 위해 남과 북의 군사가 합동 작전을 펼치기로 한다. 이에 대해 북한군 택기(류덕환)가 하는 말.

# "기도는 이태리타월이야. 껍질이 벗겨지도록 빡빡 밀어서 죄를 벗겨내. 그럼 애기 속살로 변해. 알았지?"

― 금자(이영애)

교도소 동료 양희(서영주)가 괴롭워 할 때 이금자(이영애)가 하는 말.

**423** **친절한 금자씨(2005)**

감독:박찬욱, 각본:정서경·박찬욱

# "친절해 보일까봐."

— 금자(이영애)

왜 눈만 시뻘겋게 칠하고 다니냐고 묻는 교도소 동기 수희(라미란)의 물음에 대한 이금자(이영애)의 간단명료한 답.

**친절한 금자씨(2005)**
감독:박찬욱, 각본:정서경·박찬욱

# "예뻐야 돼, 뭐든지 예쁜 게 좋아."

— 금자(이영애)

복수를 위해 사제 총을 제작할 때 "후련하게 잘 쏴지면 그만 아니냐?"라고 하는 교도소 동기(김부선)에게 금자(이영애)가 대꾸하는 말.

**태풍태양(2005)**
감독: 정재은, 각본: 임연희·정재은

# "태풍이 몰아친 뒤에 태양은 더욱 빛난다."

— 소요(천정명)

영화의 마지막 시퀀스, 해외 챔피언십 대회에 참여한 소요(천정명)가 출발점을 떠나 경기에 임할 때 들리는 내레이션.

**가족의 탄생(2006)**
감독:김태용, 각본:성기영·김태용

# "그깟 연애가 뭐라고 이렇게들 나쁘게 살아요?"

— 선경(공효진)

자신의 엄마와 만나는 운식(주진모)의 집에 들어가 가족들 앞에서 "우리 엄마 사랑하세요?"라고 묻고, 운식이 "사랑한다"고
답하자 대단들 하시다며 허탈하게 말하는 선경(공효진)의 대사.

## 427 괴물(2006)
**감독:봉준호, 각본:하준원·봉준호·백철현**

# "사망잔데요, 사망을 안 했어요."

— 강두(송강호)

괴물에게 잡혀간 현서(고아성)의 전화를 받은 강두(송강호). 당신 딸이 사망자 명단에 있다는 경찰의 말에 강두가 하는 답변의 말이다.

# "니들, 그 냄새 맡아본 적 있어? 새끼 잃은 부모 속 냄새를 맡아본 적이 있냐, 이 말이여. 부모 속이 한 번 썩어 문드러지면 그 냄새가 십 리 밖까지 진동하는 거여."

— 희봉(변희봉)

박희봉(변희봉)이 남일(박해일)과 남주(배두나)에게 강두(송강호)에게 잘해줘야 한다며 연설하면서 하는 말.

# "어제는 쑤시고, 오늘은 썰고. 맛있어?"

— 장미(조은지)

어제 사람을 죽이고도 태연히 스테이크를 썰며 데이트를 하는 미나(최강희)의 태도에 불만을 표하는 말.

**달콤, 살벌한 연인(2006)**

감독:손재곤, 각본:손재곤

# "하고자 하는 의지만 있으면 뭐를 못 하는데!"

— 계동(정경호)

시체가 무거워 혼자 처리할 수 없어 김치냉장고에 보관했다고 말하는 미나(최강희)를 구박하며 하는 말.

# 431   라디오 스타(2006)
**감독:이준익, 각본:최석환**

'최곤의 오후의 희망곡' 100회 특집을 맞아 야외 공개방송이 진행된다. 방청객 모두 최곤(박중훈)의 이름을 외치지만 끝내 무대에 서지 않는 그. 매니저 민수(안성기)가 왜 노래하지 않았느냐고 묻는 데 대한 대답이다.

# "노래 하고 싶어질까 봐."

— 최곤(박중훈)

'최곤의 오후의 희망곡' 100회 특집을 맞아 야외 공개방송이 진행된다. 방청객 모두 최곤(박중훈)의 이름을 외치지만 끝내 무대에 서지 않는 그. 매니저 민수(안성기)가 왜 노래하지 않았느냐고 묻는 데 대한 대답이다.

"천문대에서 별 볼 때 형이 그랬지? 자기 혼자 빛나는 별 없다고. 와서 좀 비춰주라... 형, 내 말 듣고 있어? 듣고 있으면 돌아와."

— 최곤(박중훈)

88년 가수왕 출신 최곤(박중훈)이 매니저 민수(안성기)에게 자신이 진행하는 라디오 방송을 통해 돌아와 달라고 애원하는 말.

# "남자한테 여자는 딱 세 종류뿐이야. 어? 봐봐. 이쁜 여자, 명품이지? 평범한 여자, 진품이고. 너? 바로 반품이야, 알어?"

— 박정민(김현숙)

짝사랑 하는 남자 한상준(주진모)이 자신에게 관심이 있는 것 같다는 강한나(김아중)에게 절친 박정민(김현숙)이 하는 일침.

**미녀는 괴로워(2006)**
감독:김용화, 각본:김용화, 각색:노혜영

# "가슴을 찢어놓고 휴지로 되겠어요?"

— 강한나(김아중)

강한나(김아중)가 성형한 존재가 제니라는 걸 알면서도 모른 척한 한상준(주진모). 그와 다투다 손을 베인
한나에게 상준이 휴지를 건네자 한나가 울먹이며 하는 말.

**감독:유하, 각본:유하**

# "건달은 말이여…
# 굶어 뒤져도
# 자존심 하나로
# 가는 거여. 자존심
# 버리는 순간
# 뭐다? 양아치다."

— 병두(조인성)

병두(조인성)가 자신의 부하들을 모아 놓고 '건달 사상'에 대해 얘기하면서 하는 말.

# "앞으로 주먹으로 해결하려고 하지 마라. 지금 세상이 어느 땐데 전쟁이냐. 이제 사시미로 하면 다 망해요. 계산기로 해야지."

— 황 회장(천호진)

조직 뒤를 봐주는 황 회장(천호진)이 폭력 사건을 일으킨 상철(윤제문)에게 하는 말.

508

# "병두야, 세상에서 성공하려면 딱 두 가지만 알면 돼. 나한테 필요한 사람이 누군지, 그 사람이 뭘 필요로 하는지."

— 황 회장(천호진)

병두(조인성)에게 스폰서의 중요성을 강조하며 황 회장(천호진)이 하는 말.

# 438    사생결단(2006)

**감독:최호, 각본:윤덕원·최호**

# "세상은 늪이다. 누군가는 반드시 악어가 되고 누군가는 반드시 악어새가 된다. 늪을 건너고 또 건너믄 언젠가는 내도 악어가 된다."

— 상도(류승범)

**마약 중간 판매상인 상도(류승범)가 자신을 설명하는 대사.**

오판수(백윤식)가 제자 병태(재희)에게 전한 싸움의 교훈 중 하나.

# "두려움, 맞아 본 자의 두려움 말이다. 그걸 날려 보내야 돼."

— 오판수(백윤식)

오판수(백윤식)가 제자 병태(재희)에게 전한 싸움의 교훈 중 하나.

# 우리들의 행복한 시간(2006)
**감독:송해성, 원작:공지영, 각본:장민석·박은영**

# "무서워요. 애국가를 불렀는데도 무서워요."

**— 윤수(강동원)**

**사형수인 정윤수(강동원)가 사형장에서 눈물 흘리며 하는 마지막 말.**

# 441    짝패(2006)

**감독:류승완, 각본:이원재·류승완·김정민**

# "좆이나
# 까 잡쉬."

— 장필호(이범수)

지역 개발사업으로 이런저런 사고를 치고 다니는 필호(이범수)를 막아서는 왕재(안길강). 맞대결을 앞두고 왕재가 "지금이래도 관두겠다고 하면은
험한 꼴 안 볼 수도 있고"라고 하자 필호가 대꾸하는 말.

**천하장사 마돈나(2006)**
감독:이해준·이해영, 각본: 이해영·이해준

# "나는 뭐가 되고 싶은 게 아니라 그냥 살고 싶은 거야."

— 오동구(류덕환)

친구 종만(박영서)이 동구(류덕환)의 꿈을 '장래희망'처럼 얘기하자 동구가 발끈해 내뱉는 대사.

# 443 타짜(2006)
### 감독:최동훈, 원작:김세영·허영만, 각색:최동훈

# "손은 눈보다 빠르다."

**— 평경장(백윤식)**

**화투 기술을 배우고 싶다는 고니(조승우)를 훈련시키며 평경장(백윤식)이 하는 말.**

**감독:최동훈, 원작:김세영·허영만, 각본:최동훈**

# "묻고 더블로 가."

**— 곽철용(김응수)**

**사구(4, 9) 파토 후에 고니(조승우)가 돈을 뺄지, 묻고 더블로 갈지 묻자 호기롭게 대답하는 말.**

445 타짜(2006)

감독:최동훈, 원작:김세영·허영만, 각본:최동훈

# "마포대교는 무너졌냐, 이 새끼야?"

— 곽철용(김응수)

"올림픽대로가 막힐 것 같습니다"라는 운전 기사의 말에 대꾸하는 말.

감독:강우석, 각본:김희재·이효철

# "한 나라와 민족이 스스로 서겠다는 것이 그렇게 잘못입니까?"

— 대통령(안성기)

경의선 철도 개통과 관련한 책임을 지고 사직서를 내는 총리(문성근)에게 대통령(안성기)이 하는 말.

**감독:강석범, 각본:강석범, 각색:송민호**

# "사랑 뭐, 별건가? 행복했던 시간, 짧은 기억 하나면 충분한 거지. 기억하고 있다면 사랑은 변하지 않아."

— 은미(박은혜)

희주(허이재)가 은미(박은혜)에게 태식(김래원)을 사랑했었냐 물으며 "사랑이 뭐라고 생각하느냐"는
질문을 한다. 그에 대한 은미의 대답.

## 448 밀양(2007)

**감독:이창동, 원작:이청준, 각본:이창동**

# "똑같아예, 사람 사는 게 다 똑같지예."

**— 김종찬(송강호)**

신애(전도연)의 동생이 "밀양은 어떤 곳이에요?"라고 묻자, 신애가 밀양에 처음 오던 날 똑같은 질문을 했다며 웃으며 하는 말.

**식객(2007)**
**감독:전윤수, 원작:허영만, 각본:신동익·전윤수**

# "맛의 진실은 가까운 데 있어."

**— 호성(정은표)**

**군대에서 호성(정은표)이 끓여준 라면 맛의 비밀을 알고 싶어 하는 중거(김상호)에게 호성이 하는 말.**

감독:전윤수, 원작:허영만, 각본:신동익·전윤수

# "거, 재료만 좋다고 최고의 음식이 되는 건 아니에요."

— 진수(이하나)

고급 재료가 음식 맛의 성패를 좌우한다고 열변을 토하는 봉주(임원희)에게 VJ 진수(이하나)가 반기를 들며 하는 말.

**감독:최호, 각본:최호·김수경**

# "그 미친년이란 건 소울이 있다는 건데?"

— 만식(차승우)

**미미(신민아)의 이름 뜻이 "미친년 곱하기 2, 미미"라는 걸 알게 된 기타리스트 만식(차승우)의 말.**

**감독:최호, 각본:최호·김수경**

# "이 밤이 너무 조용해. 좀 시끄러웠으면 좋겠어."

— 이병욱(이성민)

**계엄령으로 심야 영업이 사라진 상황. 음악 전문 기자 병욱(이성민)은 외국인 전용 클럽이 있는 호텔을 이용해 심야 공연을 기획한다. 그가 바라는 건 엄혹한 세상에 침묵만이 남지 않는 것이다.**

**과속스캔들(2008)**
**감독:강형철, 각본:강형철, 각색:이병헌**

# "너 애까지 있는 애가 애 교육에 애를 써야지."

**— 남현수(차태현)**

현수(차태현)는 어느 날 갑자기 나타난 자신의 딸 정남(박보영)이 본인 라디오 프로그램에 나와 노래를 부르자 불안해진다.
정남의 아들 기동(왕석현)의 교육을 들먹이며 정남의 라디오 출연을 막으려는 현수의 멘트.

**과속스캔들(2008)**
**감독:강형철, 각본:강형철, 각색:이병헌**

# "미혼모도 하고 싶은 거 많아요."

— 황정남(박보영)

**노래를 하고 싶다는 꿈을 가진 정남(박보영)이 방송 출연을 부득불 말리는 현수(차태현)에게 하는 말.**

**뜨거운 것이 좋아(2008)**

감독: 권칠인, 원작: 강모림, 각본: 김수아·김현수·박혜련

# "결국 이렇게 됐지만 후회는 없다. 후회하는 순간 그건 진짜 과거가 돼버리니까."

— 아미(김민희)

애인 오승원(김성수)과 이별한 후 아미(김민희)의 내레이션. "그가 준 건 반지였지만, 나는 희망을 돌려받았다"는 대사로 이어진다.

**멋진 하루(2008)**
감독:이윤기, 원작:다이라 아즈코, 각본:이윤기·박은영

# "내가 조금 단순한 건 사실인데 진심이 아니었던 적은 한 번도 없었을걸?"

— 조병운(하정우)

돈을 받기 위해 하루 동안 이 여자 저 여자를 찾는 병운(하정우)을 보고 희수(전도연)가 진심을 언급하자 병운이 하는 말.

457 **멋진 하루(2008)**
감독:이윤기, 원작:다이라 아즈코, 각본:이윤기·박은영

# "돈 갚을라고 돈 꾸러 다닌 게 잘한 거야?"

— 김희수(전도연)

자신에게 꾼 돈을 갚기 위해 또다시 돈을 빌리는 병운(하정우)에게 희수(전도연)가 하는 말.

감독:이경미, 각본:이경미·박은교·박찬욱

# "나도 알아! 내가 별로라는 거! 내가 내가 내가 아니었으면, 다들 이렇게 나한테 안 했을 거면서!"

— 양미숙(공효진)

이유리 선생(황우슬혜)과 비교해 자신을 무시하는 듯한 분위기에 양미숙(공효진)이 항변하는 말.

**감독:정윤수, 원작:박현욱, 각본:송혜진, 각색:류훈·정윤수**

# "하나를 반으로 나누는 게 아니라, 두 배가 되는 게 아닐까?"

**— 주인아(손예진)**

**"사랑이 나눠지니?"라는 남편 덕훈(김주혁)의 말에 대한 아내 인아(손예진)의 대답.**

아내가 결혼했다(2008)

감독:정윤수, 원작:박현욱, 각본:송혜진, 각색:류훈·정윤수

# "내가 별을 따 달래, 달을 따 달래, 그냥 남편 하나 더 갖겠다는 것뿐인데."

— 주인아(손예진)

감독:정윤수, 원작:박현욱, 각본:송혜진, 각색:류훈·정윤수

결혼하고 싶은 사람이 생겼다며, 그 사람과 결혼해도 되냐고 남편 덕훈(김주혁)에게 동의를 구하다 항변하는 말.

# "감독이 선수를 못 믿으면 그 경긴 하나마나 백전백패야. 절대 못 이겨."

— 혜경(김정은)

핸드볼 국가대표 감독 대행을 했던 혜경(김정은)이 자신의 뒤를 이어 감독이 된 승필(엄태웅)에게 하는 염려 섞인 충고.

# "나 포기 안 할 거거든? 나 끝까지 해낼 거니까 당신도 포기하지 마."

— 미숙(문소리)

음독 자살 시도를 해 병원에 누워 있는 남편에게 미숙(문소리)이 남긴 전화 메시지.

**좋은 놈, 나쁜 놈, 이상한 놈(2008)**
감독:김지운, 각본:김민석·김지운

# "마적이 기차표를 들고 기차 탄답니까? 세워야죠."

― 박창이(이병헌)

제국 열차에 올라 가네마루에게 건너간 지도를 찾아오라는 업무를 받은 마적단 두목 박창이(이병헌).
그가 제공 받은 간도선 기차표에 칼집을 내며 하는 말.

좋은 놈, 나쁜 놈, 이상한 놈(2008)
감독:김지운, 각본:김민석·김지운

# "무언가를 얻기 위해서 무언가를 쫓아가게 되면 다른 무언가가 쫓아오게 돼 있어."

— 박도원(정우성)

현상금 사냥꾼 박도원(정우성)이 자신의 꿈에 관해 설명하는 과정에서 하는 말.

# 국가대표(2009)

### 감독:김용화, 각본:김용화, 각색:황승재·김선정·김현철

# "나도 할 수 있는데. 나도 할 수 있어. 나도 할 수 있다고."

**— 봉구(이재응)**

**나가노 동계올림픽에서 칠구(김지석)가 부상을 당해 국가별 4명 엔트리를 채우지 못하게 되자 후보 선수인 봉구(이재응)가 하는 말.**

**김씨표류기(2009)**
감독:이해준, 각본:이해준

"전해 달래요.
자기한테
짜장면은
희망이래요."

— 철가방(박영서)

김 씨(정재영)가 표류한 밤섬까지 짜장면 배달을 다녀온 중국집 철가방이 배달을 의뢰한 여자 김 씨(정려원)에게 전한 말.

**김씨표류기(2009)**
감독:이해준, 각본:이해준

# "남자가 보내온 이 거대한 희망을 맛보기로 합니다."

— 여자 김씨(정려원)

'짜장면이 자신의 희망'이라며 돌려보낸 배달 짜장면을 시식하는 여자 김 씨(정려원)의 내레이션.

# "달에는 아무도 없기 때문입니다. 아무도 없으면, 외롭지 않으니까요."

— 여자 김씨(정려원)

온둔형 외톨이 여자 김 씨(정려원)가 달을 찍는 이유를 설명하는 독백.

**내 사랑 내 곁에(2009)**
감독:박진표, 각본:박진표, 각색:유승욱·국동석·최원섭·손재혁·진경·박명규·최정열

# "잘 들으세요, 아저씨. 지금 이 순간들이 하나하나 모여서 나중이 되는 거예요. 젊음을 확! 불살라 버리자, 어?"

— 이지수(하지원)

미래를 위해 현재를 견디는 종우(김명민)와 달리 그때그때의 감정과 기분에 충실한 지수(하지원)가 하는 말.

마더(2009)
**감독:봉준호, 각본:박은교·봉준호**

# "맞아 맞아. 누구나 다 살인할 수 있어. 무슨 자격증이 있어야 되나?"

**— 반장(김병순)**

고요하던 시골 마을에 살인 사건이 벌어지고 도준(원빈)이 용의자로 몰린다. 제 앞가림을 할 줄 모르는
어수룩한 도준을 범인으로 여기며 수사 반장이 하는 말.

**마더(2009)**
**감독:봉준호, 각본:박은교·봉준호**

# "사실은...
# 우리 아들이 안
# 그랬거든요."

— 마더(김혜자)

**피해자 장례식장을 찾아간 도준 엄마(김혜자). 명복을 빌러 왔다는 그에게 친척들이 화를 내자 엄마가 하는 말이다.**

**마더(2009)**
**감독:봉준호, 각본:박은교·봉준호**

# "너... 부모님은 계시니? 엄마 없어?"

— 마더(김혜자)

**기도원을 탈출한 종팔(김홍집)이 범인으로 지목돼 감옥에 갇힌다. 도준 엄마(김혜자)가 그를 면회 가 울먹이며 하는 말.**

**473** **박쥐(2009)**

감독:박찬욱, 원작:에밀 졸라, 각본:정서경·박찬욱

545

# "해피 버스데이, 태주 씨."

— 상현(송강호)

뱀파이어로 다시 태어난 태주(옥빈)에게 상현(송강호)이 처음 건네는 인사말.

# "걷고 싶어, 태양 아래서. 걷고 싶어."

― 김요한(고수)

감독:박신우, 원작:히가시노 게이고, 각본:박연선·박신우, 각색:한상운·오상호

오랜 기간 미호(손예진)의 그림자로 살아온 요한(고수)이 음지 아닌 양지로 나가 떳떳하게 살고 싶다는 마음을 표현한 대사.

# "형사들이 좋아하는 말 중에 이런 말이 있어요. 모든 추론 뒤에도 답이 나오지 않을 때는 가장 단순한 것이 정답이다."

― 한동수(한석규)

미호(손예진)의 뒷조사를 하고 있는 시영(이민정)에게 형사 동수(한석규)가 하는 말.

# "나중에 내 얘기 영화로 만들지 마요. 약속해 줘요."

— 고순(고현정)

선배 화가의 아내 고순(고현정)이 영화감독 구경남(김태우)에게 부탁하는 말.

# "젊으니까, 남자니까, 내가 심심하니까. 당신들도 그러잖아?"

— 고순(고현정)

자기를 왜 불렀냐는 영화감독 구경남(김태우)에게 고순(고현정)이 빈정대며 하는 말.

**전우치(2009)**
감독:최동훈, 각본:최동훈

# "나, 이 초랭이. 더러운 인간이 되느니 차라리 아름다운 개로 죽고 싶다."

— 초랭이(유해진)

인간이 되는 게 꿈이지만 전우치(강동원)를 배신해야만 인간이 될 수 있다면 그냥 개로 남겠다고 하는 말.

**감독:박찬옥, 각본:박찬옥**

"난 한번도...
너를 사랑하지
않은 적이
없어."

— 중식(이선균)

상처한 중식(이선균)과 처제 은모(서우)와의 대화 장면에서 "그럼... 저는요?"라고 묻자 중식이 답하는 말.

감독:윤제균, 각본:윤제균·김휘, 각색:유성협·권혁재·정우철·이승연

# "당신은요... 딱! 오후 세 시 같은 사람이에요. 진짜 어쩡쩡하잖아요. 오후 세 시. 뭘 하기에는 너무 늦고 그렇다고 그만두기에는 너무 이르고..."

— 김희미(강예원)

**희미(강예원)가 물에 빠진 자신을 구조한 해양 구조대원 형식(이민기)에게 하는 말.**

# 김종욱 찾기(2010)

**감독:장유정, 원작:장유정, 각본:이경의, 각색:장유정**

# "그래야 마음이 놓여요. 끝을 안 내면 좋은 느낌 그대로 두고두고 남잖아요."

— 서지우(임수정)

지우(임수정)가 마지막 남은 호두과자를 먹지 않는 버릇을 설명하는 대목.

**김종욱 찾기(2010)**
감독:장유정, 원작:장유정, 각본:이경의, 각색:장유정

# "인연을 붙잡아야 운명이 되는 거지."

— 서 대령(천호진)

"굳이 애쓰지 않아도 만나야 할 사람은 만나게 될 것"이라는 딸 지우(임수정)의 말에 대한 아빠의 대답.

# "여기까지 오시느라 정말 고생 많으셨습니다."

— 세진(정유미)

어느덧 최연소 대리가 된 세진(정유미)이 인사하러 온 신입사원들에게 감회에 젖어 하는 말.

# "내일만 사는 놈은 오늘만 사는 놈한테 죽는다. 난 오늘만 산다. 그게 얼마나 좆같은 건지 내가 보여줄게."

— 차태식(원빈)

소미(김새론)를 납치한 범죄 조직원들과 마주한 태식의 비장한 경고.

**485** 아저씨(2010)
감독:이정범, 각본:이정범

# "너무 아는 척하고 싶으면, 모른 척하고 싶어져."

— 차태식(원빈)

대단원, 경찰의 감시를 받으며 들른 문방구에서 학용품을 잔뜩 챙겨주고 난 후 태식(원빈)이 소미(김새론)에게
"그때 모른 척해서 미안해"라고 운을 뗀 후.

**악마를 보았다(2010)**
**감독:김지운, 각본:박훈정, 각색:김지운**

# "왜 이렇게 약한 척해? 이제 시작인데. 기억해둬. 점점 끔찍해질 거야."

— 김수현(이병헌)

**연쇄 살인마 장경철(최민식)과 첫 대면해 폭력을 가한 수현(이병헌)이 하는 말.**

**악마를 보았다(2010)**

**감독:김지운, 각본:박훈정, 각색:김지운**

# "사람이 짐승을 상대하자고 짐승이 되면 되겠수?"

— 오 과장(천호진)

**살인범을 향해 처절한 사적 복수를 감행하는 수현(이병헌)의 행동을 염려하는 형사 오 과장(천호진)의 말.**

# 488 의형제(2010)
**감독:장훈, 각본:장민석, 각색:장훈·최관영·김주호**

# "뭔 빨갱이가 그렇게 돈을 밝혀?"

— 이한규(송강호)

**남파 공작원 지원(강동원)이 셈에 밝자 국정원 요원 한규(송강호)가 하는 말.**

560

**의형제(2010)**
**감독:장훈, 각본:장민석, 각색:장훈·최관영·김주호**

# "저는 누구도 배신하지 않았습니다."

**— 송지원(강동원)**

**북한 요원 그림자(전석환)와 국정원 관계자들과의 추격전에서 쓰러진 지원(강동원)이 한규(송강호)에게 하는 말.**

**490** 이끼(2010)

감독:강우석, 원작:윤태호, 각본:정지우

# "가벼운 도둑은 겉을 훔치지만 진짜 악마는 마음을 훔친다 아이가."

— 기도원장(이철민)

유목형(허준호)을 '악마'라 생각하는 기도원장(이철민)이 형사 천용덕(정재영)에게 유목형을 빗대 한 표현.

**이끼(2010)**
**감독:강우석, 원작:윤태호, 각본:정지우**

# "너 이끼 아냐? 이끼. 조용히 살아, 이끼처럼. 바위에 쫙 붙어 입 닥치고."

— 박민욱(유준상)

**자신의 커리어에 흠집을 낸 유해국(박해일)에게 박민욱 검사(유준상)가 하는 말.**

이끼(2010)

**감독:강우석, 원작:윤태호, 각본:정지우**

# "니는 신이 될라켓나? 내는 인간이 될라켓다!"

**— 천용덕(정재영)**

**마을의 정신적 지주로 통하는 유목형(허준호)과 대립하는 마을 이장 천용덕(정재영)의 외침.**

**하녀(2010)**

**감독:임상수, 각본:임상수**

# "아더메치한 짓이야, 이게. 아니꼽고 더럽고 메스껍고 치사하다구."

— 병식(윤여정)

하녀 일에 대해 이 일의 선배 격인 병식(윤여정)이 일갈하는 말.

# "아줌마, 나 찍소리 라도 좀 내야겠다고요!"

— 은이(전도연)

억울하게 아이를 잃은 은이(전도연)가 복수를 결심하며 소리치는 말.

**하모니(2010)**
**감독:강대규, 각본:윤제균·이승연, 각색:강대규·김휘**

# "죽고 싶고 울고 싶어도 웃어라. 네가 웃어야 네 자식이 웃는다. 만날 사람 언젠가는 꼭 만난다."

— 김문옥(나문희)

교도소 안에서 출산을 한 정혜(김윤진)가 아들을 입양 보내고 돌아와 울자, 문옥(나문희)이 하는 말.

**감독:나홍진, 각본:나홍진, 각색:홍원찬**

# "대가릴 따로 버리고 나머진 개 줘라."

— 면정학(김윤석)

**자신을 죽이러 온 이들을 난자한 후 후배 조직원들에게 시체 처리 방법을 설명하는 정학(김윤석)의 말.**

고지전(2011)

**감독:장훈, 각본:박상연**

# "기도 내용만 좀 바뀌었지. 예전엔 '살려주세요' 했는데 뭐 지금은 '죽여주세요' 한다."

— 김수혁(고수)

**오랜만에 수혁(고수)과 재회한 은표(신하균)는 그의 군번표를 되돌려준다. 군번표에 매달린 십자가를 보고 아직도 신을 믿느냐는 은표의 물음에 대한 수혁의 대답.**

**고지전(2011)**

**감독:장훈, 각본:박상연**

# "싸우는 이유가 뭔데?" "내래 확실히 알고 있었어. 긴데 너무 오래돼서 잊어버렸어."

— 강은표, 현정윤(신하균, 류승룡)

정전협정이 공식적인 효력을 얻기까지 남은 열두 시간의 전투를 치른 후, 국군 강은표(신하균)가
북한군 현정윤(류승룡)에게 이 싸움의 의미를 묻는 장면.

**감독:황동혁, 원작:공지영, 각본:황동혁**

# "우리가 싸워야 하는 건 세상을 바꾸기 위해서가 아니라 세상이 우리를 바꾸지 못하게 하기 위해서라고."

**— 서유진(정유미)**

**재판이 모두 끝난 후 유진(정유미)이 오랜만에 인호(공유)에게 기별해 그동안 있었던 일을 전하며 덧붙인 소회.**

# "한 사람을 죽이면 살인이 되지만 백 명을 죽이면 정치라 하셨습니다만."

# "그제. 만일 백 명으로 백만 명을 살리믄 그건 예술인기라."

— 장 선생, 노인(이경영, 임형태)

국가의 중대사를 좌지우지하기 위해 테러를 포함해 온갖 일을 벌이는 검은 조직. 이들이 자신들의 행동을 정당화하는 대화의 한 토막.

## 501  모비딕(2011)
**감독:박인제, 각본:박인제·박신규**

# "지금은 오보가 진실입니다."

— 이방우(황정민)

**테러를 막기 위해 미리 기사를 터뜨리겠다는 기자 이방우(황정민). 이에 대해 부장(김보연)이 기자는 예측을 하는 사람이 아닌 관찰자라고 하며 오보를 낼 수 없다고 하자 이방우가 하는 말.**

**502** **써니(2011)**

감독:강형철, 각본:강형철, 각색:이병헌

# "그건 빙산이고 이 빙신아."

— 춘화(강소라)

춘화(강소라)가 맞짱 뜨러 온 '소녀시대' 리더에게 "너네 빙의라고 들어봤냐? 빙의"라고 묻는다.
이에 상대가 "남극이랑, 저 북극에 있는 거"라고 답하자 비웃으며 되받아치는 말.

**503** **써니(2011)**
감독:강형철, 각본:강형철, 각색:이병헌

# "어머 미친년, 넌 주뎅이가 자유분방하구나."

― 진희(박진주)

'소녀시대' 멤버가 온갖 욕설로 외모를 비하하자 진희(박진주)가 쭈뼛대며 되받아 하는 말.

**감독:강형철, 각본:강형철, 각색:이병헌**

# "춘화야, 고마워. 나 꽤 오랫동안 엄마, 집사람으로만 살았거든. 인간 임나미, 아득한 기억 저편이었는데 나도 역사가 있는, 적어도 내 인생은 주인공이더라고."

**— 나미(유호정)**

**춘화(진희경)의 투병을 계기로 '써니' 멤버를 찾아다니며 나미(유호정)는 오랜만에 행복감을 느낀다.
그 기쁨을 감사의 마음에 담아 전하는 말.**

**감독:이한, 원작:김려령, 각본:김동우, 각색:이한·이해제**

# "가난한 게 쪽팔린 게 아니라 굶어 죽는 게 쪽팔린 거야. 이 새끼들아."

— 동주(김윤석)

**기초수급 대상자인 게 알려지는 게 싫어 학교에서 지급하는 햇반을 가져가지 않는 학생들에게 교사 동주(김윤석)가 하는 말.**

**감독:이한, 원작:김려령, 각본:김동우, 각색:이한·이해제**

"똥주한테 헌금 얼마나 받아먹으셨어요. 제가 나중에 돈 벌면요, 똥주보다 만 원 더 내겠습니다. 하나님 돈 좋아하시잖아요. 그러니까 똥주... 똥주 좀 죽여주세요. 똥주 꼭 좀 죽여주세요. 아멘."

— 도완득(유아인)

동네 교회에 가 원수 같은 담임 교사 동주(김윤석)를 죽여달라는 도완득(유아인)의 기도.

완득이(2011)
**감독:이한, 원작:김려령, 각본:김동우, 각색:이한·이해제**

# "내가 살아 보니까 대학만 대학이 아니야. 세상이 다 대학이더라."

**— 동주(김윤석)**

**고2 겨울방학 전 종례시간에 담임 동주(김윤석)가 학생들에게 전한 이야기.**

**최종병기 활(2011)**
감독:김한민, 각본:김한민

# "내 활은 죽이는 게 목적이 아니다."

— 남이(박해일)

**남이(박해일)가 왜 자신을 죽이지 않느냐는 청나라 군사에게 한 말. 만주어로 하는 대사다.**

**최종병기 활(2011)**
감독:김한민, 각본:김한민

# "두려움은 직시하면 그뿐. 바람은 계산하는 것이 아니라 극복하는 것이다."

— 남이(박해일)

오랜 기다림 끝에 활시위를 당기며 남이(박해일)가 남기는 말.

**파수꾼(2011)**
감독:윤성현, 각본:윤성현

# "너까지 나한테 이러면 안 돼, 진짜. 야, 너만큼은 나한테 있어서 진짜…"

— 기태(이제훈)

**스스로 삶을 저버리기 전, 기태(이제훈)가 마지막으로 찾아간 친구 동윤(최준영)에게 하는 말.**

# "해서 죽을 수도 있지만 안 해도 살 수가 없다는 거 아시잖아요."

— 김주안(배수빈)

미진(한혜진)이 그 사람(장광)을 저격하는 데 실패한 후 갑세(이경영)와 주안(배수빈)이 나누는 대화 중 한 토막.

# "자기가 살고 있는 곳에 대해 애정을 가지고 이해를 시작하는 것, 이것이 바로 건축학개론의 시작입니다."

— 교수(김의성)

서연(배수지)과 승민(이제훈)이 수강한 건축학개론 첫 시간, 교수가 학생들에게 자기가 사는 동네를 여행하면서, 무심코 지나쳤던 건물, 골목 등을 사진으로 기록에 남기라는 숙제를 내주면서 하는 말.

# 건축학개론(2012)
## 감독:이용주, 각본:이용주, 각색:김지혜·민소연·이광재

# "그... 쌍년이 나야?"

— 서연(한가인)

**서연(한가인)이 승민(엄태웅)에게 '네 첫사랑이 나야?'라는 의미로 묻는 말.**

# "그대들이 죽고 못 사는 사대의 예보다 내 나라, 내 백성이 열갑절 백갑절은 더 소중하오."

— 하선(이병헌)

"명이 있어야 조선이 있는 법"이라면서 오랑캐(금)와 싸우다 짓밟히는 한이 있더라도 사대부의 예를 다해야 한다고 강변하는 대신들의 말에 격분해 던지는 말.

**광해, 왕이 된 남자(2012)**
**감독:추창민, 각본:황조윤, 각색:추창민**

# "내 꿈은 내가 꾸겠소이다."

— 하선(이병헌)

"백성을 하늘처럼 섬기는 왕. 진정 그것이 꿈꾸는 왕이라면 그 꿈, 내가 이루어 드리다"라고 말하는
도승지 허균(류승룡)에게 하선(이병헌)이 하는 말.

감독:변성현, 각본:변성현·김민수, 각색:김수아

# "평범한 여자는 낯선 사람과 폰 섹스 안 해."

— 현승(지성)

특별한 사람이 될 줄 알았는데 안정감을 찾는 평범한 여자가 됐다며 슬퍼하는 윤정(김아중)에게 현승(지성)이 농담 삼아 하는 말.

감독:민규동, 원작:후안 타라투토, 각본:허성혜·민규동

# "세상에는 두 부류의 여자들이 있어. 우연을 믿는 여자와 믿지 않는 척하는 여자."

— 장성기(류승룡)

장성기(류승룡)가 여자를 유혹하는 자신의 노하우를 설명하며 하는 말.

# "침묵에 길들여지는 건 정말 무서운 일이에요."

— 연정인(임수정)

정인(임수정)이 소원해진 남편과의 관계에 대해 은유적으로 하는 말.

늑대소년(2012)

감독:조성희, 각본:조성희

철수(송중기)가 늑대로 변한다는 걸 알게 된 순이(박보영)가 철수에게 설령 그가 괴물이어도 상관없다고 하는 장면의 대사.

# "나는 니가 괴물이어도 괜찮아."

— 순이(박보영)

철수(송중기)가 늑대로 변한다는 걸 알게 된 순이(박보영)가 철수에게 설령 그가 괴물이어도 상관없다고 하는 장면의 대사.

# "기다려. 나 다시 올께."

— 순이(박보영)

**수십 년의 시간이 흘러 할머니가 된 순이(이영란)에게 철수(송중기)가 낡은 쪽지를 건넨다.**
**어린 시절 순이(박보영)가 철수에게 남긴 작별 인사말.**

**521**   **도둑들(2012)**
감독:최동훈, 각본:최동훈·이기철

# "너, 벤츠도 한 번 타면 중고다."

— 씹던껌(김해숙)

미술관 관장에게 결혼 사기를 치며 씹던껌(김해숙)이 하는 말. 딸 역할인 예니콜(전지현)의 순결을 빼앗았다 주장하며 하는 비유다.

도둑들(2012)
**감독:최동훈, 각본:최동훈·이기철**

# "너 도둑이 왜 가난한 줄 아니? 비싼 거 훔쳐서 싸게 팔잖아."

— 팹시(김혜수)

출소한 팹시(김혜수)를 데리러 간 예니콜(전지현). 초면인 팹시에게 예니콜은 그동안 얼마나 훔쳤냐고 묻는다. 이에 팹시는 "차라리 한강의 자갈 수를 세라"고 한다. 그럼 어마어마하게 부자냐고 묻는 예니콜의 질문에 대한 팹시의 답.

**도둑들(2012)**
**감독:최동훈, 각본:최동훈·이기철**

# "원래 인격이라는 게 지갑에서 나오는 법이지."

— 마카오 박(김윤석)

마카오 박(김윤석)이 빼돌린 다이아몬드를 찾기 위해 그의 집을 기습한 일당에게 마카오 박은 "우아한 인격" 운운하며 거길 떠나라고 한다. 언제부터 인격 타령이냐는 뽀빠이(이정재)의 물음에 대한 마카오 박의 대답.

**돈의 맛(2012)**

감독:임상수, 각본:임상수

# "돈 펑펑 썼지, 원 없이. 근데 그게 그렇게 모욕적이더라고. 모욕."

— 윤 회장(백윤식)

돈 때문에 결혼한 자신의 삶을 되돌아보는 윤 회장(백윤식)이 남긴 말.

돈의 맛(2012)

**감독:임상수, 각본:임상수**

# "이것들, 부쉬버릴꺼야."

— 백금옥(윤여정)

**바람 핀 남편에게 화를 내며 하는 말로 드라마 ‹청춘의 덫›의 "당신, 부쉬버릴거야"를 패러디한 대사.**

**범죄와의 전쟁: 나쁜놈들 전성시대(2012)**

감독:윤종빈, 각본:윤종빈, 각색:한동욱·양준호·신수정·김준식

# "살아 있네~"

― 최형배(하정우)

범죄 조직 보스 최형배(하정우)가 술집 여성의 가슴을 주무르며 하는 말.

# "대부님, 학생은 공부를 해야 학생이고 건달은 싸워야 할 때 싸워야 건달입니다. 주디로만 나불나불댄다고 다가 아입니다."

— 최형배(하정우)

최형배(하정우)가 대부 최익현(최민식)에게 하는 말.

# "세상에, 변종들 참 많아. 그렇지?"

— 재필(김동완)

연가시 변종 바이러스는 물론 바이러스 변종을 만들어 돈을 벌 궁리를 하는 인간들을 빗대 하는 표현.

**타워(2012)**

**감독:김지훈, 각본:김상돈·허준석, 각색:김지훈·유영아·이민재**

# "그야 뭐... 그만 안 두고 버티는 소방관이 좋은 소방관이죠."

**— 강영기(설경구)**

**신임 소방관으로 온 선우(도지한)가 좋은 소방관은 뭐라고 생각하냐고 묻자 소방대장 영기(설경구)가 웃으면서 하는 말.**

**감독:김지훈, 각본:김상돈·허준석, 각색:김지훈·유영아·이민재**

# "널 살리려는 게 아니야. 니가 앞으로 살려야 되는 수많은 사람들을 위해서야."

**— 강영기(설경구)**

**건물 폭파를 위해 누군가는 목숨을 던져야 하는 상황에서 신입 소방관 선우(도지한)는 자신이 남겠다고 한다.**
**이에 소방대장 영기(설경구)가 비장하게 하는 말이다.**

**화차(2012)**
**감독:변영주, 원작:미야베 미유키, 각본:변영주**

# "더 이상 찾지 않을 테니까, 가. 근데 그냥 너로 살아. 절대 붙잡히지 마."

— 문호(이선균)

신분을 속이고 사라져버린 약혼자 선영(김민희)을 찾아낸 문호(이선균)가 그를 놔주며 하는 말.

감독:임상윤, 각본:임상윤, 각색:구자준·이유빈·임정빈

# "월급쟁이는 월급 끊길 때까지 회사에 뼈를 묻는 기다. 그게 정답이다."

— 반지훈(이경영)

복직을 위해 형도(소지섭)를 고발하기로 한 반지훈 부장(이경영)이 회사를 그만두려고 하는 형도를 설득하면서 하는 말.

**7번방의 선물(2013)**
감독:이환경, 각본:이환경·김황성·김영석, 각색:유영아

사법연수원생이 된 예승(박신혜)이 모의 국민참여재판에서 변호사 역할을 맡아 아빠 용구(류승룡)의 무죄를 밝히며 하는 말.

# "정의의 이름으로 아빠를 용서하겠습니다."

— 예승(박신혜)

사법연수원생이 된 예승(박신혜)이 모의 국민참여재판에서 변호사 역할을 맡아 아빠 용구(류승룡)의 무죄를 밝히며 하는 말.

# "이게 우리 일이야. 이 악물고 끝까지 버티면서 해내야지. 지치면 지는 거고 미쳐야 이기는 거다."

— 황 반장(설경구)

**감시반 업무를 대하는 태도에 대한 황 반장(설경구)의 가르침.**

# "식구가 별거니. 한데 모여 살면서 같이 밥 먹고, 같이 자고, 같이 울고 웃으면 그게 가족이지."

— 엄마(윤여정)

자신이 모르던 가족 간 혈연의 비밀을 알게 된 인모(박해일)에게 엄마(윤여정)가 하는 말.

"살아 있는 모든 것들은
살아 있다는 모든 것으로
존중받아 마땅하다.
초라하면 초라한 대로,
찌질하면 찌질한 대로
자기한테 허용된 삶을 살면
그뿐이다."

— 오인모(박해일)

인모(박해일)가 자신과 가족들의 삶의 모습을 둘러보면서 하는 말.

**관상(2013)**
감독:한재림, 각본:김동혁, 각색:한재림

# "어찌, 내가 왕이 될 상인가?"

— 수양대군 (이정재)

왕이 되겠다는 야망에 불타는 수양대군(이정재). 그가 관상가인 내경(송강호)에게 묻는 말이다.

감독:한재림, 각본:김동혁, 각색:한재림

# "난 사람의 얼굴을 봤을 뿐 시대의 모습을 보지 못했소. 시시각각 변하는 파도만 본 격이지. 바람을 보아야 하는데. 파도를 만드는 건 바람인데 말이오."

— 내경(송강호)

천재 관상가로 한때 이름을 날린 내경(송강호)이 느즈막이 자신의 과거를 돌아보며 회한에 젖어 하는 말.

# "남들은 쉽게 올라가는데 나만 제자리. 그래도 난 열심히 우직하게 살다 보니 어느새 성공하게 되었다는 세상은 20세기 때 벌써 문 닫았어."

— Dr. 스왈스키(박영규)

'남자사용설명서'라는 이름의 비디오를 판매하는 자가 비디오가 필요한 이유에 대해 설명하는 말 중 일부.

# "내가 남자였다면, 이런 취급 대신 능력 있다는 소리 들었겠지?"

— 최보나(이시영)

유명 남성 배우와 사귀어 광고 감독으로 성공한 것 아니냐는 의심에 대해 최보나(이시영)가 허탈해 하며 하는 말.

**누구의 딸도 아닌 해원(2013)**
**감독:홍상수, 각본:홍상수**

# "선생님, 비밀은 없어요. 세상에 비밀 없어요, 모르세요? 비밀 없어요, 결국 다 알아요."

— 해원(정은채)

자신의 학생인 해원(정은채)과 몰래 만나는 교수 성준(이선균)이 오래오래 만나고 싶다며 "정신 바짝 차리고
절대 들키지만 않으면 된다"고 하자 해원이 정색하며 하는 말.

542 베를린(2013)
**감독:류승완, 각본:류승완**

# "우리는 로터리에서 좌회전도 안 하는 사람이야."

— 정진수(한석규)

국정원 요원 정진수(한석규)가 불법 무기 거래 현장을 덮친다. 하지만 이 일로 여러 나라와의 외교 관계에 문제가 생기자 부장은
북한 등과의 "정치적 입장"을 생각하라고 한다. 이에 대해 진수가 혀를 차듯 하는 말이다.

**감독:류승완, 각본:류승완**

# "난 우리가 가난해도 당당하게 살 수 있다고 믿는다."

— 표종성(하정우)

**북한 비밀요원 표종성(하정우)이 그의 아내 연정희(전지현)에게 하는 말.**

**감독:양우석, 각본:양우석·윤현호, 각색:이정화**

# "바위는 아무리 강해도 죽은 기고 계란은 아무리 약해도 살은 기라꼬. 바위는 뿌사지가 모래가 돼도 계란은 깨나서 그 바위를 넘는다. 그카는 얘기는 모릅니까?"

— 진우(임시완)

**"계란 아무리 던져봐라, 바위가 부서지나"라는 우석(송강호)의 말에 대한 진우(임시완)의 일갈.**

# "당신은 비록 진아를 사랑했기 때문이지만 사람을 죽였습니다. 인정합니까? 네. 인정합니다. 그러면 어떻게 그녀의 사랑을 증명하고 살인의 대가를 치를 겁니까?"

— 한현수(김태훈)

전 여자친구인 진아(고성희)를 죽인 후 그녀의 집에 다시 찾아온 현수(김태훈)가 자살 전 고해성사처럼 하는 자문자답.

"인간은 화내는 기계란 말이야. 나는 화낸다, 고로 존재한다. 호모 이라투스! 라틴어로!"

— 박명록(조진웅)

자신에게 빛이 있는 진아(고성희)가 살인을 당한 것에 대한 분노를 표하는 명록(조진웅)의 말.

# "발이 머리의 자리를 탐하면 성스러운 질서가 흔들린다. 너희 자리를 알라! 그리고 지켜라! 신발이 되어라!"

— 메이슨(틸다 스윈튼)

**열차 총리인 메이슨(틸다 스윈튼)이 꼬리칸 사람들을 대상으로 하는 연설.**

## 소원(2013)
**감독:이준익, 각본:조중훈·김지혜·소재원, 각색:이상용·이수진·김성욱**

# "니, 아빠야가?
# 아빠야제?"

— 소원(이레)

**사이가 어색해져 코코몽 탈을 쓰고 딸 곁을 지키는 아빠에게 소원(이레)이 처음으로 아는 체를 하며 화해하는 장면.**

# "술 먹었다고 봐주는 게 어됬어요? 그러면 술 먹고 운전하는 것도 봐주야지. 술 먹고 운전하는 건 잘못이고, 술 먹고 아를 저렇게 만들어났는데 봐준다고!"

— 한광식(김상호)

성폭력 가해자가 술에 만취해 심신미약인 상태였다는 걸 인정한다는 법원의 판결에 분노하며 내뱉는 말.

**숨바꼭질(2013)**
감독:허정, 각본:허정

# "마치... 올빼미 새끼처럼."

— 평화(김지영)

**"언제부턴가 우리 동네에 이상한 소문이 떠돌기 시작했다. 남이 살고 있는 집에 몸을 숨긴 채 살아가는 사람들에 대한 이야기였다"로 시작하는 영화 엔딩 부분 내레이션 중 한 대목.**

**신세계(2013)**

감독:박훈정, 각본:박훈정

# "드루와, 이 씨발놈들아! 드루와."

― 정청(황정민)

범죄 조직 '골드문'의 회장 자리를 두고 경쟁이 과열될 무렵 이중구(박성웅) 수하들이 정청(황정민)에게 들이닥친다.
엘리베이터 안에서 혈투를 벌이던 중 여러 번의 칼침을 맞은 정청이 하는 말.

# "거, 죽기 딱 좋은 날씨네."

— 이중구(박성웅)

자신을 죽이러 온 조직원에게 담배 한 대를 빌려 피면서 하는 이중구(박성웅)의 대사.

**553** **은밀하게 위대하게(2013)**

감독:장철수, 원작:최종훈, 각본:김방현·윤홍기, 각색:장철수·조석현·김미현·오태경

# "나는 들개로 태어나 괴물로 길러졌다."

— 원류환(김수현)

5446부대 출신 남파 간첩 원류환(김수현)이 자신에 대해 설명하는 대사.

**은밀하게 위대하게(2013)**

**감독:장철수, 원작:최종훈, 각본:김방현·윤홍기, 각색:장철수·조석현·김미현·오태경**

# "우리, 이대로 죽을까? 아니면 살아볼까?"

**— 원류환(김수현)**

**어느 날 남한에서 활동하고 있는 5446부대 출신 남파 간첩 모두에게 자결하라는 명령이 떨어진다. 스스로 목숨을 끊지 않은 이들을 처단하기 위해 북에서 내려온 이들과 대치하는 상황에서 류환(김수현)이 동료를 향해 하는 말.**

**감독:장철수, 원작:최종훈, 각본:김방현·윤홍기, 각색:장철수·조석현·김미현·오태경**

# "저는 단지 가까이 있고 싶었을 뿐입니다. 내 꿈이자 은인인 사람들과."

**— 리해진(이현우)**

북한 요원 김태원(손현주)은 자신의 말을 따르지 않는 해진(이현우)에게 변절한 이유를 묻는다. 이에 대한 리해진의 대답.

# "눈빛이 똑같애, 눈빛이."

— 태식(엄태구)

인터넷 커뮤니티에서 '췸콩팥'으로 활동 중인 태식(엄태구)은 어느 날 '젖존슨'에 속아 급습을 당한다. 이에 태식은
복수를 꿈꾸며 젖존슨을 찾아나서는데... 한 영상 속 인물이 그와 눈빛이 닮았다고 주장하는 말.

감독:엄태화, 각본:엄태화·조슬예

# "ing에 투기, 우린 아직 싸우는 중이다. 그런 의미거든. 모니터 뒤에 숨어서 서로 욕지거리 해대는데 그게 뭐 투명인간들이 '나 여기 있어요.' 그런 말 같은."

— 관장(김준배)

이종 격투기 관장이 설명하는 잉투기.

**감독:엄태화, 각본:엄태화·조슬예**

# "희준아, 내가 제일 싫어하는 놈이 자존은 안 되는데 자의식만 센 놈들이야."

— 관장(김준배)

운동에 소질이 있다고 한 말을 확대 해석해 선수를 꿈꾸며 정식으로 배우겠다는 희준(권율)에게 관장이 하는 말.

**집으로 가는 길(2013)**
감독:방은진, 각본:윤진호, 각색:방은진·신동선·이정범·이정화

# "미국에는 핵폭탄이 있잖아. 우리나라에는 네티즌들이 있다고."

— 광식(이동휘)

정연(전도연)의 안타까운 소식을 들은 네티즌들의 반응을 확인한 후 기뻐하며 하는 말.

**560** **파파로티(2013)**
감독:윤종찬, 각본:유영아, 각색:이해제

# "깡패는 노래하면 안 됩니꺼?"

— 이장호(이제훈)

깡패가 무슨 성악을 하고 클래식을 하냐는 음악 선생 상진(한석규)에게 장호(이제훈)가 하는 말.

**561** **화이: 괴물을 삼킨 아이(2013)**
감독:장준환, 각본:박주석, 각색:장준환

# "무슨 말인지 알겠어? 괴물이 돼야 괴물이 사라지는 거야."

— 석태(김윤석)

선자(서영화)에게 자신이 어떻게 범죄자가 되었는지를 설명하는 과정에서 석태(김윤석)가 하는 말.

**거인(2014)**

감독:김태용, 각본:김태용

# "네가 네 말에 속지 않았으면 좋겠어."

— 윤미(박주희)

영재(최우식)가 윤미(박주희)에게 자신을 돌봐주는 원장에게 거짓말을 해줄 것을 부탁하자 윤미가 영재가 걱정돼 하는 말.

경주(2014)
**감독:장률, 각본:장률, 각색:오류미**

# "들어가도 돼요? 들려요? 들어가도 돼냐구요!"

― 공윤희(신민아)

**야심한 밤, 술에 취한 채 왕릉 꼭대기에 앉은 윤희(신민아)가 "영민 씨, 나 죽으면 이 안에 들어가고 싶다"라고 말한 후, 옆으로 쓰러져 땅에 대고 하는 말.**

**국제시장(2014)**
감독:윤제균, 각본:박수진, 각색:윤제균

# "아버지, 내 약속 잘 지켰지예? 막순이도 찾았고예 이만하믄 내 잘 살았지예? 근데 내 진짜 힘들었거든예."

— 덕수(황정민)

온 가족이 모인 어머니 제삿날, 덕수(황정민)가 홀로 방으로 들어와 아버지 사진을 보고 울먹이며 하는 혼잣말.

군도: 민란의 시대(2014)
**감독:윤종빈, 각본:전철홍, 각색:정재웅·이일형·김형주**

# "뭉치면 도둑이고 흩어지면 백성이라는 말도 못 들어봤소? 윗전부터 아랫것들꺼정 도적질 안 하는 놈이 없어라."

**— 돌무치(하정우)**

돌무치(하정우)가 어머니에게 산에 들어가 화적질을 하는 건 어떤지 묻자, "남의 것 훔치는 놈치고 극락 가는 놈 없다"는
답이 돌아온다. 이를 되받아 돌무치가 하는 말이다.

## 군도: 민란의 시대(2014)

**감독:윤종빈, 각본:전철홍, 각색:정재웅·이일형·김형주**

# "더러운 땅에 하얀 연꽃이 피어오르는 것은 신의 뜻인가 아니면 연꽃의 의지인가."

— 조윤(강동원)

**기생 어미를 둔 조윤(강동원)이 정실부인에게서 난 남동생의 갓난쟁이 아들을 '연꽃'에 빗대 표현한 말.**

"너희들 중 타고난 운명을 바꾸기 위해 생을 걸어본 자가 있거든 나서거라. 내, 그 자의 칼이라면 받겠다."

— 조윤(강동원)

둘무치(하정우)와의 대결 중 조윤(강동원)이 하는 말.

# 끝까지 간다(2014)

### 감독:김성훈, 각본:김성훈, 각색:이해준·장항준·최관영·곽정덕·신현진

# "씨발, 정말 퍼펙트 하다, 씨발."

### ― 고건수(이선균)

**엄마 장례식 중 감찰반이 떠 정신 없는 형사 고건수(이선균). 감사 문제로 급히 경찰서로 가는 와중에 사람을 치고 만다.
장례식장에선 여동생이 전화해 빨리 오라고 찾고... 되는 일이 하나도 없는 날, 고건수가 내뱉는 말.**

# "인간의 유형에는… 두 가지 유형이 있대요. 강자 앞에서 바로 꼬리 내리는 인간, 꼬리가 짤린 후에야 부랴부랴 애를 쓰는 인간이 있대."

— 박창민(조진웅)

**박창민(조진웅)이 고건수(이선균)를 협박하며 하는 말.**

# "나하고, 갈래?"

— 영남(배두나)

오랜 기간 가정 폭력에 시달린 도희(김새론)가 혼자 남겨지자 영남(배두나)이 도희에게 하는 제안의 말.

**두근두근 내 인생(2014)**
**감독:이재용, 원작:김애란, 각본:최민석·이재용·오효진**

# "오늘 밤, 난 드디어 보았다. 전설의 씨발 공주와 헛발 왕자를."

— 아름(조성목)

자신을 괴롭힌 청소년들의 비행에 흥분하는 아빠(강동원)와 엄마(송혜교)를 보고, 아름(조성목)이 하는 말.

**두근두근 내 인생(2014)**
감독:이재용, 원작:김애란, 각본:최민석·이재용·오효진

# "인생이 쓰다고 인생을 안 사느냐? 아니거든."

— 장 씨(백일섭)

아름(조성목)의 절친인 장 씨(백일섭)는 매일 소주를 마신다. 쓴 소주를 왜 만날 마시냐는 아름의 질문에 대한 장 씨의 답변.

# 573 명량(2014)
**감독:김한민, 각본:전철홍·김한민**

# "아직 신에게는 열두 척의 배가 남아 있사옵니다."

— 이순신(최민식)

중과부적인 상황에서 수군을 파하고 도원수 권율이 이끄는 육군에 합류해 싸우라는 선조의 교지에 답하며.

**명량(2014)**

감독:김한민, 각본:전철홍·김한민

# "더 이상 살 곳도 물러설 곳도 없다. 목숨에 기대지 마라! 살고자 하면 필히 죽을 것이고 또한 죽고자 하면 살 것이니."

— 이순신(최민식)

이순신(최민식)은 전의를 상실한 병사와 두려움에 떠는 백성을 각성하기 위해 군영과 마을에 불을 놓고,
죽음을 불사하는 마음으로 전투에 임하라고 명한다.

# "아니. 난 다시 태어나도 하나도 다름없이 똑같이 살란다. 아무리 힘들어도 하나도 다름없이 똑같이 살란다. 그래야... 내가 니 엄마고 니가 내 자식일 테니까."

— 오두리(심은경)

자신을 위해 고생만 한 엄마를 생각하며 지금의 젊은 모습으로 남으라고 말하는 아들 현철(성동일)에게 그의 엄마로 살아온 삶에 전혀 후회가 없었다고 눈물 흘리며 말하는 오두리(심은경)의 음성.

# "좋은 꿈을 꿨네. 참말로 재미났고 좋은 꿈이었구먼."

— 오말순(나문희)

다시 옛날 모습으로 돌아온 오말순(나문희)이 오두리의 모습으로 밴드 활동을 했던 시절이 즐거웠다고 회상하며.

# "이 세상이 고수에게는 놀이터요, 하수에게는 생지옥 아닌가."

— 주님(안성기)

"세상을 놀이터 보듯 하면 고수. 그게 아니라 걱정이 많으면 하수"라는 주님(안성기)의 말.

"예전에 주님이 물었지. 우리 삶에 신의 한 수가 있겠냐고. 이제야 알겠어. 그런 묘수는 없다는 거. 그냥 하루하루 묵묵히 사는 게 우리가 할 수 있는 최선의 수지."

— 목수(안길강)

목수(안길강)가 죽은 주님(안성기)을 떠올리며 하는 내레이션.

# "이것이 너희가 바라는 세상이냐?"

— 정조(현빈)

정조(현빈)가 정순왕후(한지민)와 함께 역모를 꾀한 여영대장 구선복(송영창)을 찾아가 자신의 검을 그 앞에 던지며 하는 말.

**580**     역린(2014)

감독:이재규, 각본:최성현

# "오직 세상에서 지극히 정성을 다하는 사람만이 나와 세상을 변하게 할 수 있는 것이다."

— 갑수(정재영)

중용 23장에 있는 대목 중 일부. 상책인 갑수(정재영)가 읊는 말로 정조(현빈)가 일을 함에 있어 중히 여기는 문구다.

**581** **우아한 거짓말(2014)**
감독:이한, 원작:김려령, 각본:이숙연, 각색:김동우·이한·유성엽

# "사과하실 거면 하지 마세요. 말로 하는 사과는요, 용서가 가능할 때 하는 겁니다."

— 현숙(김희애)

천지(김향기)의 죽음에 대해 화연의 엄마(김정영)가 말을 보태려 하자 말허리를 자르며 현숙(김희애)이 하는 말.

**감독:심성보, 각본:심성보·봉준호**

# "이 배에서는 나가 대통령이고 판사고 너거를 아버지여! 너거를 모가지는 나가 쥐고 있는 것이다. 알겄어?"

— 강철주(김윤석)

밀항자들이 처우에 대해 항의하며 단체로 목소리를 내자 선장 철주(김윤석)가 무리의 리더를 배 밖으로 던지라 명령하면서 하는 말.

# "해적의 마지막 길은 두 가지. 물고기 밥이 되든가, 용이 되어 부활하든가."

— 여월(손예진)

해적단을 이끄는 여월(손예진)을 잡은 소마(이경영)는 여월에게 살려달라고 애원이라도 하라고 한다. 이에 대해 여월이 하는 말.

# "산적의 길도 두 가지다! 돈을 좇거나, 님을 좇거나..."

— 장사정(김남길)

해적 여월(손예진)을 돕기 위해 바다로 온 산적 사정(김남길)이 여월을 만나 하는 말.

극비수사(2015)

**감독:곽경택, 원작:공길용(원안), 각본:곽경택·한대덕**

# "당신도 목적이 범인이요?"

— 공길용(김윤석)

서울 수사팀을 이끄는 서정학(정호빈)이 인질범 몽타주를 전국에 뿌리고 공개 수사로 전환하겠다고 하자 길용(김윤석)이
어이없어 하며 하는 말. 공개 수사를 할 경우 유괴된 아이의 생명이 위태로워질 수 있다는 의미로 하는 말이다.

# "야, 이 새끼야. 범인은 도사가 잡는 기 아니고 형사가 잡는 기다."

— 공길용(김윤석)

유괴 33일째에 납치범을 찾을 수 있다며 사주와 풍수를 말하는 도사 김중산(유해진)에게 형사 공길용(김윤석)이 윽박지르며 하는 말.

내부자들(2015)
**감독:우민호, 원작:윤태호, 각본:우민호**

# "나는 저기, 모히토 가가지고 몰디브나 한 잔 할라니까."

— 안상구(이병헌)

정치 깡패 안상구(이병헌)가 비자금 파일을 검사 우장훈(조승우)에게 넘긴 후 자신의 원수들에게 복수를 했다고 생각해서 하는 말.

**내부자들(2015)**

감독:우민호, 원작:윤태호, 각본:우민호

# "나방이 될지 나비가 될지 그것은 번데기 배때지를 갈라봐야 아는 것이고. 자신 없어?"

— 안상구(이병헌)

**정재계 비자금 폭로 후 변호사가 된 우장훈(조승우)을 찾아와 국회로 갈 때가 되지 않았냐고 농을 하는 안상구(이병헌)의 말.**

**무뢰한(2015)**

감독:오승욱, 각본:오승욱

# "혜경 씨가 내 약점이니까."

— 정재곤(김남길)

혜경(전도연)의 애인인 살인범 박준길(박성웅)을 잡기 위해 신분을 위장해 혜경 곁에 머무는 재곤(김남길)이 혜경에게 하는 말.

# "새해에는 복 많이 받아라, 씨발년아."

— 정재곤(김남길)

혜경(전도연)에게 칼을 맞은 재곤(김남길)이 혼자 하는 말.

**감독:류승완, 각본:류승완**

# "맷돌 손잡이 알아요? 맷돌 손잡이를 어이라 그래요. 맷돌에 뭘 갈려고 집어넣고 맷돌을 돌리려고 하는데, 손잡이가 빠졌네? 이런 상황을 어이가 없다고 그래요. 황당하잖아, 아무것도 아닌 손잡이 때문에 해야 될 일을 못 하니까. 지금 내 기분이 그래... 어이가 없네."

**— 조태오(유아인)**

**안하무인 재벌 3세 조태오(유아인)가 화를 내며 하는 말.**

**감독:이준익, 각본:조철현·이송원·오승현**

# "허공으로 날아간 저 화살이 얼마나 떳떳하냐."

— 사도세자(유아인)

가례를 치른 아들 내외를 국궁장에서 만났을 때 세도세자(유아인)가 활을 쏘며 하는 말.

# "사람이 있고 예법이 있는 것이지 어떻게 예법이 있고 사람이 있겠습니까? 공자께서도 예법의 말단을 보지 말고 그 마음을 보라 하였습니다. 그날 소손은 제 아비의 마음을 보았나이다."

— 어린 정조(이효제)

사도세자(유아인)가 자신의 어머니인 영빈(전혜진)의 회갑연을 열고, 이 자리에서 세손(이효제)이 왕과 왕비에게만 올리는 사배를 한 것에 대해 영조(송강호)가 꾸중하듯 묻는다. 이에 대한 세손의 대답.

**성실한 나라의 앨리스(2015)**

**감독:안국진, 각본:안국진**

# "제가 아무리 꾸준히 일해도 집값은 더 꾸준히 오르더라고요."

**― 정수남(이정현)**

**성실히 일하면 내 집 마련을 할 수 있을 줄 알았지만 결국 은행 대출을 받아 집을 산 수남(이정현)이 하는 말.**

**성실한 나라의 앨리스(2015)**
**감독:안국진, 각본:안국진**

# "미안해요. 그러니까 내가 죽이는 거 이해해 주세요."

— 정수남(이정현)

수남(이정현)이 자신의 집이 자리한 지역의 재개발을 막고 있는 정신과 의사를 찾아가 그에게 복어 독을 먹이면서 하는 말이다.

# "거 좀 힘들다고 울어 버릇하지 마. 어차피 내일도 힘들어."

— 치호(김우빈)

은혜(정주연)가 자신 앞에서 눈물을 흘리려 하자 치호(김우빈)가 내뱉는 말.

## 스물(2015)
### 감독:이병헌, 각본:이병헌

# "그럼에도 불구! 비관하지 않겠어."

**— 치호(김우빈)**

**입대 일주일 전 도보 여행을 떠나는 세 친구. 군대를 가야 한다는 현실 앞에 "국적을 원망하라"고 하지만 그럼에도 불구하고 이 현실을 즐거이 받아들이자는 치호(김우빈)의 외침이다.**

# "물지 못할 거면 짖지도 말아야지요. 인생은 요령이지 않습니까?"

— 염석진(이정재)

독립운동을 하다가 되려 독립군 정보를 팔겠다고 나선 염석진(이정재)에게 친일파 강인국(이경영)이 그 이유를 묻자 그가 하는 말.

# "그치만 알려줘야지. 우리는 계속 싸우고 있다고."

— 안윤옥(전지현)

"둘을 죽인다고 독립이 되냐고?"라고 반문한 후 안옥윤(전지현)이 하는 말.

## 오피스(2015)

**감독:홍원찬, 각본:최윤진, 각색:홍원찬**

# "김 과장님, 아직 회사에 있어요."

— 홍지선(류현경)

**지선(류현경)이 경찰 최종훈(박성웅)에게 살인 용의자 병국(배성우)이 회사 안에 숨어 있다고 말하는 대사.**

**차이나타운(2015)**
**감독:한준희, 각본:한준희**

# "원해서 태어난 건 아니지만 태어났으니 죽을 순 없잖아요. 그럼, 좋게 좋게 살아야죠, 뭐."

— 석현(박보검)

어버지가 남긴 빚을 갚아야 하는 상황에서도 해사하게 웃는 석현(박보검)에게 일영(김고은)이 "뭐가 그렇게 신나냐?"고 묻는다.
이에 대한 석현의 대답이다.

**차이나타운(2015)**

감독:한준희, 각본:한준희

# "증명해봐. 네가 아직 쓸모 있다는 증명."

— 엄마(김혜수)

**약속한 날까지 빚을 갚지 못하자 석현(박보검)의 장기를 꺼내러 온 조직. 엄마(김혜수)는 일영(김고은)에게 칼을 건네며 이 말을 한다.**

**차이나타운(2015)**
감독:한준희, 각본:한준희

# "다 컸네. 죽지 마. 죽을 때까지. 이제는 니가 결정하는 거야."

— 엄마(김혜수)

일영(김고은)은 자신에게 친절했던 석현(박보검)을 포함해 평소 가족이라 여긴 모두가 죽자 그 원인인 엄마(김혜수)를 칼로 찌른다. 일영에게 칼을 맞은 엄마가 마지막으로 남긴 말.

**협녀, 칼의 기억(2015)**
감독:박흥식, 원작:송혜진·신지혜(원안), 각본:최아름·박흥식, 각색:송혜진

# "진짜 좋은 것은 모르는 듯, 아는 듯 천천히 오는 거야."

— 설랑(전도연)

덕기(이병헌)에게 차의 매력을 설명하며 설랑(전도연)이 하는 말.

**협녀, 칼의 기억(2015)**
**감독:박흥식, 원작:송혜진·신지혜(원안), 각본:최아름·박흥식, 각색:송혜진**

# "네 가장 아픈 부분이 네 전체를 나약하게 만든다. 사람도 마찬가지다. 사람도."

**— 송유백(이병헌)**

**송유백(이병헌)이 수하에 둔 율(이준호)에게 하는 말.**

**감독:이석훈, 각본:수오·민지은, 각색:강대규·윤제균·박수진·이석훈·이종석**

# "죽을 둥 살 둥 올라갔다가 허겁지겁 내려오는 게 산을 정복하는 거야? 산쟁이들이 정복이란 말 써, 안 써?"

— 엄홍길(황정민)

엄홍길(황정민) 대장 눈에 들기 위해 무택(정우)이 칸첸중가를 정복하겠다고 다짐할 때 홍길이 하는 말.

**607** **히말라야(2015)**

**감독:이석훈, 각본:수오·민지은, 각색:강대규·윤제균·박수진·이석훈·이종석**

# "그럼 뭐, 내려와야지. 평생 거서 삽니까? 그럼."

**— 박무택(정우)**

**정상에서 내려을 때 아쉽진 않냐는 방송 취재진의 질문에 무택(정우)이 사람 좋게 웃으며 하는 말.**

# "정말 맞고 하니까 잘한 거야? 예전에는 안 맞아서 맨날 4등 했던 거야, 형?"

— 기호(서환희)

매번 4등만 해오던 준호(유재상)가 드디어 2등을 한다. 코치가 체벌을 한다는 걸 알고 있는 동생 기호(서환희)의 말.

**가려진 시간(2016)**
감독:엄태화, 각본:엄태화·조슬예

# "알지? 믿는다는 게 제일 중요한 거."

— 성민(강동원)

의문의 실종 사건 후 수십 년의 시간을 뛰어넘어 성인이 돼 나타난 성민(강동원). 그가 친구 수린(신은수)에게
자신의 존재를 믿어달라고 부탁하면서 하는 말이다.

# "사기라는 건 말이야. 무조건 남을 속여서 패가망신 시키고 그런 종목은 아니야. 어? 나를 버려야 돼. 내가 만든 내가 되고 싶은 그 사람이 그냥 되는 거야. 언더스탠?"

— 한치원(강동원)

한치원(강동원)이 여성 면회자를 만나고 오자 제소자들이 그에게 사기 노하우를 묻는다. 이에 대한 한치원의 설명 중 한 대목.

**고산자, 대동여지도(2016)**
감독:강우석, 원작:박범신, 각본:최정미

# "갈 데가 따로 있습니까? 아직 못 가 본 길이 갈 길입죠."

— 김정호(차승원)

앞으로의 여정을 묻는 이에게 김정호(차승원)가 하는 말.

# "길 위에는 신분도 없고 귀천도 없다. 다만 길을 가는 자만 있을 뿐."

— 김정호(차승원)

영화 말미, 울릉도 옆에 자리한 우산도를 찾아 떠나는 김정호(차승원)가 하는 내레이션.

# 613 덕혜옹주(2016)

**감독:허진호, 원작:권비영, 각본:허진호·최근호·서유민·이한얼·김현정, 각색:최석환·마대윤**

# "빼앗긴 들에도 봄은 옵니다."

**— 이덕혜(손예진)**

**일본에서 일하는 조선인 노동자를 대상으로 친일 연설을 하던 중 덕혜옹주(손예진)가 한글로 내뱉는 말.**

동주(2016)
**감독:이준익, 각본:신연식**

# "부끄러움을 아는 건 부끄러운 게 아니야."

— 정지용(문성근)

창씨개명을 하며 일본 유학을 가려는 자신을 부끄럽게 여기는 윤동주(강하늘)에게 시인 정지용(문성근)이 건네는 말.

# "이런 세상에 태어나서 시를 쓰기를 바라고 시인이 되기를 원했던 게 너무 부끄럽고 앞장서지 못하고 그림자처럼 따라다니기만 한 게 부끄러워서 서명을 못 하겠습니다."

— 윤동주(강하늘)

후쿠오카 형무소에 잡혀 독립운동 활동을 한 것을 인정하라는 일본 경찰에 대항하며 하는 말.

# "제 과거의 기억은 모두 지우고 당신이 알던 사람으로 그냥 옆에 있고 싶습니다. 받아주시겠습니까?"

— 최형욱(유해진)

기억을 되찾은 형욱(유해진)이 드라마 촬영 현장에서 연기하는 척하며 진심을 담아 리나(조윤희)에게 하는 고백의 말.

# "이야, 막연하게 개새끼인 줄 알았더니 구체적으로 씹 새끼네."

— 박 장군(김우빈)

진현필 회장(이병헌)의 최측근 박 장군(김우빈)에게 지능범죄수사대 김재명(강동원)이 다가와 진 회장의 장부를 넘길 것을 요구한다.
박 장군은 김재명이 사법고시를 패스한 경찰이란 걸 알게 되고, 이때 박 장군이 하는 뒤틀린 탄성이다.

**마스터(2016)**

감독:조의석, 각본:조의석·김현덕

# "그 인간 사기로 광합성 하는 체질이야. 착하게 살면 시들어 죽어."

― 박 장군(김우빈)

거대한 사기극을 벌인 후 해외로 도주, 죽은 것으로 위장한 진현필(이병헌)이 앞으로 무엇을 할지 묻는 지능범죄수사대 김재명(강동원)의 물음에 대한 박 장군(김우빈)의 답.

**마스터(2016)**
감독:조의석, 각본:조의석·김현덕

# "눈만 쳐다봐. 어설픈 새끼들은 입으론 속여도 눈으론 못 속여."

— 진현필(이병헌)

세상에 파렴치하고 황당한 사기꾼 새끼가 많다며 함께 일하는 변호사 황명준(오달수)에게 사기꾼인지 알아보는 노하우를 전하는 진현필(이병헌)의 말.

**미씽: 사라진 여자(2016)**

감독:이언희, 원작:홍은미(원안), 각본:홍은미, 각색:이언희

# "남편, 개새끼, 죽여."

— 한매(공효진)

한매(공효진)가 브로커 현익(박해준)에게 자기 남편을 죽여달라고 부탁하면서 어눌한 한국어로 하는 말.

**미씽: 사라진 여자(2016)**
감독:이언희, 원작:홍은미(원안), 각본:홍은미, 각색:이언희

# "세상에서 제일 행복한 아가로 만들어 줄게."

— 한매(공효진)

한매(공효진)가 아이를 가졌을 때 자신의 배를 쓰다듬으며 아이에게 한 약속.

# "모든 사람들은 자신의 이름을 어디에 올려야 하는지를 정해야 하는 때가 옵니다. 이 동지는 어느 역사 위에 이름을 올리겠습니까?"

— 정채산(이병헌)

의열단장 정채산(이병헌)이 일본경찰 이정출(송강호)을 만나 독립운동에 힘을 보태줄 것을 설득하며 하는 말.

## 밀정(2016)

**감독:김지운, 각본:이지민·박종대, 각색:김지운**

# "마음의 움직임이 가장 무서운 것 아니겠소."

— 정채산 (이병헌)

**의열단장 정채산 (이병헌)이 일본경찰 이정출 (송강호)을 '밀정'으로 삼는 것을 동료들에게 설득하는 말.**

# "생각하자, 생각하자, 생각하자, 생각하자. 정신 똑바로 차리고 생각하자. 생각하자."

— 연홍(손예진)

실종된 딸의 흔적을 좇는 연홍(손예진)의 대사.

아가씨(2016)

**감독:박찬욱, 원작:사라 워터스, 각본:박찬욱·정서경**

# "아가씨, 어쩌면 이렇게 아무것도 모르시면서... 타고나셨나 봐요."

— 숙희(김태리)

**섹스에 대해 전혀 모른다고 한 히데코(김민희)의 잠자리 기술이 예사롭지 않아 숙희(김태리)가 감탄하면서 하는 말.**

**감독:박찬욱, 원작:사라 워터스, 각본:박찬욱·정서경**

# "그리고 부탁인데... 다시는 그 얘기 장난감 같은 좃대가리에 내 손 갖다 대지 말아줘!"

— 숙희(김태리)

숙희(김태기)가 백작(하정우)과 언쟁하다 돌아가면서 자신의 손을 사타구니에 갖다 댄 백작을 힐란하며 하는 말.

**627**   **인천상륙작전(2016)**
감독:이재한, 원작:정태원(원안), 각본:이만희·이재한, 각색:정태원·김세휘·김재환

# "난 이기기 위해 싸웁니다."

— 맥아더 장군(리암 니슨)

인천상륙작전의 성공 가능성이 극히 희박하다며 이를 반대하는 참모들에게 맥아더 장군(리암 니슨)이 승리를 자신하면서 하는 말.

감독:이재한, 원작:정태원(원안), 각본:이만희·이재한, 각색:정태원·김세휘·김재환

# "세월은 피부를 주름지게 하지만 이상을 포기하는 건 영혼을 주름지게 하지. 이 전투는 내 마지막이 되지 않을 것이다."

— 맥아더 장군 (리암 니슨)

태풍 영향으로 인천상륙작전이 쉽지 않은 상황에서 맥아더 장군(리암 니슨)이 회항하는 대신 결전을 다짐하면서 하는 말.

**감독:이재한, 원작:정태원(원안), 각본:이만희·이재한, 각색:정태원·김세휘·김재환**

# "멀리 있든지 붙어 있든지 살아 있든지 어데 있어도 내 아들은 내 옆에 같이 있다 아이가."

— 나정님(김영애)

학수(이정재)의 어머니인 정님(김영애)이 인천상륙작전으로 도착한 군인들 사이에서 아들을 찾으면서 하는 말.

**죽여주는 여자(2016)**
감독:이재용, 각본:이재용

# "뻑큐다, 이년아. 이 '썬 오브 비치' 같은 년."

— 소영(윤여정)

같은 곳에서 '박카스 할머니'로 활동하는 여성이 소영(윤여정)의 험담을 하자 소영이 그에게 내뱉는 말.

# "한 병 딸까요? 잘해 드릴게."

— 소영(윤여정)

'박카스 할머니' 소영(윤여정)의 대사.

**죽여주는 여자(2016)**
감독:이재용, 각본:이재용

# "혹시 봄 돼서 감방 가면 안 될까요?"

— 소영(윤여정)

살인 혐의로 경찰에 잡혀 이송되는 과정에서 소영(윤여정)이 하는 말. 추위를 많이 타는 그가 경찰들에게
"도망가지 않겠다"고 말하며 넌지시 하는 말이다.

**최악의 하루(2016)**
**감독:김종관, 각본:김종관**

# "어떻게 진실이 진심을 이겨요?"

— 운철(이희준)

과거를 숨기고 은희(한예리)를 만나던 운철(이희준)이 남산에서 재회한 은희에게 '행복해지지 않기 위해' 아내와 재결합했다고
말하며, 자기 마음을 알아 달라고 항변조로 하는 말.

**634** **터널(2016)**

감독:김성훈, 원작:소재원, 각본:김성훈, 각색:신현진

# "만약에 살아 있으면 어쩌시려고요? 미안하지 않으세요?"

— 세현(배두나)

터널 붕괴 후 구조 작업이 늦어지고 외부의 이해관계와 여론 분위기로 인해 구조를 포기하려 하자 터널에 갇힌
정수(하정우)의 아내 세현(배두나)이 구조대장 김대경(오달수)에게 호소하듯 하는 말.

# "우리한테 남은 마지막 무기는 진실뿐입니다. 그 진실이 이 정권을 무너뜨릴 거고요."

**— 김정남(설경구)**

**각종 민주화운동을 기획하고 주도했다는 이유로 수배 중인 김정남(설경구)이 함세웅 신부(이화룡)를 만나 하는 말.**

## 636 　 1987(2017)
**감독:장준환, 각본:김경찬, 각색:김경찬·이우정·장준환**

# "진실은 감옥에 가둘 수 없다."

— 이부영(김의성)

**동아일보 해직 기자이자 수감번호 4879번인 이부영(김의성)이 고문경찰에 대해 물으며 교도소 보안계장에게 외치는 말.**

감독:양우석, 각본:양우석·정하용

# "두더지도 안 먹는데 왜 이렇게 땅굴을 잘 파오? 통일되면 지하철은 당신네들이 다 파오."

— 곽철우(곽도원)

북한이 판 땅굴 숫자가 많을 뿐 아니라 남한 땅 깊숙이까지 뻗어 있다는 걸 안 남한 외교안보수석 곽철우(곽도원)가
북한 요원 엄철우(정우성)에게 하는 농담.

# "그, GD라고 아오? 남조선 가수라던데."
# "알지, 걔 모르면 간첩이지."

— 엄철우, 곽철우(정우성, 곽도원)

북한 요원 엄철우(정우성)와 남한 외교안보수석 곽철우(곽도원)의 대화.

**강철비(2017)**
감독:양우석, 각본:양우석·정하용

# "그래, 멀쩡한 나라 두 동강 내놓으니까 이렇게 서로 개고생하잖아."

— 곽철우(곽도원)

남한 외교안보수석 곽철우(곽도원)의 말. 미국 CIA 요원을 만나기 직전 하는 혼잣말이다.

감독:김성훈, 각본:윤현호, 각색:박수진·강대규·윤제균·황조윤

# "야, 너 미쳤어? 이게 극비 수사야, 이게? 광고 수사지!"

— 표 반장(이해영)

강진태(유해진)는 북한 형사 림철령(현빈)과 함께 극비리에 공조 수사를 하라는 명령을 받는다. 하지만 카체이싱을 비롯해
요란하게 수사를 하고 그 모습이 CCTV에도 찍히자 수사반장이 화를 내며 하는 말.

## 군함도(2017)
### 감독:류승완, 각본:류승완·신경일

# "성질 좀 죽이고 살아. 살다 보면 언젠가 시어미 죽는 날도 온다더라."

— 최칠성(소지섭)

일본군 '위안부' 경험을 얘기하며 울분에 북받쳐 화를 내는 오말년(이정현)에게 조선 깡패 최칠성(소지섭)이 무심한 듯 던지는 위안의 말.

**642** **군함도(2017)**
감독:류승완, 각본:류승완·신경일

# "한 사람이라도 살믄 우리가 이기는 거여, 한 사람이라도."

— 오말년(이정현)

군함도에서 탈출하다 모두 죽으면 어쩌냐는 이의 말에 오말년(이정현)이 용기를 북돋으며 하는 말.

**643    꾼(2017)**
**감독:장창원, 각본:장창원, 각색:고석동**

# "괜찮아.
# 의심은
# 해소시켜
# 주면 확신이
# 되니까."

**— 황지성(현빈)**

**사기 치는 상대의 의심이 깊을 때 자그마한 확신 하나로 완전하게 신뢰하도록 만들 수 있다는 지성(현빈)의 말.**

**꾼(2017)**
**감독:장창원, 각본:장창원, 각색:고석동**

# "기대해. 죽는 날까지 지옥일 거야."

— 황지성(현빈)

아버지 죽음에 대한 복수를 끝낸 지성(현빈)이 검사 박희수(유지태)의 면전에 대고 웃으면서 하는 저주의 말.

**남한산성 (2017)**
감독:황동혁, 원작:김훈, 각본:황동혁

# "싸워야 한다면 반드시 이기는 싸움이어야 할 것입니다."

— 최명길(이병헌)

청과 싸울 것이 아니라 화친을 해야 한다는 이조판서 최명길(이병헌)이 결국 싸움을 택한 왕을 안타까워하며 하는 말.

# "백성을 위한 새로운 삶의 길이란 낡은 것들이 모두 사라진 세상에서 비로소 열리는 것이오."

— 김상헌(김윤석)

예조판서직을 사임한 김상헌(김윤석)에게 찾아와 함께 새로운 길을 모색하자는 최명길(이병헌). 그에게 김상헌이 하는 말로
현재의 구태를 모두 벗는 것만이 백성을 위한 새로운 길이라 얘기한다.

**더 킹(2017)**
**감독: 한재림, 각본: 한재림**

# "사건도 김치처럼 맛있게 묵혔다가 제대로 익었을 때 먹어야 된다."

— 양동철(배성우)

미성년자 성폭행 사건을 진행 중인 박태수(조인성) 앞에 선배 검사 양동철(배성우)이 찾아온다. 그는 태수를
전략수사부 자료실에 데려가 방대한 자료를 보여주는데, 이때 동철이 하는 말이다.

"이, 정치인이란 말이야. 반드시 당한 것에는 보복을 해야 된다. 이게 아주 복잡한 정치 엔지니어링의 철학이거든."

— 한강식(정우성)

한강식(정우성)은 대선 결과가 나온 직후 당선자 측근이 정치적 적수를 보복하는 것을 돕고 서울중앙지방검찰청
전략수사1본부장이 된다. 정치 보복쇼를 위한 준비를 어떻게 그리 잘했다는 질문에 대한 한강식의 대답.

범죄도시(2017)
**감독:강윤성, 각본:강윤성, 각색:이석근**

# "진실의 방으로."

— 마석도(마동석)

**주먹이 최대 무기인 형사 마석도(마동석)가 버릇처럼 하는 말.**

**불한당: 나쁜 놈들의 세상(2017)**

감독:변성현, 각본:변성현·김민수, 각색:이원재

# "아무튼 이 이야기의 교훈은 사람은 믿지 마라. 상황을 믿어야지, 상황을."

— 한재호(설경구)

엄마 잃은 슬픔에 고통스러워하는 현수(임시완)에게 자신의 부모 얘기를 한 후 재호(설경구)가 하는 말.

# "살면서 벌어지는 일이라는 게 대부분 뒤통수에서 오게 돼 있거든. 절대 눈앞에서 오는 게 아니야. 그러니까 너도 자주 뒤돌아보면서 살어."

— 한재호(설경구)

현수(임시완)에게 조직 생활의 생리를 설명하는 재호(설경구)의 말.

# "그렇게...
# 함부로
# 아름다운
# 것들."

— 시인(양익준)

**시인(양익준)이 쓴 시의 한 부분.**

**신과함께-죄와 벌(2017)**
감독:김용화, 원작:주호민, 각본:김용화, 각색:이정욱·박정수·김창훈

# "'지나간 일에 새로운 눈물을 낭비하지 말자.' 죽은 우리 형이 해준 말이다, 이 자식아."

— 수홍(김동욱)

수홍(김동욱)의 죽음이 자신 탓이라 여기며 괴로워하는 원 일병(도경수)에게 수홍이 강림(하정우)의 입을 빌려 하는 위로의 말.

**아이 캔 스피크(2017)**
감독:김현석, 각본:유승희

# "잊으면은 내가 지는 거니께."

— 나옥분(나문희)

일본군 '위안부' 당시 찍은 사진을 민재(이제훈)에게 보여주며 밝히는 소회의 말.

**아이 캔 스피크(2017)**
감독:김현석, 각본:유승희

# "아이 엠 쏘리, 그 한마디가 그렇게 어렵습니까?"

— 나옥분(나문희)

일본군 '위안부' 사죄 결의안 통과가 이뤄진 미 하원 공개 청문회에서 있은 나옥분(나문희)의 연설 중 한 대목.

**감독:김태윤, 각본:김태윤**

"차라리 지옥이 더 공평혀, 잉? 거기서는 죄 지은 만큼 벌을 받잖어."

— 황 계장(박철민)

제보를 받고 과거 현우(강하늘) 사건을 재조사한 경험이 있는 황 계장(박철민)이 긴 시간이 흘러 자신을 찾아온
현우와 술 한 잔 하면서 하는 말이다.

**침묵(2017)**
감독:정지우, 각본:정지우, 각색:이충현·홍용호·하구탑

# "마땅히 뒈질 년이 뒈진 거야. 이 세상의 목숨값이, 인간들의 목숨값이 다 똑같은 줄 알아?"

**— 임태산(최민식)**

**재판 중 증거 영상이 공개되며 자신이 살인을 저지른 게 밝혀지자 태산(최민식)이 분노하며 내뱉는 말.**

# "아, 아니, 내가 택시비 받았잖아. 위 고 투게더. 아이 택시 드라이버. 유어 택시 손님, 오케이?"

— 김만섭(송강호)

병원에 일반 시민의 주검이 줄지어 있을 만큼 광주 사태가 심각해지자 독일 기자 피터(토마스 크레치만)는 만섭(송강호)에게
자기는 이곳에 남을 테니 서울로 가라고 한다. 이에 대한 만섭의 콩글리쉬 대답.

**감독:박인제, 각본:박인제·박신규**

# "진실하게 소통하세요. 소통이 안 되면 고통이 옵니다."

— 박경(심은경)

서울시장에 세 번째 도전하는 변종구(최민식)에게 광고인 박경(심은경)이 하는 말.

감독:박인제, 각본:박인제·박신규

# "정치꾼들이랑 개장수랑 똑같거든. 정말로 지독한 냄새가 나잖아."

— 제이(문소리)

정치판에 입문한 대학 후배 박경(심은경)에게 정치의 생리를 설명하는 기자 제이(문소리)의 말.

프리즌(2017)
**감독:나현, 각본:나현**

# "세상 굴리는 새끼들 따로 있어. 지들 꼴리는 대로 이리저리. 그런데 말이야, 난 이 안에서 그 새끼들 내 손안에서 굴릴 거다."

— 정익호(한석규)

세상을 바라보는 익호(한석규)의 세계관과 감옥 안에서 여전히 세상을 주무르겠다는 그의 의지가 압축된 대사다.

감독:윤종빈, 각본:권성휘·윤종빈

# "당신을 믿는 것 외에는 다른 방법이 없었기 때문입니다."

— 리명운(이성민)

석영(황정민)의 질문 "저를 왜 믿으신 겁니까?"에 대한 명운(이성민)의 대답.

# "볼 사람이라믄 언젠가는 보게 되갔지."

— 리명운 (이성민)

석영(황정민)이 남한 비밀공작원이라는 걸 알게 된 명운(이성민)은 당의 눈을 피해 석영을 탈출시킨다.
두 사람이 헤어질 때 명운이 한 말.

**국가부도의 날(2018)**

감독:최국희, 각본:엄성민

# "잔치는 끝났다, 이긴가?"

— 이호재(YS)

**국가부도 사태에 이를지도 모른다는 관련 부서의 보고를 받은 후 대통령이 하는 한탄의 말.**

# "위기는 반복돼요. 위기에 또 당하지 않기 위해선 잊지 말아야 해요. 끊임없이 의심하고 사고하는 것. 당연한 것을 당연하게 생각하지 않는 것. 그리고 항상 깨인 눈으로 세상을 바라볼 것. 저는 두 번은 지고 싶지 않거든요."

— 한시현(김혜수)

제2의 IMF 사태를 걱정하는 기획재정부 직원의 부름에 응답하며 한시현(김혜수) 금융자본 감시센터 대표가 하는 말.

**666** 군산: 거위를 노래하다(2018)

감독:장률, 각본:장률

# "고향은 무슨, 그냥 눌러앉는 데가 고향이지."

— 식당 주인(문숙)

군산의 칼국수집에 간 윤영(박해일) 일행이 묘한 분위기의 주인장(문숙)에게 "혹시, 고향이 어디세요?"라고 묻자.

## 667 독전(2018)

감독:이해영, 각본:정서경·이해영

# "한국 사람들 뻥카는 부계 유전이라면서요."

— 서영락(류준열)

서영락(류준열)이 이 선생인 척하는 브라이언(차승원)에게 경고하며 하는 말이다.

# "그, 왜 뭔가를 존나게 쫓다 보면은 가끔 '내가 뭘 쫓나' '왜 이걸 쫓나' 싫어지거든. 그럴 때는 씻고 가서 자는 게 답이야."

— 원호(조진웅)

오랫동안 마약 조직 수장인 이 선생을 쫓아온 형사 원호(조진웅)가 마약반 팀원들에게 하는 말.

# "아줌마 떡 맛은 달지 않은데 단맛이 나고, 니껀 짜지 않은데 짠맛이 나."

— 재하(류준열)

혜원(김태리)이 해준 떡을 먹을 때 혜원의 모친(문소리)을 회고하며 재하(류준열)가 하는 말.

# "단밤에 단맛을 더해 보관한다. 다 먹어버리지 못하게."

— 혜원(김태리)

밤 조림을 만들 때 혜원(김태리)의 내레이션.

**리틀 포레스트(2018)**
감독:임순례, 원작:이가리시 다이스케, 각본:황성구

# "싹이 어느 정도 자랄 때까지 키워서 미리 거름을 준 밭에 옮겨 심는데, 이것이 아주심기다. 더 이상 옮겨 심지 않고 완전하게 심는다는 의미다."

— 혜원(김태리)

양파 모종 심기에 대한 혜원(김태리)의 내레이션.

## 672 마약왕(2018)
감독:우민호, 각본:이지민·우민호

# "이런 개죽음에 처했을 때 전화 한 통 넣을 빽 없으면 이 나라에서 못 산다."

— 이두삼(송강호)

밀수 사업을 돕던 이두삼(송강호)은 '빽'이 없어 독박을 쓰고 중정 보안과에 끌려가 취조를 당한다. 이때의 경험은
이두삼을 위축되게 만들지 않고 더욱 성공해 빽이 있는 이가 되겠다는 야망을 갖게 한다.

**마약왕(2018)**

감독:우민호, 각본:이지민·우민호

# "개같이 번 돈은 정승맨치로 쓰는 게 아이라 정승한테 쓰는 깁니더."

— 이두삼(송강호)

검사 김인구(조정석) 앞에 앉았을 때 이두삼(송강호)이 하는 말.

감독:이옥섭, 각본:이옥섭·구교환, 각색:권효진

# "사실이 온전하게 존재하는 곳은 아무데도 없대요. 사실은 언제나 사실과 연관된 사람들에 의해서 편집되고 만들어진다고 아빠가 그랬어요."

— 메기(천우희)

메기가 윤영(이주영)에게 하는 말.

# 675  메기(2018)

감독:이옥섭, 각본:이옥섭·구교환, 각색:권효진

# "사람의 두려움은 상상력으로 이어집니다. 현실의 삶이 상상 그 이상이잖아요?"

— 메기(천우희)

성원(구교환)이 자신을 폭행한 적이 있다는 전 여자친구 지연(이주영)의 말을 들은 후 매순간 성원을 의심하기 시작한 윤영(이주영). 성원이 자신을 해치려고 한다는 상상을 하는 순간의 내레이션이다.

**미쓰백(2018)**

감독:이지원, 각본:이지원

# "엄마, 나 같은 게 엄마가 되고 싶어도 괜찮은 거야?"

— 백상아(한지민)

가정 폭력에 시달리는 지은(김시아)을 데려와 키우고 싶은 상아(한지민). 전과가 있는 자신이, 부모에게 버림받은 자신이
엄마가 되어도 좋을지 자신의 엄마(장영남)에게 묻는다.

**677** **변산(2018)**
감독:이준익, 각본:김세겸

# "내 고향은 폐항, 내 고향은 가난해서 보여줄 것은 노을밖에 없네."

— 학수(박정민)

학수(박정민)가 어릴 적 쓴 시구로 엔딩에서 그는 선미(김고은)에게 이 구절의 내력을 들려준다.

**소공녀(2018)**
감독:전고운, 각본:전고운

# "난 갈 데가 없는 게 아니라 여행 중인 거야."

— 미소(이솜)

룩(최덕문)이 미소(이솜)에게 갈 데도 없으니 자기와 결혼해 한집에서 같이 살자고 하자 미소가 하는 말.

# "집이 없어도 생각과 취향은 있어."

— 미소(이솜)

이 나이에 필요한 건 '안정감'이라며 막무가내로 결혼하자는 록(최덕문)에게 미소(이솜)가 하는 말.

# "너, 그 모르는 소리 작작 하라. 전쟁의 기본이 뭐이가, 잉? 적의 물자에 타격을 주는 거이 아이가. 내래 이 미제에 빠딘 거이 아니고 이 미제를 타도하는 거이야. 너 있어 봐. 기수야, 너 이거 한입 쭉 타도해 보라. 적의 영양가를 뺏어서 우리의 전투력을 높인다는 아주 기런, 기런 고지방 작전."

— 만철(이규성)

거제 포로수용소에서 만난 만철(이규성)과 기수(도경수). 만철이 미국 식료품 창고에 들어가 통조림을 까먹자
기수가 미제물이 들었다고 놀린다. 이에 대한 만철의 유머 넘치는 답변.

**681** **스윙키즈(2018)**
감독:강형철, 원작:김신후(원안), 각본:강형철

# "퍽킹,
# 이데올로기."

— 양판래(박혜수)

자본주의와 공산주의가 없었으면 사람들끼리 서로를 죽이지 않았을 거라 말하는 판래(박혜수).

682    **스윙키즈(2018)**
감독:강형철, 원작:김신후(원안), 각본:강형철

# "아이 완트, 자스트 땐쓰!"

— 로기수(도경수)

기수(도경수)의 목숨이 위태롭다는 걸 알게 된 잭슨(자레드 그라임스)은 기수에게 댄스팀을 그만두라고 한다.
이에 대한 기수의 의지 넘치는 답변.

# "대왕님, 모든 죽음은 불가피한 것이어야지 억울한 죽음이어서는 안 된다고 듣고 배웠습니다."

— 강림(하정우)

**감독:김용화, 원작:주호민, 각본:김용화·강지원, 각색:이정욱·김창훈·박정수**

강림(하정우)이 김수홍(김동욱)의 억울한 죽음의 비밀을 밝히기 위해 염라대왕(이정재)을 설득하며 하는 말.

"이 집 저 집, 천 년 동안 가택신 노릇 하면서 지켜보니까 이놈의 인간들 더 모르겠더라. 근데 한 가지 확실한 건 있더라. 나쁜 인간은 없다는 거, 나쁜 상황이 있는 거지. 그러니 원망스럽고 원통하고 이해가 안 될 때 모든 걸 거꾸로 읽고 거꾸로 생각해 봐. 그럼 풀릴 거다. 이 인간들도 세상도 이 우주도."

— 성주신(마동석)

현신한 성주신(마동석)이 마지막 순간에 하는 말.

안시성(2018)
감독:김광식, 원작:모홍진, 각본:김광식, 각색:윤필준·엄세윤·박은교·정의묵·김유진

# "나는 무릎 꿇는 법을 배우지 못했고 항복이란 걸 배우지 못했다. 내가 배운 건 싸워야 할 때는 싸워야 한다는 거다."

— 양만춘(조인성)

당나라 군대의 압도적인 규모 앞에 움츠러든 안시성 군사들의 사기를 진작하기 위해 성주 양만춘(조인성)이 하는 연설 중 한 대목.

**686    안시성(2018)**

**감독:김광식, 원작:모홍진, 각본:김광식, 각색:윤필준·엄세윤·박은교·정의목·김유진**

# "안시성은 지지 않는다."

— 사물(남주혁)

신녀 시미(정은채)가 안시성은 당군과의 전투에서 질 수밖에 없다며 항복할 것을 권한다. 자신의 말을 부정할 수 있는 자는 자신을 죽여도 좋다는 신녀. 이에 사물(남주혁)은 그의 목을 벤다. "안시성은 지지 않는다"는 이때 사물이 하는 말이다.

**암수살인(2018)**
**감독:김태균, 각본:곽경택·김태균**

# "일단 무조건 믿고 끝까지 의심하자."

— 김형민(김윤석)

태오(주지훈)의 진술만으로 사건을 수사해야 하는 상황에서 조 형사(진선규)가 그를 믿지 못하자 형민(김윤석)이
수사를 하기 위해선 그를 믿을 수밖에 없다며 하는 말.

**완벽한 타인(2018)**
감독:이재규, 원작:파올로 제노베제, 각본:배세영, 각색:이재규·진경

# "사람의 본성은 월식 같아서 잠깐은 가려져도 금방 드러나게 돼 있어."

— 영배(윤경호)

영배(윤경호)가 게이라는 걸 알게 된 친구들이 영배에게 애인을 소개해 달라고 하자 그가 하는 대답.

감독:이재규, 원작:파올로 제노베제, 각본:배세영, 각색:이재규·진경

영화 말미에 등장하는 자막 문구.

# "사람들은 누구나 세 개의 삶을 산다. 공적인 하나, 개인적인 하나.. 그리고, 비밀의 하나..."

# "나는 여러분이 기다리던 나의 죽음을 완성하러 왔습니다. 여러분 앞에서 가장 멋지게 죽고 싶습니다."

— 영희(전여빈)

자살 시도 후 목소리를 잃은 영희(전여빈)가 학교로 돌아와 친구들에게 인사하면서 하는 수어의 진짜 뜻.

**허스토리(2018)**
**감독:민규동, 각본:서혜림·정겨운·민규동, 각색:김다영**

# "자, 나도 연습 좀 하자. '내 똥 굵고 내 오줌 폭포다.'"

**— 신 사장(김선영)**

**여성 사업가로서 거둔 성과에 남성처럼 당당하라는 조언을 들은 후 농담처럼 하는 말.**

감독:민규동, 각본:서혜림·정겨운·민규동, 각색:김다영

# "우리는요, 홀롬이 아니라 국가대표 선수인 기라. 알았어요, 기사 양반?"

— 박순녀(예수정)

일본군 '위안부' 재판에 가는 길이란 말에 놀라 허둥대는 택시기사에게 운전 조심하라며 하는 말.

**허스토리(2018)**
감독:민규동, 각본:서혜림·정겨운·민규동, 각색:김다영

# "부끄러버서! 내 혼자 잘 먹고 잘산 게."

— 문정숙(김희애)

일본군 '위안부' 재판에 집착하는 이유를 묻는 데 대한 문정숙(김희애)의 대답.

694 협상(2018)
감독:이종석, 각본:최성현, 각색:이종석·윤제균·김동한

# "민태구, 그 목숨, 잠깐만 나한테 맡겨."

— 하채윤(손예진)

여동생을 죽게 한 이들에게 복수하기 위해 자살 폭탄 테러를 감행하려는 민태구(현빈)를 설득하며 협상가 한채윤(손예진)이 하는 말.

**82년생 김지영(2019)**
**감독:김도영, 원작:조남주, 각본:유영아, 각색:김도영·김효민**

# "전 능력이 있거나 없거나 혼자 잘 살 거라서요."

— 김은영(공민정)

**결혼 안 하냐는 고모의 타박에 엄마 미숙(김미경)이 "능력 있으면 혼자 살아도 되죠, 뭐"라고 답한다.
이에 대한 큰 딸 은영(공민정)의 대답.**

**감독:김도영, 원작:조남주, 각본:유영아, 각색:김도영·김효민**

# "지영아, 너 얌전히 있지 마. 나대, 막 나대!"

— 미숙(김미경)

취업이 안 돼 뿔이 난 지영(정유미)이 투정을 부리자 아빠는 "가만히 있다가 시집이나 가"라며 호통 친다.
이에 엄마 미숙(김미영)이 들고 있던 밥숟가락을 던지며 하는 말.

**가장 보통의 연애(2019)**
감독:김한결, 각본:김한결·오효진

# "같지!
# 다르다고
# 배웠니, 너는?"

— 선영(공효진)

재훈(김래원)과 선영(공효진)이 나이를 갖고 싸우던 중 재훈이 여자 나이와 남자 나이를 똑같이
평가할 수 있냐는 의미로 한 말에 대한 선영의 대답.

# "처음부터 쉬운 게 어딨니? 나 처음 만났던 남자친구랑 헤어지는 그 순간부터 듣기 시작한 말이 걸레였어. 니들한테는 섹스 못 한 그 첫사랑 쌍년들 빼곤 다 걸레니까."

— 선영(공효진)

재훈(김래원)이 선영(공효진)을 공격하며 헤어지고 만나는 걸 쉽게 생각한다고 하자 선영이 쏘아붙이듯 하는 말.

**걸캅스(2019)**
감독:정다원, 각본:정다원, 각색:민소연·안성현

# "아주 개새끼 오브 개새끼들이지."

— 양장미(최수영)

몰래카메라 혹은 연애 때 찍은 영상을 동의 없이 인터넷에 올리는 디지털 성범죄자에 대해 양장미(최수영)가 욕설 섞어 하는 말.

**걸캅스(2019)**

감독:정다원, 각본:정다원, 각색:민소연·안성현

# "시작할까요? 일망타진."

— 조지혜(이성경)

여자 형사 기동대 신조인 '일망타진'을 외치는 지혜(이성경), 그리고 미영(라미란). 민원실로 쫓겨난
전직 형사 미영이 현장에 복귀하며 외치는 한마디다.

감독:이병헌, 각본:문충일, 각색:배세영·허다중

# "지금까지 이런 맛은 없었다. 이것은 갈비인가 통닭인가."

**— 고 반장(류승룡)**

범죄 조직의 아지트를 감시하기 위해 위장해 만든 치킨집 '수원왕갈비통닭'의 소개 멘트.

**극한직업(2019)**
감독:이병헌, 각본:문충일, 각색:배세영·허다중

# "쥐새끼 잡는 데 너나없다, 이 쥐새끼야."

— 고 반장(류승룡)

정직 상태라 경찰 신분이 아닌 '닭집 아저씨'인 고 반장(류승룡). 그럼에도 마약 조직 수장인 이무배(신하균)를
검거하려 하고 이에 그가 반발하자 하는 말이다.

**703**　　　**기생충(2019)**
감독:봉준호, 각본:봉준호·한진원

명문가 과외를 위해 대학 재학 증명서를 위조한 기우(최우식). 그는 아버지인 기택(송강호)에게 자신이 내년엔 이 대학에 꼭 갈 거기 때문에 이를

# "너는 다 계획이 있구나."

— 기택(송강호)

명문가 과외를 위해 대학 재학 증명서를 위조한 기우(최우식). 그는 아버지인 기택(송강호)에게 자신이 내년엔 이 대학에 꼭 갈 거기 때문에 이를 위조나 범죄라고 생각하지 않는다고 말한다. 이러한 기우의 궤변에 대한 기택의 감탄 섞인 대답이다.

# "실전은 기세야. 기세."

— 기우(최우식)

첫 과외에서 다혜(정지소)에게 기우(최우식)가 하는 말.

기생충(2019)

감독:봉준호, 각본:봉준호·한진원

# "너 절대 실패하지 않는 계획이 뭔 줄 아니? 무계획이야, 무계획. 노 플랜. 왜냐? 계획을 하면 반드시 계획대로 안 되거든, 인생이."

— 기택(송강호)

폭우로 반지하 집이 잠겨 체육관에 대피한 기우(최우식)는 기택(송강호)에게 문광(이정은) 부부를 앞으로 어떻게 할 계획인지 묻는다. 이에 대한 기택의 대답은 "무계획"이다.

**기생충(2019)**

감독:봉준호, 각본:봉준호·한진원

# "돈이 다리미라구. 돈이 주름살을 쫙 펴줘."

— 충숙(장혜진)

부잣집은 애들이 구김살이 없다는 기택(송강호)의 말에 충숙(장혜진)이 맞장구를 치며 하는 말.

돈(2019)
**감독:박누리, 원작:장현도, 각본:박누리**

# "난 계획한 일에 변수가 생기는 걸 좋아하지 않습니다. 변수엔 변수로 응대해 줘야지."

— 번호표(유지태)

**주식 작전 설계자 번호표(유지태). 그는 새로운 작전을 수행할 뉴페이스로 신입 주식 브로커 일현(류준열)을 선택하고, 어느 순간부터 계획에 어긋나는 행동을 하는 그에게 경고한다.**

**돈(2019)**

감독:박누리, 원작:장현도, 각본:박누리

# "브로커에겐 고객 말씀이 곧 돈이니까요."

— 조일현(류준열)

자신에게 일을 지시한 번호표(유지태)와의 대화 전부를 녹음한 파일을 경찰에 넘기며 일현(류준열)이 하는 말.

**709** **말모이(2019)**
감독:엄유나, 각본:엄유나

# "이 한 사람의 열 발자국보다, 어? 열네 놈의 한 발자국이 더 낫지 않겄어?"

— 김판수(유해진)

조선말 사전을 만드는 과정 중 사투리 수집이 필요해진다. 이에 김판수(유해진)는 자신의 인맥을 총동원해 전국 팔도 사투리를 한자리에서 수집할 수 있도록 한다. 어떻게 이런 기발한 생각을 했냐고 묻는 류정환(윤계상)에게 판수가 내놓은 대답.

**말모이(2019)**

감독:엄유나, 각본:엄유나

# "말은 민족의 정신이요, 글은 민족의 생명입니다."

— 류정환(윤계상)

조선말 사전 공청회에서 조선어학회 류정환(윤계상) 대표가 전국의 교사들을 모아 놓고 하는 연설 중 일부.

미성년(2019)
감독:김윤석, 각본:김윤석·이보람

# "나한텐 불륜의 증거, 쟤한테는 출생의 근거."

— 주리(김혜준)

각자의 엄마와 아빠가 다정하게 찍힌 사진을 함께 보는 주리(김혜준)와 윤아(박세진). 훗날 동생이 물어보면
사진을 보여주며 설명할 거라고 주리가 말한다.

# 712 백두산(2019)

**감독:이해준·김병서, 각본:이해준·김병서·곽정덕·김태윤·임준형**

# "어이, 쁘띠 꾸띠. 뒤통수에 와 눈깔이 없는 줄 아네? 돌아보지 말고 가라!"

— 리준평(이병헌)

백두산 화산 폭발을 막기 위해 인근 갱도에 폭탄을 설치한 남한 특전사 조인창(하정우)과 북한 무력부 출신 리준평(이병헌).
준평은 살아 돌아올 길 없는 그 길을 혼자 가기로 결심하고, 인창에게 살아 나가라고 한다.

감독:김보라, 각본:김보라

# "은희야, 힘들고 우울할 땐 손가락을 봐. 그리고 한 손가락, 한 손가락 움직여. 그럼 참 신비롭게 느껴진다. 아무것도 못할 것 같은데 손가락은 움직일 수 있어."

— 김영지(김새벽)

은희(박지후)를 위로하며 영지(김새벽)가 하는 말. 훗날 은희는 세상을 떠난 영지 선생님의 침대에 앉아 두 손을 펼쳐 움직여 본다.

# "어떻게 사는 것이 맞을까? 어느 날 알 것 같다가도 정말 모르겠어. 다만 나쁜 일들이 닥치면서도 기쁜 일들이 함께한다는 것. 우리는 늘 누군가를 만나 무언가를 나눈다는 것. 세상은 참 신기하고 아름답다."

— 김영지(김새벽)

한문 학원 선생님 영지(김새벽)가 은희(박지후)에게 해 주는 말.

**감독:원신연, 각본:천진우, 각색:원신연·윤홍기·김한민**

# "우리는 쪽발이 쪽수는 대충 알아도 전국의 독립군 수는 알 수가 없어. 왜인 줄 아네?… 어제 농사 짓던 인물이 오늘은 독립군이 될 수 있다, 이 말이야."

— 황해철(유해진)

독립군 수가 매번 들쭉날쭉이라 정확한 수를 모르겠다는 개똥(성유빈)의 말에 황해철(유해진)이 이어받아 하는 말.

# "총알도 나눠 맞으면 살 수도 있어."

— 마병구(조우진)

일본군을 혼자 나서서 유인하겠다는 이장하(류준열)에게 마병구(조우진)가 함께하자며 하는 말.

**717** 뺑반(2019)

감독:한준희, 각본:김경찬·한준희·한주희

# "더 나쁜 새끼 잡을 수 있으면 그 새끼 죄는 없어지는 겁니까?"

— 시연(공효진)

F1 레이서 출신 사업가 정재철(조정석)이 뇌물을 준 정재계 인사들의 리스트를 얻기 위해 그의 죄를 눈감아 준 윤 과장(염정아)에게 은시연(공효진)이 하는 말. 이 뒤에 "괴물을 잡기 위해 괴물이 돼서는 안 된다고 하셨죠, 경찰은"이라는 대사가 뒤따른다.

# "보이는 게 진실이고, 전부죠."

— 민재(류준열)

재철(조정석)이 자신이 한 뺑소리를 다른 사람이 한 것으로 만들자 민재(류준열)는 그의 머리에 총을 겨눈다. 이에 재철은 민재 배에 송곳을 꽂고
민재는 곧장 재철을 뺑소니 및 경찰관 살해 시도 혐의로 체포한다. 재철이 정당방위를 주장하자 총을 거두며 민재가 하는 말.

# "난 아직도 모르겠다. 우리는 저 밑바닥에서 정말 개미들처럼 지지고 볶고 있는데 도대체 우리의 하나님은 어디서 뭘 하고 계시는지."

— 박 목사(이정재)

"하나님이 살아계신다"고 말하는 요셉(이다윗)에게 허탈하게 웃으며 박 목사(이정재)가 하는 말.

**아워 바디(2019)**
감독:한가람, 각본:한가람

# "몸은 내가 노력한 만큼 바로 보여주잖아, 그냥. 그게 좋더라고."

— 민호(최준영)

달리기를 꾸준히 하며 몸을 키우는 이유에 대해 민호(최준영)가 하는 말.

## 721 엑시트(2019)
**감독:이상근, 각본:이상근**

# "우리 완등 가자."

— 용남(조정석)

유독가스가 지상을 모두 뒤덮자 용남(조정석)과 의주(임윤아)는 대학 산악부 때 배운 기술을 바탕으로 도심의 고층 타워 크레인으로 이동한다.
불가능에 가까운 미션 앞에 주눅 든 용남이 마지막 의지를 다지며 의주에게 하는 말.

우리집(2019)

감독:윤가은, 각본:윤가은

# "내가 지킬거야, 우리 집."

— 하나(김나연)

하나(김나연)가 유미(김시아), 유진(주예림) 자매에게 이혼 직전인 부모님 얘기를 하면서 하는 말. 그는 이어 "너네 집도"라고 얘기한다. 방법을 묻는 유미에게 그는 "뭐든 하다 보면 되지 않을까? 뭐든 하나하나"라고 말한다.

**감독:이수진, 각본:이수진**

# "무얼 믿느냐가 중요한 것이 아니고 무엇을 믿게 허느냐, 요것이 중요하재."

— 최 의원(김명곤)

**아들의 뺑소니 사건에도 지지율이 올라가는 정치인 구명회(한석규)에게 최 의원(김명곤)이 힘을 실어주며 하는 말.**

감독:정지우, 각본:이숙연, 각색:정지우·권예지

# "방송, 사랑 그리고 비행기. 이 세 가지의 공통점이 뭔지 아세요? 출발할 때 에너지가 가장 많이 든다."

— DJ(유열)

소년원에서 나온 현우(정해인)가 미수(김고은)의 제과점에 들어와 "두부로 만든 거 있나"고 묻는 상황에서의 라디오 멘트. '음악앨범'의 진행을 새롭게 맡은 DJ 유열의 인사말이다.

**725** 윤희에게(2019)

감독:임대형, 각본:임대형

# "살다 보면 그런 때가 있지 않니? 뭐든 더 이상 참을 수 없어질 때가."

— 쥰(나카무라 유코)

쥰(나카무라 유코)이 아버지의 죽음을 계기로 윤희(김희애)에게 쓴 편지의 한 대목.

**726** 증인(2019)

감독:이한, 각본:문지원, 각색:이한·홍용호

# "파란색 젤리는 믿을 수 있습니다."

— 지우(김향기)

자폐 소녀 지우(김향기)가 입버릇처럼 하는 말.

**727** 증인(2019)
**감독:이한, 각본:문지원, 각색:이한·홍용호**

# "아저씨는 좋은 사람입니다."

— 지우(김향기)

지우(김향기)가 순호(정우성)에게 하는 말. 지우가 증인을 선 재판 과정에서 여러 가지로 양심의 가책을 느꼈던
순호는 이 말에 "아저씨가 좋은 사람 되도록 노력해볼게"라고 답한다.

# "신분이 무슨 상관이냐? 이렇게 같은 하늘을 보면서 같은 꿈을 꾸고 있다는 게 중요한 것이지."

— 세종(한석규)

어느 밤, 장영실(최민식)과 세종(한석규)은 함께 누워 밤하늘을 바라본다. 장영실이 북극성을 가리키며 세종과 같다고 하자 세종은 북극성 바로 옆에 자리한 밝은 별을 '장영실의 별'이라 한다. 이에 장영실이 자신의 신분을 얘기하자 세종이 하는 답변.

**69세(2020)**

감독:임선애, 각본:임선애

# "고소인이 젊은 여자였으면 그 사람이 구속됐을까요?"

— 효정(예수정)

성폭력 가해자와 대질 신문에 나오라고 말하러 온 고 형사(김중기)에게 효정(예수정)이 이를 거절하며 하는 말.

## 남산의 부장들(2020)

**감독:우민호, 원작:김충식, 각본:우민호·이지민**

# "각하, 정치를 좀 대국적으로 하십시오."

— 김 부장(이병헌)

**부산과 마산의 시위를 잠재우기 위해 박통(이성민)이 계엄령을 선포하겠다고 하자 김 부장(이병헌)이 하는 말.**

**다만 악에서 구하소서(2020)**
감독:홍원찬, 각본:홍원찬

# "약속할게. 무슨 일이 있어도 반드시 돌아올게."

— 인남(황정민)

장기 밀매단에 납치됐던 딸 유민(박소이)을 홀로 두고 태국을 빠져나갈 배편을 알아보러 가야 하는 인남(황정민). 공포에 떨고 있는 딸을 안심시키기 위한 말이자 스스로도 안전하게 돌아오겠다는 다짐이 포함된 말이다.

## 732 반도(2020)

감독:연상호, 각본:연상호·류용재

# "오늘만 살아라, 에휴, 오늘만 살아."

— 서 대위(구교환)

**홀로 탈출 계획을 세운 서 대위(구교환)가 631부대에게 "오늘까지만 사는 것처럼 놀아라"고 말한 뒤 혼자 중얼거리는 말.**

**감독:연상호, 각본:연상호·류용재**

# "제가 있던 세상도 나쁘지 않았어요."

— 준이(이레)

**UN군 수송기에서 "이제 새로운 세상이 열릴 것"이라 말하는 이에 대한 준이(이레)의 대답.**

**삼진그룹 영어토익반(2020)**
감독:이종필, 각본:홍수영·손미, 각색:이종필

# "어제의 너보다 오늘 더 성장했어."

— 부장(배해선)

마케팅 회의가 공전하자 부장(배해선)이 햄버거 배달을 하러 회의실에 들어온 정유나(이솜)에게 건성으로 "미스 정 좋은 아이디어 없어?"하고 묻는다. 그가 "사장님 같은 캐릭터 아니에요?"라는 결정적 힌트를 준 것에 대해 칭찬하는 말.

**삼진그룹 영어토익반(2020)**
감독:이종필, 각본:홍수영·손미, 각색:이종필

# "데어, 이즈, 노우, 임파서블. 비코즈, 위아... 그레이트."

— 자영(고아성)

회사를 매각하려는 대표를 저지하는 과정에서 대표가 "왓? 임파서블"(뭐? 그건 불가능 해)라고 하자 자영(고아성)이 하는 말.

## 삼진그룹 영어토익반(2020)
**감독:이종필, 각본:홍수영·손미, 각색:이종필**

# "야, 나 좀 그만 보고 너를 봐."

— 정유나(이솜)

**엘리베이터 안, 사사건건 자신에게 시비를 거는 조 대리(최수임)를 벽치기 하며 유나(이솜)가 서늘하게 내뱉는 말.**

**야구소녀(2020)**

감독:최윤태, 각본:최윤태

# "전 해보지도 않고 포기 안 해요."

— 주수인(이주영)

**여자로 프로 야구단 입단이 어려우니 "포기하는 게 나을 수도 있다"는 코치 진태(이준혁)의 말에 수인(이주영)이 싫다고 말하며 덧붙이는 말.**

**야구소녀(2020)**

감독:최윤태, 각본:최윤태

# "그 사람들이 내 미래를 어떻게 알아요? 나도 모르는데..."

— 주수인(이주영)

어렸을 때 수인(이주영)에게 고등학생이 되면 야구 못 할 거라고 말한 이들에 대해 수인이 하는 말로 진태(이준혁)에게 훈련받고 싶다고 부탁하면서 하는 표현이다. 프로 입단을 하지 못한 진태에게 "내가 대신 가줄게요"라고 하며 배움을 요청하는 장면이다.

감독:김용훈, 각본:김용훈

# "살아만 있으믄 어떻게든 살게 되는 법이야. 두 팔 두 다리만 멀쩡하믄 얼마든지 새로 시작할 수 있어."

— 순자(윤여정)

불이 나 모든 걸 잃은 아들에게 6.25 전쟁을 떠올리며 치매 어머니인 순자(윤여정)가 하는 위로의 말.

# "사람도 꽃처럼 다시 오면은 얼마나 좋겠습니까."

— 할머니(윤여정)

한글을 배우러 다니는 할머니가 숙제로 쓴 시.

갈매기(2021)

**감독:김미조, 각본:김미조**

평소 알고 지내던 시장 동료 상인에게 성폭력 피해를 입은 오복(정애화)이 시장 사람들에게 증언을 해줄 것을 요청하고,
주변 생각도 좀 하라는 지인의 말에 분노하며 내뱉는 말.

# "그럼 나는, 나는? 이 사람 저 사람 죄다 눈치 보면서 나는 언제 챙겨!"

— 오복(정애화)

**낮에는 덥고 밤에는 춥고(2021)**
**감독:박송열, 각본:박송열·원향라**

형에게 카메라를 빌려줬다가 황당한 이유로 돌려받지 못하고 대신 돈을 받아온 영태(박송열)가 홧김에 너무 과한

# "이런 불명예, 이건 싫은 거지."

— 영태(박송열)

형에게 카메라를 빌려줬다가 황당한 이유로 돌려받지 못하고 대신 돈을 받아온 영태(박송열)가 홧김에 너무 과한
돈을 요구했다는 생각을 떨치지 못해 돈을 돌려주겠다며 하는 말.

# 743 　모가디슈(2021)
### 감독:류승완, 각본:이기철·류승완

# "이제부터 우리 투쟁 목표는 생존이다."

**— 림용수(허준호)**

소말리아 수도 모가디슈에서 내전이 일어 어려움에 처한 북한 대사관 직원들에게 대사 림용수(허준호)가 하는 말.

**모가디슈(2021)**

감독:류승완, 각본:이기철·류승완

# "양손 씁니다. 왼손만 쓰면 좌익이라는 소리 들을까봐."

— 한신성(김윤석)

왼손을 쓰는 한신성(김윤석)을 보고 왼손잡이로 사는 게 불편하지 않냐는 림용수(허준호)의 물음에 한신성이 하는 대답.

**발신제한(2021)**
감독:김창주, 각본:이공주·김창주

# "원래 상관없는 사람들이 더 큰 피해를 입어요. 인생이 그렇더라고."

— 진우(지창욱)

**아내가 폭탄 테러로 다칠 뻔하자 분노한 성규(조우진)의 외침에 대한 진우(지창욱)의 대답.**

# 746 발신제한(2021)
## 감독:김창주, 각본:이공주·김창주

# "우리 다같이 지옥에나 갑시다."

— 진우(지창욱)

**"폭탄이 터지면 너도 같이 죽는 것"이라고 말하는 성규(조우진)의 말에 "그래 같이 죽자"고 하는 진우(지창욱)의 대답.**

# "안녕, 카오스. 그래, 우리 이제 시작해 보자."

— 최미래(최성은)

계획에 없던 임신으로 삶 전반에 걸쳐 혼란에 빠져 있던 미래(최성은)가 출산으로 아이를 만나게 됐을 때 하는 인사말.

**연애 빠진 로맨스(2021)**
**감독:정가영, 각본:정가영·왕혜지**

# "넌 좀 야해."

— 박우리(손석구)

섹스가 하고 싶은 여자와 섹스 칼럼을 위한 취재 대상이 필요한 남자가 만나 조금씩 마음을 열게 된다.
어느 밤, 술에 취한 박우리(손석구)가 함자영(전종서)에게 하는 말.

# "우리 센 척 작작 하자. 사실 다들 외롭잖아, 씨발. 여기 안 외로운 사람 있어?"

― 함자영(전종서)

우리(손석구)가 술집에서 끊아떨어지자 자영(전종서)이 그를 앞에 두고 하는 혼잣말 중 한 대목.

**연애 빠진 로맨스(2021)**
감독:정가영, 각본:정가영·왕혜지

# "주인공도 해보고 엑스트라도 해보고 조연도 해보고. 그렇게 사는 게 재미제."

— 자영 조모(김영옥)

"내년이면 서른인데 언제 어른되고 언제 (내 인생의) 주인공이 되냐"고 자문하는 자영(전종서)에게 할머니가 무심코 던지는 말.

**감독:이준익, 각본:김세겸, 각색:김정훈**

# "성리학과 서학이 결코 적이 아니다. 함께 가야 할 벗이지. 벗을 깊이 알면 내가 더 깊어진다."

— 정약전(설경구)

**오직 성리학만이 학문의 전부라고 생각하는 창대(변요한)에게 정약전(설경구)이 하는 말.**

### 자산어보(2021)

감독:이준익, 각본:김세겸, 각색:김정훈

# "야, 밭이 안 좋으믄 씨가 싹을 못 트고 흙이 안 좋으면 싹이 터도 크덜 못허는디. 남자들도 여자를 귀해할 줄 알아야 된당께?"

— 가거댁(이정은)

옥수수 알이 굵고 실한 것이 오롯이 씨앗이 좋아서라고 생각하는 정약전(설경구)에게 가거댁(이정은)이 땅의 중요성을 강조하는 말.

**혼자 사는 사람들(2021)**
감독:홍성은, 각본:홍성은

# "전 혼자가 편해요."

— 진아(공승연)

콜센터 상담원 진아(공승연)에게 신입 직원 교육 업무가 맡겨지고 그로 인해 수진(정다은)을 알게 된다. 어느 날 점심 시간에
수진은 진아에게 점심을 같이 먹자고 하는데... 이에 대한 진아의 대답.

# "근데 이거 다 엄마가 이렇게 만든 거잖아. 엄마가 나 이렇게 낳고 엄마가 나 이렇게 만든 거잖아… 제발 사과 한 번만 해줘. 내가 이렇게 부탁할게, 제발 사과 한 번만 해줘."

— 이정(임지호)

엄마 수경(양말복)과 딸 이정(임지호)의 대화.

**감독:이규만, 각본:배영익, 각색:이현진·손태웅**

# "잘 들어. 우리 경찰은 말이야, 언제나 늘 경계선 위에 서 있어야 돼. 흑과 백, 어느 쪽이어서도 안 돼."

**— 박강윤(조진웅)**

**민재(최우식)가 강윤(조진웅)의 수사 방식에 의문을 제기하며 원칙을 논하자 강윤이 하는 말.**

# "키보드로 사람 팬 게 사이버 범죄면은 돈으로 패면은 금융 범죄니? 그럼 뭐, 계산기로 때리면은 뭐, 디지털 범죄야?"

― 김진태(유해진)

수사 중 실수로 사이버 수사대로 전출된 진태(유해진). 적성에 맞지 않는 일로 힘들어 하는 진태가 폭행사건을
사이버 범죄로 잘못 분류한 후배에게 짜증을 내며 하는 말이다.

**757**   **범죄도시2(2022)**
감독:이상용, 각본:김민성, 각색:이상용·마동석·이영종

# "나쁜 놈은 그냥 잡는 거야."

— 마석도(마동석)

수사권도 없는 베트남에서 범인을 잡기 위해 과도하게 애쓰는 이유를 묻는 이에게 하는 마석도(마동석)의 대답.

**소설가의 영화(2022)**
감독:홍상수, 각본:홍상수

# "그러니까 모든 게 진짜여야 되는 거죠. 내가 찍고 싶은 게 다큐멘터리는 아니에요. 나는 그냥 이야기가 있는 영화를 만들 거예요."

— 준희(이혜영)

소설가 준희(이혜영)가 영화를 만들기로 결심하기까지 주변에 밝히는 자신의 창작 구상.

**감독:윤제균, 각본:한아름·윤제균**

# "꼬레아 우라 꼬레아 우라 꼬레아 우라!"

— 안중근(정성화)

**이토 히로부미를 저격한 후 안중근(정성화)이 러시아 말로 소리 치는 "대한 독립 만세!"**

# "도를 닦는 건 두 가지지. 매일 갈고닦느냐, 문득 깨닫느냐. 이 몸의 경우엔 문득 깨달았다 이 말이야."

— 무륵(류준열)

도사인 무륵(류준열)이 도 닦는 법에 대해 설파하는 장면.

**761** **킹메이커(2022)**

감독:변성현, 각본:변성현·김민수

# "세상 바뀌는 꼬라지 좀 보고 싶다고요!"

— 서창대(이선균)

선거 전략가 서창대(이선균)가 정치인 김운범(설경구)을 찾아가 선거 캠프에 자신을 써달라고 하는데 거절 당하자 던지는 한마디.

# "빛이 세질수록 그림자가 짙어지는 건 당연한 거겠죠. 그래도 저는 선생님이 빛나는 게 좋은가 봅니다."

— 서창대(이선균)

언젠가 정치인이 되고 싶은 바람을 가진 서창대(이선균). 김운범(설경구)은 자신의 도움으로 정치판에서 승승장구하지만 자신에게는 쉬이 기회를 주지 않는 것이 서창대는 내심 서운하다. 하지만 김운범과 함께 가겠다는 의지는 굳건하다.

# 763  특송(2022)

감독:박대민, 각본:박대민·김봉서·박동희

# "나는 예수고 얘는 모세. 야, 갈라져라 갈라져."

— 조경필(송새벽)

폭력 경찰 경필(송새벽)이 자신의 똘마니와 함께 깡패 조직을 찾아간다. 이들이 당신들은 누구냐고 묻자 경필이 하는 말.

감독:박대민, 각본:박대민·김봉서·박동희

# "운전도 내가 하고 싸움도 내가 하고. 너 남자친구 맞아?"

— 은하(박소담)

폭력 경찰 경필(송새벽)에게 잡힌 서원(정현준)을 발견한 은하(박소담)의 말.

# "간절히 청컨대 대답해 주시오. 대체 이 전쟁은 무엇입니까?" "의와 불의의 싸움이지."

**— 준사, 이순신(김성규, 박해일)**

왜군인 준사(김성규)가 이순신(박해일)을 만나 전쟁의 의미를 묻는 장면. 이 대화 후 준사는 조선을 위해 싸우기로 결심한다.

**한산 리덕스(2022)**
**감독:김한민, 각본:김한민·윤홍기·이나라**

# "학익진을 펼쳐라."

— 이순신(박해일)

**이순신(박해일)이 해양 전술을 펼치며 외치는 말.**

**767**   **헌트(2022)**
감독:이정재, 각본:이정재·조승희, 각색:백경윤·오세혁·이영종

# "목표가 같으니 잠시 손을 잡는 거요."

— 김정도(정우성)

박평호(이정재)가 북한 간첩이라는 걸 알지만 대통령을 없애겠다는 목표를 위해 협업을 제안하며 하는 김정도(정우성)의 말.

**감독:이정재, 각본:이정재·조승희, 각색:백경윤·오세혁·이영종**

# "국권을 찬탈하고 국민을 학살한 죄로 너를 즉결 처형한다."

— 김정도(정우성)

**대통령에게 총을 쏘기 전 김정도(정우성)가 하는 말.**

**감독:박찬욱, 각본:정서경·박찬욱**

# "한국에서는 좋아하는 사람이 결혼했다고 좋아하기를 중단합니까?"

— 서래(탕웨이)

홍산오(박정민)의 행방을 좇는 해준(박해일)에게 서래(탕웨이)는 그가 "죽을 만큼 사랑"한 전 애인 오가인(정하담)에게 갔을 거라 말한다. 이에 해준이 오가인은 결혼했다고 하자 탕웨이가 하는 말이다.

**헤어질 결심(2022)**

**감독:박찬욱, 각본:정서경·박찬욱**

# "우는구나.
# 마침내."

— 해준(박해일)

서래(탕웨이) 집 밖에서 그를 지켜보던 해준(박해일)이 서래가 울고 있다고 생각해 하는 말.

**헤어질 결심(2022)**

**감독:박찬욱, 각본:정서경·박찬욱**

# "나는요. 완전히 붕괴됐어요."

— 해준(박해일)

**서래(탕웨이)에게 마음을 뺏겨 제대로 된 수사를 하지 않고 이를 망쳤다는 걸 알게 된 해준(박해일)이 슬픔에 잠겨 하는 말.**

**감독:박찬욱, 각본:정서경·박찬욱**

# "서래 씨는요. 몸이... 꼿꼿해요. 긴장하지 않으면서 그렇게 똑바른 사람은 드물어요."

— 해준(박해일)

**해준(박해일)이 서래(탕웨이)를 좋아하는 이유를 밝히며 하는 말.**

## 거미집(2023)

**감독:김지운, 각본:신연식, 각색:김지운**

# "자기 자신을 믿는 게 재능이야."

**— 신 감독(정우성)**

**악평과 조롱에 시달리며 자신감이 바닥을 찍은 김 감독(송강호)에게 환영인 신 감독(정우성)이 나타나 하는 말.**

# "평론은 예술가가 되지 못한 자들의 예술가에 대한 복수다."

— 김 감독(송강호)

자신의 전작과 지금까지의 영화 활동에 대해 함부로 말하는 평론가들에 분노하며 김 감독(송강호)이 하는 일갈.

**거미집(2023)**
**감독:김지운, 각본:신연식, 각색:김지운**

# "영화는 계속 만들어져야 한다."

**— 김 감독(송강호)**

수정고에 맞춰 영화 촬영을 다시 들어가게 된 김 감독(송강호)이 촬영현장에서 기쁨에 차 하는 이야기.

감독:임순례, 각본:안영수

# "자존심이 총알 막아주는 거 아닙니다."

— 박대식(현빈)

방탄 조끼를 입고 만나면 자신이 겁 먹고 있다고 생각할 것 같다며 텔레반과의 협상에 맨몸으로 가겠다는 재호(황정민)에게 대식(현빈)이 방탄 조끼를 입혀 주며 하는 말.

# "내가 제일 부러워하는 사람이 누군지 알아요? 돌아갈 곳이 있는 사람."

— 박대식(현빈)

아프가니스탄에서 오래 일한 국정원 요원 대식(현빈)이 재호(황정민)의 가족을 걱정하며 하는 말.

# "사람 죽이는 건 심플해. 애 키우는 거에 비하면."

— 길복순(전도연)

**중학생 딸을 혼자 키우는 킬러 길복순(전도연)이 아이 키우는 것의 고단함을 살인에 빗대 표현하는 대목.**

# "걱정 마, 나도 너랑 진짜 잘 지낼 생각 없어요. 하던 대로 서로 적당히 빙그레 씨발 하자고."

— 차민희(이솜)

차민규(설경구)의 동생인 차민희(이솜)가 길복순(전도연)에게 계약서를 내밀며 내뱉는 말.

길복순(2023)
**감독:변성현, 각본:변성현**

# "내가 아는데. 쪽팔리잖아요, 나한테."

**— 길복순(전도연)**

작업 과정에서 후배 영지(이연)가 차민규(설경구)에게 목숨을 잃고 길복순(전도연)이 이를 복수하기 위해 차민규를 찾아온다. 길복순의 잘못을 덮기 위해 영지를 죽였다는 차민규는 "아무도 모르면 아무 일도 없는 것"이라 말하는데 이에 대한 길복순의 대답이다.

# "사람들이 비밀을 다 한강에 갖다 버리는 거야. 강물을 타고 강물 끝으로 가겠지. 거기 얼마나 많은 비밀이 모여 있을까?"

— 결(문혜인)

상괭이 연구를 하는 결(문혜인)이 한강에 잠수했을 때 본 인간들의 온갖 소지품에 대해 꿈을 꾸듯 하는 말.

# "숨겨진 생명력. 부활의 소망이 움트다."

병원에 걸려 있는 액자 속 문구.

**리바운드(2023)**
감독:장항준, 각본:권성휘·김은희, 각색:장항준

# "우리 내일도 농구할 수 있다, 좋나?"

**— 강양현(안재홍)**

**협회장기 고교 농구대회 결승전에 올라간 순간 기쁨에 찬 코치의 멘트.**

# 리바운드(2023)

**감독:장항준, 각본:권성휘·김은희, 각색:장항준**

# "명심해라. 농구는 끝나도, 인생은 계속된다."

## — 강양현(안재홍)

**협회장기 고교 농구대회 결승전 전반 후 락커룸에서 중앙고 코치 강양현(안재홍)이 외치는 구호.**

**785**   **밀수(2023)**

**감독:류승완, 각본:류승완·김정연·최차원, 각색:이석술·이성환**

# "닥쳐! 이씨, 말이 많아. 씨부럴 놈의 새끼가."

**— 조춘자(김혜수)**

**물에 빠진 장도리(박정민)가 그간 자신이 해온 일들에 대해 이 핑계 저 핑계 대며 목숨을 구걸하자 춘자(김혜수)가 갈기는 욕 한마디.**

# 786 밀수(2023)

**감독:류승완, 각본:류승완·김정연·최차원, 각색:이석술·이성환**

# "엄 선장, 오라이!"

**— 조춘자(김혜수)**

**여자이기에 '선장'이 될 수 없었던 진숙(염정아)에게 배의 키를 쥐어주며 춘자(김혜수)가 하는 말.**

감독:이지은, 각본:이지은

# "저에게 가족은 물음표예요. 세상엔 수많은 가족의 보기들이 넘쳐나는데, 우리 가족만 보기에 없는 것 같아요."

— 명은(문승아)

**명은(문승아)이 돌아가신 할머니에게 보내는 편지의 한 구절.**

**감독:이지은, 각본:이지은**

# "억지로 솔직해질 필요 없어. 솔직한 게 꼭 좋은 것만도 아니야." "솔직한 게 좋은 거잖아요." "선생님 생각에는, 중요한 거는 솔직한 것보다는 차라리 거짓말을 하더라도 상대방의 마음을 헤아리는 마음이야."

**— 애란, 명은(임선우, 문승아)**

**글을 공개해야 하는 원칙 때문에 대상을 포기하려는 명은(문승아)과 담임 교사 애란(임선우)의 대화 중 한 대목.**

**사랑의 고고학(2023)**
감독:이완민, 각본:이완민

# "내가 어떻게 할지는 내가 결정할게."

— 영실(옥자연)

결혼 후에도 계속 관계를 유지하길 바라는 전 남자친구에게 영실(옥자연)이 하는 말.

# 서울의 봄(2023)
### 감독:김성수, 각본:홍인표·홍원찬·이영종·김성수, 각색:박준석·김성태·이지민

# "실패하면 반역, 성공하면 혁명 아입니까!"

**— 전두광(황정민)**

**육군참모총장 체포에 대한 대통령의 재가가 떨어지지 않자 불안해하는 반란군에게 전두광(황정민)이 소리치며 하는 말.**

**감독:김성수, 각본:홍인표·홍원찬·이영종·김성수, 각색:박준석·김성태·이지민**

# "넌 대한민국 국민으로도... 인간으로도 자격이 없어."

**— 이태신(정우성)**

**이태신(정우성)이 수도경비사령관 자리에서 물러나고 바리게이트를 넘어 전두광(황정민) 앞에 선 후 분노에 차 하는 말.**

유령(2023)

**감독:이해영, 원작:마이지아, 각본:이해영, 각색:박정희**

# "살아. 죽는 건 죽어야 할 때, 그때 죽어."

— 박차경(이하늬)

아까울 게 없으니 죽어도 괜찮다고 말하는 유리코(박소담)에게 박차경(이하늬)이 하는 말.

**감독:이해영, 원작:마이지아, 각본:이해영, 각색:박정희**

# "나라 되찾으면 담배나 끊을까?" "더 맛있어질 텐데, 왜."

**— 박차경, 유리코(이하늬, 박소담)**

**'유령'으로 사는 데에 고단함을 느끼는 듯한 박차경(이하늬)이 곁에서 담배를 태우고 있는 유리코(박소담)를 바라보며 하는 말.
그리고 그에 대한 유리코의 대답이다.**

"둘이 함께라면 극복 못 할 문제는 없다."

수진(정유미)과 현수(이선균) 가족의 가훈.

**795** 잠(2023)
감독:유재선, 각본:유재선

# "결혼이 별거예요? 답이 안 보인다 싶으면 때려 치우면 돼요."

— 민정(김국희)

수진(정유미)네 집 아래층에 사는 민정(김국희)이 담배를 태우며 수진에게 흘러가듯 하는 말.

# "살아 뭐 해? 씨발. 어차피 망했고 앞으로도 망할 텐데."

— 나미(오우리)

채린(정이주)에게 복수한 후 자신들의 계획대로 자살을 할 거냐는 선우(방효린)의 질문에 대한 나미(오우리)의 대답.

**콘크리트 유토피아(2023)**

감독:엄태화, 원작:김숭늉, 각본:이신지·엄태화, 각색:조슬예

# "위아래 없어요, 다 평등해진 거라고. 리셋된 거지, 리셋. 안 그래요?"

— 금애(김선영)

황궁 아파트 주민이 아닌 외부인의 거취를 논하는 주민회의에서 부녀회장인 금애(김선영)가 하는 말.

# "어쩔 수 없다는 게 뭐야? 어쩔 수 없으면 이래도 돼? 사람이 어떻게 그래!"

— 명화(박보영)

영탁(이병헌)이 황궁 아파트에 숨어 있던 외부인을 내쫓은 데 분노하는 명화(박보영)에게 "어쩔 수 없는 상황"이라고 설득하는
남편 민성(박서준). 그의 말에 반발해 명화가 하는 말이다.

**콘크리트 유토피아(2023)**
감독:엄태화, 원작:김숭늉, 각본:이신지·엄태화, 각색:조슬예

# "그냥, 평범한 사람들 이었어요."

― 명화(박보영)

아파트를 벗어나 새로 만난 이들이 황궁 아파트 사람들이 "사람을 잡아 먹는다"는 등 나쁜 소문이 있다고 하자
명화(박보영)가 부정하며 하는 말.

**킬링 로맨스(2023)**
감독:이원석, 각본:박정예

# "잇츠 굿~"

— 조나단(이선균)

조나단(이선균)이 기분 좋을 때마다 하는 말버릇.

# 인덱스

인덱스

# [1] 영화

# [2] 감독

# [3] 배우

# [4] 원작 및 원안

# [5] 각본